HEINKE SUDHOFF
SORRY, KOLUMBUS

Seefahrer der Antike
entdeckten als erste
Amerika

BASTEI-LÜBBE-TASCHENBUCH
Band 64 116

Die Autorin:

Heinke Sudhoff studierte Kunstgeschichte, Archäologie, Sprachwissenschaften und promovierte 1980 in Bonn. Eigene Forschungsarbeiten sowie die Tätigkeit ihres Mannes im diplomatischen Dienst führten zu mehrjährigen Aufenthalten u.a. im Nahen Osten und in Mexiko. Sie lebt heute in Paris.

© 1990 by Gustav Lübbe Verlag GmbH,
Bergisch Gladbach
Printed in Germany, September 1992
Umschlaggestaltung: Gisela Kullowatz
Satz: Kremerdruck GmbH, Lindlar
Druck und Bindung: Clausen & Bosse, Leck
ISBN 3-404-64116-7

Der Preis dieses Bandes versteht sich
einschließlich der gesetzlichen Mehrwertsteuer

INHALT

Offener Brief an Kolumbus —— 7
Vorwort —— 17

1 Geschichte und Geschichten —— 25
2 Schiffe und Seefahrt —— 45
3 Physiologie und Physiognomie —— 61
4 Götter und Heroen —— 105
5 Schrift und Sprache —— 133
6 Kult und Kosmologie —— 175
7 Kunst und Baukunst —— 205
8 Agrikultur und Alltag —— 231

Anmerkungen —— 253
Bibliographie —— 279
Quellennachweis der Abbildungen —— 289
Register —— 301

OFFENER BRIEF AN KOLUMBUS

Sorry, Kolumbus, Du warst nicht der Erste! Amerika hat nicht jungfräulich unentdeckt auf Dich gewartet, sondern vor Dir schon so manchen Seefahrer der Alten Welt an seinen Ufern empfangen. Dieselben Sterne, dieselben Meeresströmungen, dieselben Winde, die Dich über den Atlantik geleiteten, wurden schon lange vor Deiner Zeit von Seefahrern genutzt, deren Schiffe nicht weniger seetüchtig waren als Deine *Santa Maria*.

Wir wollen den Lorbeer von Deinem Haupt nehmen, den Dir die Welt als »Entdecker Amerikas« vor 500 Jahren auf Deine grauen Locken gesetzt hat. Deine Verdienste als tüchtiger Seefahrer sollen dabei gar nicht geschmälert werden. Wir versichern Dich ausdrücklich unserer Hochachtung ob der Zielstrebigkeit, mit der Du Deinen Weg vom armen Schiffsjungen aus Genua zum Günstling am spanischen Königshof konsequent verfolgt hast – bis zum glorreichen Ziel. Jahrelange Überzeugungsarbeit mußtest Du leisten, bevor Dir die Königin schließlich die Schiffe und eine nicht unerhebliche Summe Geldes zur Verfügung stellte, die Du für Deinen »Seeweg nach Indien« brauchtest. Das nötigt uns allen Respekt ab.

Phantastisch, ja beängstigend müssen der Königin Deine Pläne erschienen sein, den »Abgründen des Westlichen Meeres« entgegenzusegeln, um den Orient im Okzident zu suchen. Ein Rätsel, wie Du ihr das Risiko als klein und die Gewinnchancen als groß ausmalen konntest! Ein Rätsel aber auch, wie Du überhaupt zu der Auszeichnung kamst, von Deinen phantastischen Plänen, Deinen Navigationskünsten und kosmographischen Berechnungen vor königlichen Ohren zu sprechen! Antwort auf diese Fragen findet sich vielleicht auf dem Umweg über ein anderes Rätsel in Deinem Lebenslauf, das Deinen Biographen stets erhebliche Schwierigkeiten bereitet hat: Wir meinen die Ungereimtheiten in der Frage Deiner Herkunft.[1] Wir bitten um Verständnis, wenn wir hier das große, sorgsam gehütete Geheimnis Deines Lebens zur Sprache bringen und Dich zunächst einmal fragen: »Wo und wann wurdest Du eigentlich geboren?« In Genua zwischen 1446 und 1453, wahrscheinlich aber 1451, heißt es.[2] Gleichzeitig aber wird behauptet, Du seist der italienischen Sprache gar nicht mächtig gewesen.[3] Sogar an Italiener und Deinen eigenen Bruder pflegtest Du in spanischer Sprache zu schreiben! Und die Randbemerkungen in Deinen wissenschaftlichen Lehrbüchern[4] waren entweder in Spanisch oder in dem Latein eines Autodidakten abgefaßt, dessen Fehler typisch sind für jemanden, dessen Muttersprache Spanisch ist.[5]

Und dann gibt es da noch das Rätsel um Deinen Namen, den wir in vier verschiedenen Versionen kennen: Geboren wurdest Du als ein »Colombo«. In Portugal ändertest Du Deinen Namen schon früh in »Colón«. Aus sprachlichen oder praktischen Gründen war dieser Schritt doch sicher nicht erfolgt? Wie Du Jahre nach Deiner erfolgreichen Atlantiküberquerung zu Protokoll gabst, wähltest Du diesen Namen entsprechend Deiner Berufung als Kolonisator des neuen Kontinents Amerika. Dieser Grund ist wohl eher anzuzweifeln, würde er doch eine für einen Zwanzigjährigen fast unglaubliche Weitsicht und gehörige Anmaßung belegen. War es nicht eher so, daß Du versuchtest, die Spuren zu verwischen, die zu Deiner Familie führten? Das war sehr weise und ganz im Sinne der Nachwelt. Mit weniger Umsicht und Vorsicht hättest Du vielleicht nicht einmal die Jugendjahre überlebt, denn wie es scheint, warst Du jüdischer Abstammung.

Die Juden Spaniens waren damals den schlimmsten Verfolgungen ausgesetzt. In den hundert Jahren vor Deinem Triumph am Königshof und schließlich in dem großen Pogrom von 1492 wurde das Judentum Spaniens fast vollständig ausgelöscht. Die Inquisition hatte den Juden die Wahl gelassen zwischen Emigration, Konversion und Scheiterhaufen. Aber auch die konvertierten »Neuchristen« lebten in großer Gefahr, denn ihre neuen Glaubensbrüder, die »Altchristen«, wachten mit frommem Eifer darüber, daß die jüdischen Bräuche nicht etwa im geheimen weiter praktiziert wurden. Allzuoft entdeckten sie denn auch »Unchristliches« und gehorchten eifrig ihrer frommen Pflicht zu denunzieren.[6]

Erst als Günstling der katholischen Königin scheint sich Deine Furcht vor Entlarvung ein wenig gelegt zu haben. Für die Maßstäbe jener Zeit wurdest Du regelrecht kühn: Als die Königin Dich zum Admiral der Königlichen Flotte machte und als solchen in den Adelsstand erhob, wähltest Du das Wappen »derer zu Monrós«.[7] Für die königlichen Annalen gabst Du an, daß dieses Wappen von Mitgliedern Deiner Familie getragen werde. Der Name »Monrós« aber gehört zu einer alten katalanischen Familie auf Mallorca. Stammt Deine Familie also ursprünglich aus Mallorca? Der Name »Colombo« klingt allerdings gar nicht katalanisch. Er wurde wohl erst nach der Emigration in Genua angenommen, sicher mit einer gewissen Anlehnung an den ursprünglichen Namen? »Colón« kann es nicht gewesen sein, denn auch dieser Name ist nicht katalanisch. Wohl aber »Colóm«. Daraus ist dann in Italien möglicherweise ein »Colombo« entstanden.

Vermuten wir richtig, daß Deine Familie bei dem zweiten Judenpogrom im Jahr 1425 Mallorca verlassen hat, um sich an einem anderen Gestade des Mittelmeeres, nämlich in Genua, in Sicherheit zu bringen? In Deiner Jugendzeit wäre dann im Elternhaus auch weiterhin Katalanisch gesprochen worden.

Damit würde sich jedenfalls Deine große Vertrautheit mit dieser Sprache und Deine geringere Vertrautheit mit dem Italienischen erklären.

In den Jahren, als Du schon ein gerngesehener Gast am Königshof warst, wurde eine Familie Colóm von der Inquisition zum Tode verurteilt, weil sie heimlich jüdische Bestattungsriten praktiziert hatte. 1461 war eine Familie Colóm Verfolgungen ausgesetzt, obwohl auch sie bereits zum Christentum übergetreten war.[8] Nein, zu dem Namen »Colóm« wolltest und konntest Du Dich nicht bekennen. So war »Colón« die nächstbeste Lösung, zumal es sich dabei um einen recht geläufigen spanischen Namen handelte.

Wir vermuten übrigens, daß Du auch noch andere Vorsichtsmaßnahmen trafst, um Deine jüdische Herkunft zu verbergen. Die Freundschaft zu dem prominenten Bischof Las Casas zum Beispiel! Einen Kirchenfürsten zum persönlichen Freund und »Vertrauten« zu wählen ist eine wahrhaft perfekte, wenn auch riskante Tarnung. Diesem Bischof verdanken wir eine Reihe der besten Beschreibungen Deiner Person. Er schien Dich wirklich gekannt zu haben. Hegte der fromme Mann deshalb wohl auch einen gewissen Verdacht? »Colón war ohne Zweifel *[sin duda]* ein Christ und von großer Frömmigkeit«, schreibt Las Casas.[9] »Ohne Zweifel?« Warum betont er das? Wollte er sich und all diejenigen beruhigen, die insgeheim auf Dich ein argwöhnisches Auge geworfen hatten?

Im übrigen warst Du nicht der einzige Neuchrist, der sich mit den Machtverhältnissen im christlichen Spanien zu arrangieren wußte. Ganz im Gegenteil! Die wichtigsten Schlüsselpositionen im Staat hielten in jenen Jahren die *conversos,* wie die Neuchristen damals genannt wurden. Der streng katholische König und seine fromme Königin waren buchstäblich umringt von ihnen.[10] Nicht nur die Königlichen Schatzmeister, auch verschiedene persönliche Berater am Hof und selbst der Beichtvater des königlichen Paares waren konvertierte Juden, das heißt Neuchristen.

Du kanntest die meisten von ihnen. Die unvergessene jüdische Herkunft und Euer gemeinsames Schicksal haben Euch verbunden und gelegentlich wohl auch zu gegenseitiger Hilfeleistung veranlaßt. Was Dir, sorry, Kolumbus, aus eigenen Kräften vielleicht nicht gelungen wäre – mit Hilfe der einflußreichen *conversos* hast Du es geschafft: Zugang zu finden zum Königshof, ohne den Deine seemännischen Ambitionen und kosmographischen Studien doch vergeblich geblieben wären.

Deine kosmographischen Studien sind uns übrigens ein weiteres Rätsel.[11] Wir wissen, daß Du Dich seit früher Jugend der Kosmographie mit großem Eifer, aber auch mit erstaunlicher Naivität gewidmet hast. Zunächst konntest Du nur einige navigatorische Kenntnisse und das passable Bücherwissen eines Autodidakten vorweisen. Aber in Portugal hast Du dann große Fortschritte gemacht. Die Akademie für Kosmographie im portugiesischen Sagres war damals immerhin die beste Adresse für dieses in jenen Jahren hochaktuelle Forschungs- und Wissensgebiet.[12] Und ihre führenden Köpfe waren – ähnlich wie auf der exzellenten Akademie für Kosmographie auf Mallorca – zu einem großen Teil jüdischer Herkunft.[13] Haben sich dank Deiner Abstammung auch in Portugal die richtigen Türen für Dich geöffnet?

Die neue Lehre von der Kosmographie beflügelte im 15. Jahrhundert so manches Seefahrers Phantasie und seine Hoffnung auf Reichtum. Sie war zu einer Wissenschaft mit Zukunftsaussichten geworden, seit Konstantinopel 1453 durch die Türken erobert und damit der Landweg in die asiatischen Gewürzländer blockiert worden war. Von den Kosmographen erhoffte man sich Hilfe bei der Suche nach einem neuen Seeweg zum sogenannten Indien, wozu man damals praktisch alle ostasiatischen Länder zählte.

Als wahrer Renaissancemensch warst Du von der Geographie und der Erforschung der Naturgesetze fasziniert. Den altertümlichen Spekulationen über phantastische Paradiese, gefährliche Seeungeheuer, über das sagenhafte Atlantis und das ferne Thule wolltest Du mit wissenschaftlichen Studien begegnen. So lerntest Du, Seekarten mit Hilfe neuartiger Meßgeräte zu konzipieren, und Deine eigenen Fortschritte erfüllten Dich sicher mit großer Genugtuung. Doch mit welch unwissenschaftlichem Anachronismus hast Du Deine Studien befrachtet! Genaueres über den Erdumfang entnahmst Du zum Beispiel Schriften der biblischen Zeiten. Besondere Autorität scheint Dir der alttestamentliche Priester Esra gewesen zu sein, der im fünften vorchristlichen Jahrhundert verkündete, die Erde bestehe zu sechs Teilen aus Land und zu einem Teil aus

Wasser[14]. In der Tradition Deines alten Glaubens stehend, wertetest Du dieses mystische Zahlenspiel um die heilige Zahl »Sieben« als eine bedeutungsvolle mathematische Aussage und machtest sie zur Grundlage Deiner kosmographischen Berechnungen: Die Entfernung zu Lande zwischen Portugal und »Indien« veranschlagtest Du danach mit sechs Siebtel des Erdumfangs; damit blieb Dir ein Siebtel für die Weite des Meeres, von dem Du und Deine Zeitgenossen glaubten, es verbinde Portugal und »Indien«. Das schien Dir gar nicht so weit. Das glaubtest Du schaffen zu können. Das wolltest Du schaffen!

Furchterregende Geschichten über dieses große brodelnde Westmeer, das alle Schiffe in die Tiefe zieht, hatten zu Deiner Zeit ohnehin bereits ihre Schrecken verloren, nachdem 1419 die Insel Madeira neu entdeckt worden war – und zwar ganz ohne Gefahr für Leib und Leben der Seeleute. Danach waren Seefahrer noch auf weitere unentdeckte Inseln und Landstriche gestoßen, und immer hatten die exotischen Schätze und Kuriositäten der fremden Regionen größeres Aufsehen erregt als die bestandenen Gefahren.[15]

Auch Dir hatten es die Reichtümer der fernen Länder angetan. Dein ausgeprägtes Interesse an Perlen, Edelsteinen, Gold und Silber haben wir in Deinen Studienbüchern aufgespürt, in denen Du die für Dich wichtigen Stellen markiert hast. Warst auch Du ein Opfer des *auri sacra fames,* des heiligen Hungers nach Gold? Und war die Faszination des materiellen Reichtums womöglich die größte Triebfeder für Deinen Entdeckerehrgeiz?

Wir wollen diese Frage auf sich beruhen lassen und statt dessen einen letzten rätselhaften Punkt in Deiner Lebensgeschichte zur Sprache bringen. Dieses Mal geht es um die Stunde Deines Triumphes: Am 3. August 1492 stachen die Schiffe in See, die Dir Isabella als Königlichem Admiral anvertraut hatte. Ein historisches Ereignis, dessen Bedeutung Du in Deinen Aufzeichnungen allerdings rätselhaft verfremdet wiedergibst. Die ersten Zeilen, die Du auf hoher See schriebst, waren an das spanische Königshaus gerichtet und sollen hier wegen ihres ungewöhnlichen Wortlauts abgedruckt werden: »Nachdem Majestät alle Juden aus dem Königreich und den spanischen Besitzungen vertrieben hat, gibt mir Majestät den Auftrag, mit einer ausreichend großen Flotte in das genannte Indien zu segeln.«[16] Wir fragen uns und Dich: Wie kommt es in diesem Schreiben zu der gedanklichen Verbindung von Judenverfolgung und königlichem Auftrag an Kolumbus? Einen wirklichen Zusammenhang zwischen diesen beiden historischen Daten gibt es nicht. Der Grund ist daher wohl folgender:

Da sowohl die Vertreibung der Juden als auch Dein eigener Aufbruch in den Erfolg für Dich von existentieller Bedeutung waren, sahst Du beide Ereignisse in einer – schicksalhaften – Verbindung.

Wir stellen diese Überlegungen zum Eingang dieses Buches an, um Deine Lebensleistung als Eroberer einer neuen Welt, die Du den widrigen Umständen abgetrotzt hast, mit Nachdruck zu betonen. Aber den Titel »Entdecker Amerikas« müssen wir Dir absprechen. Denn Du warst keineswegs der erste Seefahrer, der die Atlantikroute befahren und die Küsten Amerikas erreicht hat.

Wir vermuten, daß Du nicht wirklich überrascht bist, von Deinen Vorgängern auf der Atlantikroute zu hören. Wir behaupten, daß Du mehr gewußt hast über den »Seeweg nach Indien« als Du deine Finanziers wissen ließest. Schließlich sollst Du die »Toscanelli-Karte« gekannt haben, die schon 1474 ein »Antilia« jenseits des Atlantik verzeichnete und allerlei Berechnungen zu den Distanzen zwischen Europa und »Indien« anstellte.[17]

Warst Du – ebenso wie Deine Zeitgenossen – überrascht, daß das Land jenseits des Atlantik nicht menschenleer war, obgleich es doch »unentdeckt« war? Wie war das möglich, fragte man sich damals ratlos, daß das ferne Land jenseits des Atlantik bevölkert ist. Gott hatte Adam und Eva geschaffen, von denen bekanntlich das ganze Menschengeschlecht abstammt. Von einem Stamm im fernen »Antilia« hatte die Bibel nichts berichtet. Waren denn die »Indios« überhaupt Kinder Gottes? Waren es überhaupt Menschen? Die Frage wurde durch Papst Julius I. in seiner Bulle von 1513 geklärt: »Jawohl, die Indios sind Menschen *[veri homines]* und auch als solche zu behandeln.«[18] Der Nachsatz verstand sich für gute Christen wohl von selbst! Aber es blieb doch die Frage: Wie waren die Indios nach Amerika gekommen?

Schon bald, nachdem diese beunruhigende – da berechtigte – Frage gestellt worden war, bildete sich die Lehrmeinung, die bis heute wenig von ihrer Gültigkeit eingebüßt hat: Die Bevölkerung Amerikas ist über die Beringstraße eingewandert, die hoch im Norden den asiatischen mit dem amerikanischen Kontinent verbindet. Wenn es so gewesen wäre, dann müssen die Ureinwanderer in der Art eines Schweigemarsches ganz Nordamerika durchzogen haben, ohne dort nennenswerte Spuren oder gar Zeugnisse einer Hochkultur zu hinterlassen. Erst nach ihrer Ankunft in Mittel- und später in Südamerika hätten die erschöpften Wanderer dann ihre kulturellen Aktivitäten begonnen und ihre volle Begabung für künstlerisches Schaffen entfaltet.

Diese Lehrmeinung muß schon allein deswegen angezweifelt werden, weil auf der Beringstraße schon vor 10000 Jahren »Land unter« »gemeldet« wurde. Die Schmelzwasser der letzten Eiszeit haben den Meeresspiegel so hoch steigen lassen, daß die Beringstraße ihre Rolle als Drehscheibe zwischen den Kontinenten Asien und Amerika eingebüßt hat.

Die Kontakte zwischen Amerika und dem Rest der Welt brachen also vor mehr als zehntausend Jahren ab.[19] Jegliche Übereinstimmung und Vergleichbarkeit im kulturgeschichtlichen Gesamtbild der Hemisphären gingen somit auf Kontakte *vor* jener Zeit zurück? Nein, das kann nicht stimmen! Es haben sich in der altamerikanischen Kultur beziehungsweise auf amerikanischem Boden Spuren gefunden, die Rückschlüsse zulassen auf altweltliche Besucher während des ersten vorchristlichen Jahrtausends. Und diese Besucher erreichten Amerika mit Sicherheit nicht über den Umweg Beringstraße, sondern über den Atlantik. Sie landeten dort, wo auch Du, verehrter Kolumbus, auf Deiner berühmt gewordenen »Entdeckungsfahrt« gelandet bist.[20]

Die Spuren, die diese ersten Besucher aus der Alten Welt in der Neuen Welt hinterlassen haben, sind unübersehbar. Wir wollen diese Spuren Deiner Vorgänger aufzeigen und damit den Seefahrern der Antike den ihnen gebührenden Platz in den Geschichtsbüchern als »Entdecker Amerikas« sichern. Sorry, Kolumbus!

VORWORT

In diesem Buch soll nach dem Prinzip der kumulativen Evidenz der Nachweis dafür erbracht werden, daß Atlantiküberquerungen in vorkolumbischer Zeit nicht nur möglich waren, sondern tatsächlich erfolgt sind. Dafür gibt es zahlreiche Hinweise, die schon als Einzelbeobachtungen überraschen, die in ihrer Gesamtheit aber als überzeugende Bestätigung der These zu werten sind. Die Spuren, die Seefahrer der Alten Welt einst in Altamerika hinterlassen haben, sollen in einer Art kulturgeschichtlichem Indizienprozeß aufgezeigt, bewertet, in einen Sinnzusammenhang gebracht und schließlich in Relation zur altweltlichen Kulturgeschichte gesetzt werden. Aus einzelnen Facetten wird ein Gesamtbild der altamerikanischen Geschichte zusammengesetzt, das für den Mythos vom Entdecker Kolumbus keinen Raum mehr läßt.

Es wird die Hypothese aufgestellt, daß die Seefahrer der Antike – und später auch andere – Amerika über die Atlantikroute erreicht haben und damit die wahren Entdecker Amerikas sind. Mit Hilfe der Spuren, die unter anderem die Phönizier in Altamerika hinterlassen haben, soll diese Behauptung bewiesen werden.

Die einzelnen Glieder der »Beweiskette« entstammen verschiedenen Lebens- und Wissensbereichen, nach denen sich der folgende Text gliedert. Mit Hilfe von Beobachtungen auf dem Gebiet der *Physiologie und Physiognomie* wird der Typus des Indio gegen die altweltlichen »Fremden« abgegrenzt, deren Abbilder, Mumien und Schädel in großer Zahl für einen Vergleich verfügbar sind. Danach widmet sich der Text den altamerikanischen *Göttern und Heroen,* die eine auffallende Internationalität erkennen lassen. Ihre Herkunft kann in vielen Fällen bis in den Mittelmeerraum zurückverfolgt werden.

Altweltliche Spuren haben sich in Amerika auch auf dem Gebiet der *Schrift und Sprache* erhalten. Gerade hier sind die Hinweise auf einen Kulturaustausch zwischen Ost und West besonders interessant. In den letzten Jahrzehnten wurden die linguistischen Parallelen wiederholt zum Gegenstand intensiver wissenschaftlicher Forschungsarbeiten, auf deren Auswertung sich der vorliegende Text weitgehend stützt.

Die Analyse der Strukturen von *Kult und Kosmologie* ergibt evidente Übereinstimmungen. Von den kultischen Bräuchen und Riten, die sich diesseits und jenseits des Atlantik nachweisen lassen, sollen hier als Beispiele nur die Beschneidung, die Mumifizierung, die Trepanation und die künstliche Schädelverformung genannt sein. Ebenso überzeugend lassen sich Parallelen in der mathematisch-astronomischen Terminologie, in der Kalenderrechnung und im Zeitkonzept aufzeigen. So rechneten zum Beispiel die mittelamerikanischen Maya und die altweltlichen Juden nach einem Kalendersystem, dessen Jahr »Null« übereinstimmend die Erschaffung der Erde festsetzt, die wiederum übereinstimmend in das vierte vorchristliche Jahrtausend datiert wird.[21]

Breiten Raum in der Beweisführung nehmen die transatlantischen Parallelen in *Kunst und Baukunst* ein. Übereinstimmungen bestehen dabei nicht nur hinsichtlich der Gestalt, sondern auch des Verwendungszwecks ähnlicher Objekte, so daß Form und Inhalt sich wechselseitig ihren gemeinsamen altweltlichen Ursprung bestätigen.

Die Hinterlassenschaft altweltlicher Besucher läßt sich auch in der altamerikanischen Bautechnik und Landwirtschaft nachweisen. Aus der Fülle der Beispiele werden im Kapitel *Agrikultur und Alltag* diejenigen herausgegriffen, deren Charakteristika unverwechselbar sind und deren Ähnlichkeiten darum nicht als zufällig abgetan werden dürfen.

Wie sich zeigt, lassen sich die einzelnen Indizien durch die kulturgeschichtliche Zusammenschau zu einem stimmigen Gesamtbild der präkolumbischen Geschichte Altamerikas verbinden. Daß auch eine zeitliche Übereinstimmung für die Parallelen in Ost und West festgestellt werden kann, ist für die Beweisführung in diesem Buch zwar eine *conditio sine qua non,* soll aber dennoch ausdrücklich betont werden.

Seit der Mitte des zweiten vorchristlichen Jahrtausends gründeten die erfolgreichen phönizischen Seefahrer entlang der von ihnen regelmäßig befahrenen Routen zahlreiche Koloniestädte. Eine dieser Städte war Cádiz an der Atlantikküste Spaniens! Die Phönizier befuhren also zur Zeit der Gründung dieser Stadt – nämlich um 1200 v. Chr. – regelmäßig den als gefährlich erachteten Atlantik! *Zeitgleich* mit der Gründung von Cádiz am Atlantik entstand – praktisch aus dem Nichts heraus – die erste mesoamerikanische Hochkultur.

Auf der Höhe ihrer Macht gründeten die Phönizier im 9. vorchristlichen Jahrhundert die Koloniestadt

Karthago, die bald zur bedeutendsten Hafen- und Handelsstadt des Mittelmeers wurde und dank ihrer hervorragenden Schiffe einen großen Aktionsradius hatte. *Zeitgleich* begann die Blütezeit der mesoamerikanischen Olmeken-Kultur.

Im sechsten vorchristlichen Jahrhundert werden die semitischen Völker der levantinischen Küste von mächtigen Feinden bedroht, belagert und – wie im Fall des Volkes Israel – in die Babylonische Gefangenschaft geführt. Den phönizischen Seefahrern boten ihre Schiffe Gelegenheit zur Flucht. *Zeitgleich* beginnt in Mesoamerika eine Phase neuer Impulse, in deren Verlauf es zu einem kulturellen und künstlerischen Umbruch kommt, der das Ende der Olmeken-Kultur und den allmählichen Beginn der Maya-Kultur einleitet.

In den letzten vorchristlichen Jahrhunderten schwinden Macht und Erfolg der phönizisch-punischen Handelsstädte immer mehr. Zunächst sinken die phönizischen Städte der levantinischen Küste in die Bedeutungslosigkeit ab; schließlich folgt mit dem Sieg Roms über die nordafrikanische Handelsstadt Karthago (146 v. Chr.) das Ende der phönizisch-punischen Seemacht. *Zeitgleich* beruhigt und festigt sich die Entwicklung in Mittelamerika. Die Maya-Kultur bleibt jahrhundertelang in den Bahnen einer Entwicklung, die sich schon vor der Zeitenwende abzeichnete. Neue Impulse, das heißt Einflüsse von Fremden, wie sie sich seit Beginn des ersten vorchristlichen Jahrtausends klar und unzweideutig abzeichneten, verlieren sich um die Zeitenwende, wiewohl ihr Abglanz weiterhin erkennbar bleibt – wie in einem blindgewordenen Spiegel.

Seit es seetüchtige Schiffe gab, waren die Voraussetzungen für Atlantiküberquerungen gegeben. Und seetüchtige Schiffe besaßen die Phönizier spätestens seit der Mitte des zweiten vorchristlichen Jahrtausends. Zudem verfügten sie über hervorragende Kenntnisse in der Navigation. Die Geschichtsschreiber der Antike preisen die Phönizier ausdrücklich und übereinstimmend als versierte Seefahrer, denen schon in dem Jahrtausend vor unserer Zeitrechnung die Umsegelung Afrikas gelang.[22]

Die Reise von der Küste Kleinasiens durch die Straße von Gibraltar bis nach Britannien gehörte zu den Routineunternehmen der phönizischen Seeleute, die auf den Cassiteriden das begehrte Zinn für die Bronzeverarbeitung holten. Dies alles geschah bereits im zweiten vorchristlichen Jahrtausend, das die Geschichtsbücher heute nicht nur als Bronzezeitalter, sondern auch als Seefahrerzeitalter bezeichnen!

Besaßen die frühen Seefahrer aber seetüchtige Schiffe und sichere Kenntnisse in der Navigation, so bedurfte es lediglich noch der Kenntnis des Sternenhimmels, um die Überquerung des Atlantik grundsätzlich möglich zu machen. Gerade Kenntnisse in dieser ältesten aller Wissenschaften aber darf, ja muß man voraussetzen bei unseren Vorvätern, denen die Astronomie als heilige Offenbarung der göttlichen Ordnung galt.[23]

Wir möchten den gutwilligen Leser nicht verschrecken, indem wir ihn zur Lektüre antiker Abhandlungen über die Astronomie nötigen. Im Interesse der Beweisführung ist es jedoch erforderlich, wenigstens ein kurzes Streiflicht auf ein Beispiel der mathematisch-astronomischen Großtaten zu lenken, die unsere Ahnen schon vor Tausenden von Jahren beherrschten: Die

Babylonier leiteten aus den synodischen, das heißt aus dem menschlichen Auge einsehbaren Umlaufzeiten der Planeten rationale Zahlen her, die sie den personifizierten und vergöttlichten Planeten zuordneten.

Venus, so errechneten sie, dreht sich in 584 Erdentagen um die Sonne. 584, so entdeckten sie, ist auch die Summe der ersten, zweiten und dritten Potenz der Zahl 8 ($8 + 8^2 + 8^3 = 584$), weswegen ihnen die 8 zur magischen Kennzahl der Venus wurde.[24] Sie errechneten, daß in der Zeit, die der Planet Venus benötigt, um sich fünfmal um die Sonne zu drehen, genau acht Erdenjahre vergehen. In 5 x 584 beziehungsweise 8 x 365 Erdentagen haben Venus und Erde wieder dieselbe Position zueinander eingenommen. Wird diese Berechnung grafisch in der Kreisfläche dargestellt, so ergibt sich das Pentagramm (Fünfeck). Spätestens vor fünftausend Jahren wurde das Pentagramm zum Symbol der Venus.[25]

Analog zu diesen Venus-Berechnungen entdeckten die frühen Gelehrten eine Gesetzmäßigkeit unter anderem auch für die Umlaufzeit des Planeten Jupiter. So errechneten sie für diesen Planeten die magische Kennzahl 7, da seine Umlaufzeit von 399 Erdentagen wiederum die Summe der ersten, zweiten und dritten Potenz von 7 ist. Die Personifizierung des Planeten Jupiter, des größten Planeten in unserem Sonnensystem, war in der Antike die Nummer Eins unter den Göttern; entsprechend wurde seine Kennzahl 7 zu einer bedeutungsvollen, zu einer heiligen Zahl, deren Sonderstellung uns heute noch gelegentlich begegnet.[26]

Auch in der synodischen Umlaufzeit des Planeten Merkur erkannten die Alten die göttliche Ordnung, da die 115,875 Tage der Umlaufzeit nach genannter Formel wiederum in Relation zu setzen waren zu einer

Kennzahl, die in diesem Fall die Zahl 4,5 war (4,5 + 4,5 · 4,5 + 4,5 · 4,5 · 4,5 = 115,875). Die Zahl 4,5 sahen die Babylonier durch die hochgestreckte Hand symbolisiert – mit vier (ganzen) Fingern und einem (halben) Daumen – und machten die »Hand« zum Symbol des Gottes Merkur.[27]

Dieser kurze Blick in ein – zugegeben recht esoterisches – Teilgebiet der Astronomie zeigt, wie profund die Kenntnisse in der Antike gewesen sind. Und dieses Wissen über den Sternenhimmel in der Navigation einzusetzen war den frühen Seefahrern kein Problem. Nachweislich nutzten sie zur Orientierung auf See schon früh das Sternbild des Großen Bären. Homers Calypso rät dem Helden Odysseus, sein Schiff nach diesem Sternbild zu steuern – die Seefahrten des Odysseus wurden bekanntlich zu Irrfahrten! Die Phönizier aber ließen sich später vom Kleinen Bären leiten – und errangen damit legendären Ruhm als Helden der Meere.

1 GESCHICHTE UND GESCHICHTEN

Viele Elemente und Episoden altweltlicher »Geschichte und Geschichten« werfen lange Schatten auf den Entdeckerruhm des Christoph Kolumbus. Da sich zudem zahllose Widersprüche in der Kulturgeschichte Altamerikas und Spuren altweltlicher Besucher im präkolumbischen Amerika gefunden haben, wird die Amerikanistik seit jeher mitbestimmt von der oft leidenschaftlich ausgetragenen Diskussion um die interdisziplinäre Frage: Ist die altamerikanische Kultur autochthon oder durch Fremde beeinflußt?

In dieser Auseinandersetzung stehen sich die Lager der »Independenten« und der »Diffusionisten« meist mehr oder weniger unversöhnlich gegenüber. Die ersteren berufen sich immer und immer wieder auf Einwanderungen über die Beringstraße und auf Konvergenz, wenn sie Erklärungen für allzu offensichtliche Übereinstimmungen zwischen der Alten und der Neuen Welt finden müssen. Dabei leitet die Konvergenztheorie gleiche Lösungen in bestimmten menschlichen Lebenssituationen aus gleichen geistigen Anlagen und Notwendigkeiten her. Die Diffusionisten hingegen relativieren zunächst einmal den Hinweis auf den Weg über die Beringstraße, weil dieser nur im Hinblick auf eine vorgeschichtliche Zeit Sinn macht,[28] die transatlantischen Parallelen aber auf Kontakte in jüngerer, das heißt in geschichtlicher Zeit hindeuten.

Diese Ansicht ist nicht neu. Schon kurz nach der Entdeckung beziehungsweise Eroberung durch die Spanier wunderten sich die Europäer über die Präsenz von afrikanischen Schwarzen in Amerika. Es wurde die Vermutung laut, daß Kolumbus wohl nicht der erste altweltliche Besucher Amerikas gewesen sei.[29] Inzwischen ist ein Teil der altamerikanischen Kultur und damit ein Teil der altamerikanischen Geschichte bekannt, so daß die Theorie der Diffusionisten heute auf vielen Gebieten bewiesen werden kann.

Welche Übereinstimmungen, Parallelen oder gar Kongruenz zwischen Elementen der Kulturen diesseits und jenseits des Atlantik lassen sich nun aufzeigen? Die Leser werden sich dieser Frage nicht alle mit der gleichen Neugier und Objektivität öffnen. Die Verfasserin vermutet, daß sie sich mit ihrem Text an mindestens vier verschiedene Gruppen richtet: Leser, die überzeugt sind von der Tatsache präkolumbischer Atlantiküberquerungen und möglicherweise bereits viel darüber wissen; Leser, die von präkolumbischen Atlantiküberquerungen überzeugt sind und gern mehr darüber erfahren möchten; Leser, die überzeugt sind, daß es präkolumbische Atlantiküberquerungen nicht gegeben hat, die sich aber durch gute Argumente vom Gegenteil überzeugen lassen würden; und schließlich Leser, die überzeugt sind, daß sie sich von präkolumbischen Atlantiküberquerungen niemals überzeugen lassen werden – komme, was da wolle.

Den Lesern aller vier Gruppen sei gesagt, daß für den nun folgenden Text besagte präkolumbische Atlantiküberquerungen gleichsam als Arbeits- und Argumentationsgrundlage zum Faktum gemacht werden, auch wenn dieses Faktum erst im Laufe eines kulturgeschichtlichen Indizienprozesses, wie ihn dieses Buch führt, bewiesen werden soll. Diese Vereinbarung zwischen dem Leser und der Verfasserin erspart die sonst immer wieder nötig werdenden Zäsuren in der Präsentation des Stoffes.

Beginnen wir mit dem, was in antiken Schriften zu unserem Thema zu lesen ist; »denn was man schwarz auf weiß besitzt, kann man getrost nach Hause tragen.«[30] So folgen zunächst Texte der antiken Geschichtsschreiber, Geographen und Historiker Strabon, Herodot, Porphyrius, Theopompos, Diodorus Siculus, Claudius Aelianus, Rufus Festus Avienus; ferner Texte des Universalgelehrten Aristoteles und des großen Dichters Homer sowie die alttestamentlichen Worte des Propheten Hesekiel. All diese Gelehrten widmeten den Phöniziern und ihren Seefahrten zu den Küsten Afrikas, Europas und zu den »Fernen Inseln« mehr oder weniger ausführliche Berichte, deren Wahrheitsgehalt hier ausgelotet werden soll.

Ansätze zu einer historisch korrekten und kritischen Geschichtsschreibung gab es bereits bei den Hethitern und Hebräern, den Nachbarn und Vettern der Phönizier an der levantinischen Küste. Daß neben anderen geschichtlichen Fragen auch die kühnen Seefahrertaten der Phönizier ins Blickfeld der Gelehrten rückten, ist wegen der kulturpolitischen Bedeutung der phönizischen Handelsfahrten nicht erstaunlich. So werden denn die phönizischen Seefahrer schon in der Bronzezeit, die auch als Seefahrerzeit in die Geschichtsbücher eingegangen ist, ausführlich gewürdigt.

Schiffe und Seefahrt spielten in der Bronzezeit eine wichtige Rolle bei der Beschaffung der Rohmaterialien für jenes Metall, das dem ganzen Zeitalter seinen Namen gab. Für die Bronzeherstellung benötigte man Zinn, mit dem das Kupfer zur Bronze gehärtet wird. Das Zinn aber holten sich die phönizischen Seefahrer zunächst aus Spanien und später aus Britannien.[31] Der griechische Geschichtsschreiber und Geograph Strabon überliefert einen sehr aufschlußreichen Bericht von einer derartigen Handelsexpedition: Ein phönizisches Schiff befand sich auf dem Weg zu den Cassiteriden (Britannien), als es feststellen mußte, daß ein römisches Schiff die Verfolgung aufgenommen hatte, um die von den Phöniziern geheimgehaltene Seeroute zu den Zinninseln auszuspionieren. Die Phönizier steuerten daraufhin absichtlich in gefährliche Wasser, wohin ihnen das römische Schiff natürlich folgte. Beide Schiffe sanken! Den Phöniziern schien dieser Preis nicht zu hoch. Sie waren bereit, eines ihrer Schiffe für die Geheimhaltung zu opfern, denn die Kenntnis der Seewege zu den lohnenden Handelszielen war ihr Kapital, aus dem sie guten Profit zu ziehen wußten. Und Konkurrenten waren dem phönizischen Händlervolk überaus unerwünscht.[32]

Zu den seefahrenden Konkurrenten der Phönizier zählten zunächst Ägäer, Kreter, Perser und Phäaken,[33] später dann Etrusker, Griechen und Römer. Sie alle überlieferten der Nachwelt ein nicht gerade schmeichelhaftes Bild von den Phöniziern: »Gerissen« sollen sie gewesen sein, und »Schinder« dazu, berichten uns die antiken Texte.[34]

Leider sind von den Phöniziern selbst kaum schriftliche Zeugnisse ihres Denkens und Handelns erhalten. Ausgerechnet das Volk, dem von einigen die Erfindung der Buchstabenschrift zugeschrieben wird, überlieferte uns nichts oder doch fast nichts über sich selbst. So ist die Nachwelt auf die zumeist negative Beurteilung der Phönizier durch Dritte angewiesen. Nur Porphyrius soll im 3. Jahrhundert n. Chr. eine positive Darstellung der phönizischen Geschichte verfaßt haben; aber die Christen ließen das Werk verbrennen – so sagt man jedenfalls.[35]

Viele der phönizischen Schriften waren auf leichtvergänglichem Material wie Leder, Papyrus oder Holz notiert. Dies könnte eine Erklärung dafür sein, daß uns nur noch wenige Texte der Phönizier zugänglich sind. Eine andere Erklärung für das Fehlen einer schriftlichen Überlieferung der Handelspraktiken dürfte allerdings in der Eigenart der Phönizier zu finden sein, ihr Wissen nicht mit der restlichen Welt zu teilen. Schweigen war für die Phönizier buchstäblich Gold!

Um Gold drehte sich auch damals schon alles.[36] Und auch in der Beschaffung des begehrten Metalls hatten die Phönizier eine Schlüsselstellung inne, was ihren Ruhm nicht unerheblich vergrößerte. Der Ruhm der Phönizier als Handelsvolk war so groß, daß das Wort »Kanaaniter« gleichsam zum Synonym für »Händler« wurde. »Kanaaniter« war der Name, mit dem sich die Phönizier selbst bezeichneten; die Griechen gaben ihnen den Namen »Phönizier«, was soviel wie »Purpurmenschen«[37] bedeutet. Zum Volk der Kanaaniter gehörte laut dem Alten Testament die gesamte, ethnologisch recht verschiedenartige Bevölkerung von Kanaan; zur kanaanäischen Sprachgruppe zählte man außer dem Semitisch der Phönizier auch das Semitisch der Hebräer, der jüdischen Vettern der Phönizier an der levantinischen Küste.

Der ganze Vordere Orient war im ersten vorchristlichen Jahrtausend eine blühende Region. Als die reichsten Städte aber galten die phönizischen Handelsstädte Sidon, Tyros und Byblos, wie der biblische Prophet Hesekiel ausdrücklich betont.[38] Alle drei Städte lebten von ihrer Lage an der Mittelmeerküste. Die geographische Lage hatte einstmals das politische Schicksal von Phönizien bestimmt: Der schmale Küstenstreifen, hinter dem das Libanongebirge mit seinen Zedernwäldern eine Ausdehnung des Siedlungsgebietes begrenzte, entschied die Orientierung in Richtung Meer und machte den Seehandel zum einzig wichtigen Erwerbszweig.

Politisch blieb Phönizien, das letztlich nur aus seinen wenigen, allerdings einflußreichen Handelsstädten bestand, selbst in seiner Blütezeit ein Zwerg. Die Abhängigkeit Phöniziens von Ägypten ist schon früh belegt: Bereits in der Mitte des zweiten vorchristlichen Jahrtausends wurden die Phönizier als Tributzahler bei den Ägyptern aktenkundig. Dieser Status änderte sich praktisch nie, obgleich es in diesem Abhängigkeitsverhältnis Höhen und Tiefen gab und die Abhängigkeit den Phöniziern nicht immer nur zum Nachteil gereichte. Die Phönizier sahen in dem mächtigen Nachbarn zu allen Zeiten ein leuchtendes Vorbild. Das spiegelt sich vor allem in der phönizischen Kunst und Kultur. Die Phönizier orientierten sich an ägyptischen Maßstäben und gelten gemeinhin als die Eklektiker *par excellence*.[39]

Auch das mächtigste Land hat die Macht nicht für die Ewigkeit gepachtet. Ein Umschwung in der Machtkonstellation kam mit der berühmten Schlacht von Kadesh (1283 v. Chr.), in der es dem ägyptischen Pharao Ramses II. nicht gelang, die Seevölker zu besiegen. Die Phönizier wußten die nachfolgende Periode vortrefflich zu nutzen und ihre Machtposition auszubauen. Zwischen

1000 und 600 v. Chr. erlebten sie ihre große Blütezeit und wurden zu den Herren des Mittelmeers. Sie unterhielten lebhafte und profitable Handelsbeziehungen mit den verschiedensten Ländern, und ihre Schiffe waren nachweislich in den Häfen aller damals bekannten Küsten zu sehen.

Als der jüdische König Salomo um 1000 v. Chr. seinen berühmten Tempel baute, bestellte er bei seinem semitischen Vetter, dem phönizischen König Hiram, edle Materialien für den berühmten Jerusalemer Prachtbau. Wie die Bibel ausführlich berichtet, lieferten ihm die Phönizier daraufhin Gold, Silber und das begehrte Zedernholz.[40] Der Lohn für solche nachbarschaftlichen Dienste war die Erlaubnis, den jüdischen Hafen Ezion Geber am Golf von Akaba zu nutzen, was für die phönizischen Seefahrer ein gutes Geschäft war. Jahrhundertelang profitierten sie von dieser salomonischen Gunst, indem sie den südlichen Hafen als Ausgangspunkt für ihre Fahrten unter anderem zum Goldland Ophir machten, das in der Bibel zwar wiederholte Male erwähnt wird, dessen geographische Lage jedoch bis heute umstritten ist.[41] Die phönizische Geheimhaltung funktionierte auch hier. Zu den Waren, die Phöniziens legendären Ruf als Lieferant von Luxusgütern gründen halfen, zählen Bernstein von der Ostseeküste,[42] kostbare Stoffe, Keramik und edle Hölzer sowie das phönizische Glas und der Purpur, den die Phönizier selbst erfunden und stets erfolgreich vermarktet haben.[43] Fast ein Jahrtausend garantierten diese Waren den Phöniziern blühende Handelsgeschäfte.

Um ihre internationale Handelsschiffahrt reibungslos abwickeln zu können, gründeten sie schon im zweiten vorchristlichen Jahrtausend Handelsstützpunkte beziehungsweise Koloniestädte an jenen fremden Küsten, die sie auf ihren Handelsfahrten regelmäßig ansteuerten. Von Schwierigkeiten mit den Bewohnern der fremden Länder ist nichts bekannt. Im Gegenteil! Die Überlieferung sagt, daß die Phönizier an den fremden Küsten nicht nur als Siedler, sondern auch als Anhänger eines fremden Kults toleriert wurden. Das läßt nicht nur auf religiöse Toleranz, sondern auch auf ein allgemein gutes Einvernehmen zwischen den Handelspartnern schließen.

Die ältesten Stützpunkte der phönizischen Kolonialpolitik waren Memphis, Zypern und das nordafrikanische Utica.[44] Im 12. Jahrhundert v. Chr. gründeten die Phönizier dann bereits Cádiz, das sich von den älteren phönizischen Handelsstützpunkten dadurch unterschied, daß es nicht mehr im heimatlichen Mittelmeer, sondern jenseits der gefürchteten »Säulen des Herkules«, also der Straße von Gibraltar, an der Atlantikküste lag.

Die Wahl der Lage für diese phönizische Koloniestadt ist Rätsel und Antwort zugleich: Wenn sich die Phönizier entschieden, das Risiko der gefährlichen Gibraltar-Passage auf sich zu nehmen, dann mußte sich dieses Unternehmen für die klugen Händler gelohnt haben! Sie erwarteten von dieser riskanten Investition – sicher zu Recht – einen kommerziellen Vorteil. Das Risiko »Cádiz« schien ihnen berechenbar und unumgänglich, da jenseits der »Säulen des Herkules« – und jenseits des Atlantik – offenbar äußerst lukrative Verdienstmöglichkeiten warteten.

Obgleich es den phönizischen Händlern sicher nicht an Betätigungsfeldern und Verdienstmöglichkeiten im sicheren Mittelmeer fehlte, wagten sie sich auf den Atlantik hinaus. Die Herausforderung des Meeres und die Profitaussicht ließen das Seefahrervolk offenbar alle Bedenken über Bord seiner exzellent ausgestatteten Schiffe werfen. Cádiz ist der Beweis dafür. Nicht nur die regelmäßigen Atlantikfahrten, sondern auch die Risikobereitschaft der Phönizier ist durch die Gründung dieser Koloniestadt unter Beweis gestellt.

Die bedeutendste unter den phönizischen Koloniestädten war bekanntlich Karthago, das durch seine zentrale Lage an der nordafrikanischen Küste prädestiniert war für eine Vormachtstellung unter den mediterranen Handelsstädten. Nachdem Karthago 813 v. Chr. als Tochterstadt des phönizischen Tyros gegründet worden war, stand es zunächst für einige Jahrhunderte in einem Abhängigkeitsverhältnis zur levantinischen Mutterstadt.

Das änderte sich jedoch im sechsten vorchristlichen Jahrhundert, als Karthago die Vormachtstellung erringen konnte, weil sich die politischen Verhältnisse an der levantinischen Küste zuungunsten der phönizischen Mutterstädte verändert hatten.

Der babylonische König Nebukadnezar hatte den Großteil der jüdischen Bevölkerung in die epochemachende Babylonische Gefangenschaft geführt und Jerusalem zerstört (586 v. Chr.). Auch die phönizischen Städte wurden belagert und schließlich erobert. Tyros konnte der Belagerung zunächst 13 Jahre lang widerstehen, da die Stadt zum Teil auf einer dem Festland vorgelagerten Insel gebaut und daher dem Feind schwer zugänglich war.

In all diesen Jahren lagen die Schiffe der Belagerten unversehrt im Hafen Tyros. Wen wundert es da, wenn manche Historiker vermuten, die Tyrier hätten ihre Chance zur Flucht genutzt? Der römische Geschichtsschreiber Diodorus Siculus weiß offenbar sogar, wohin diese Flucht gegangen ist, denn er erwähnt in diesem Zusammenhang, daß die Karthager den Bewohnern der bedrängten Mutterstadt verboten hätten, »im fernen Westen eine Kolonie zu gründen«.[45] Zur Bekräftigung dieses Verbots und gleichsam als Barrikade gegen die Flut der phönizischen Flüchtlinge sperrte Karthago um 540 v. Chr. die Straße von Gibraltar für alle fremden Schiffe.[46] Das Fluchtziel »Ferne Inseln« stand damit für einige Jahre nur noch den Karthagern offen.

Mit diesen »Fernen Inseln« setzte sich mancher ernsthafte Geschichtsschreiber der Antike auseinander. Damit der Leser hier jedoch nicht ganz unvermittelt mit diesen Berichten über die »Fernen Inseln« konfrontiert wird, sollen zunächst noch einige der historisch belegten Expeditionen erwähnt werden, die von den Phöniziern in den Jahrhunderten vor der Zeitenwende durchgeführt wurden.

Der ägyptische Pharao Necho war aus militärischen Gründen an der Umseglung Afrikas interessiert und beauftragte im Jahr 601 v. Chr. die Phönizier, mit einer Flotte von Dreiruderern den afrikanischen Kontinent vom Roten Meer aus zu umsegeln und durch die Straße von Gibraltar so bald wie möglich wieder nach Ägypten zurückzukehren.[47] Wie Herodot berichtet, benötigten die Phönizier für diese Reise volle zwei Jahre, da sie ihre Fahrt mehreremal unterbrachen, um an den Küsten Afrikas Getreide anzubauen, das für die nächste Etappe als Proviant dienen sollte.[48]

All das hört sich recht phantastisch an. Die Versuchung, hier Zweifel an der Authentizität der antiken historischen Berichte anzumelden, wäre allzu groß, wenn nicht Herodot, ein für seine Gewissenhaftigkeit und Klugheit bekannter Geschichtsschreiber der Antike, seiner detaillierten Beschreibung der Umseglung Afrikas eine kleine, ganz persönliche Randbemerkung hinzugefügt hätte, in der er selbst Zweifel an der Richtigkeit eines Details aus dem phönizischen Fahrtenbuch anmeldet: »Ich für meinen Teil glaube es nicht, aber vielleicht glauben es andere, was die Phönizier schreiben.« Und dann zitiert er aus dem phönizischen Fahrtenbuch: »Als das Schiff um die Südspitze Afrikas segelte, hatten wir die Sonne mittags auf der rechten Seite.«[49]

Als Mensch der nördlichen Halbkugel konnte Herodot sich nicht vorstellen, daß auf der südlichen Halbkugel, an der Südspitze Afrikas, die Sonne nördlich vom Zenit steht und bei dem gesegelten Ost-West-Kurs tatsächlich von Steuerbord, also von rechts scheinen mußte.

Gerade die Skepsis dieses um Wahrhaftigkeit redlich bemühten Geschichtsschreibers spricht dafür, daß das Logbuch des phönizischen Kapitäns wahrheitsgetreue Eintragungen über tatsächliche Erlebnisse enthielt. Im übrigen ist dieser Bericht wohl nur deshalb der Nachwelt bekannt geworden, weil ein Pharao hinter dem Unternehmen stand, der das phönizische Gebot der Geheimhaltung nicht zu berücksichtigen hatte.

Nur wenige Jahrzehnte später gelang dem karthagischen Sufet (Richter) Hanno die Umseglung Afrikas in umgekehrter Richtung.[50] Er unternahm die Expedition mit 60 Fünfzigruderern, um entlang der Westküste Afrikas neue Siedlungen für die Phönizier anzulegen.[51] Die Spuren dieser phönizischen Siedler hielten sich an der afrikanischen Westküste länger als die Macht der Phönizier an der levantinischen Küste. Noch im ersten vorchristlichen Jahrhundert konnte der griechische Geschichtsschreiber Strabon davon berichten, daß an der Westküste Afrikas Phönizisch gesprochen wurde, obgleich dort nur Schwarzafrikaner lebten. Die Phönizier selbst waren schon lange zuvor auf ihren Schiffen vor den Einheimischen geflohen, um, wie Strabon erfahren haben will, »in einer Entfernung von dreißig Tagen Seereise in Richtung Westen auf den ›Fernen Inseln‹ zu siedeln«.[52] Strabon zitiert also die Afrikaner mit ihrem Hinweis auf ein weit im Westen liegendes Territorium, das sie selbst nur vom Hörensagen kennen.

Diese Umschreibung oder Beschreibung entspricht sehr genau derjenigen, die sich in den *Terrae Incognitae* des Aristoteles findet. Er schreibt von »paradiesisch schönen, fruchtbaren, bewaldeten Inseln im fernen Westen, deren Flüsse schiffbar sind und auf denen es hohe Gebirge gibt«.[53] Aristoteles ist nicht als Phantast bekannt, man darf also davon ausgehen, daß er mit seiner Schilderung exakt den Wissensstand seiner Zeit wiedergab.

Nicht unbedingt wörtlich zu nehmen ist allerdings der Begriff »Insel«. Man stelle sich vor, ein Seefahrer sichtet am Horizont des weiten Meeres ein unbekanntes Land. Er wird wohl kaum sogleich annehmen, es könne sich hier um einen neuen Kontinent handeln, sondern zunächst einmal das Naheliegende vermuten: eine Insel. Inseln gibt es in den verschiedensten Größen. Diodorus Siculus beispielsweise erwähnt »Inseln von beträchtlicher Größe« vor den Küsten Afrikas. Und Platon spricht von einer »Insel«, die größer ist als »Asien« und »Lybia« (Afrika) zusammen.[54] Vielleicht so groß wie Amerika?

Von diesen »Fernen Inseln« hatte Platon übrigens durch ägyptische Priester erfahren, die derlei Kenntnis als Geheimwissen einstuften. So geheim war die

Kenntnis von den »Fernen Inseln im Westen« aber wiederum nicht. Diodorus Siculus schreibt, daß die Phönizier »aller Welt von diesen Inseln berichteten, nachdem sie die Schönheit und Fruchtbarkeit des unbekannten Landes kennengelernt hatten«.[55] Der Geschichtsschreiber bezieht sich mit dieser Bemerkung sicher auf die Blütezeit der Phönizier, in der die erfolgreichen Herren der Meere keinerlei Furcht vor möglichen Konkurrenten auf der Atlantikroute zu haben brauchten. Jahrhundertelang war niemand in der Lage, den phönizischen Schiffen zu folgen. Alle Küsten gehörten zu ihrem Revier. »Schon zu Homers Zeiten hatten die Phönizier die besten Plätze der fremden Küsten unter Kontrolle«,[56] und ihre unangefochtene Position erlaubte ihnen sogar diverse rüde und rücksichtslose Praktiken: Bewohner fremder Küsten, deren sie – zur Not mit Gewalt – habhaft werden konnten, verschleppten sie auf ihre Schiffe und verkauften sie in fremden Häfen als Sklaven.[57] So jedenfalls kolportieren es ihre Zeitgenossen.

Sprachschwierigkeiten an fremden Küsten begegneten die Phönizier mit der Methode des »Stummen Handels«: Die Waren wurden vom Schiff geladen und an den fremden Ufern ausgebreitet. Danach zog man sich auf die Schiffe zurück und beobachtete aus der Ferne, wie die Einheimischen sich näherten und die phönizischen Kostbarkeiten begutachteten, um danach zu entscheiden, welcher Preis den Waren wohl angemessen wäre. Die Einheimischen legten dann den Gegenwert in der jeweiligen Währung neben die Güter und entfernten sich wieder. Daraufhin kamen die Phönizier erneut von ihren Schiffen, um nun ihrerseits über die Angemessenheit des gezahlten Preises zu entscheiden. Waren sie mit dem Preis zufrieden, dann nahmen sie das Geld und ließen die Waren zurück. Entsprach der Preis nicht ihren Vorstellungen, nahmen sie ihre Besitztümer wieder mit und segelten zum nächsten Hafen.[58]

Das Interesse der Zeitgenossen an den ungewöhnlichen Praktiken und dem unübersehbaren Erfolg der Levantiner war groß. Größer aber noch war das Interesse an deren »paradiesischen fernen Zielen«, die entsprechend aufmerksam von allen antiken Geschichtsschreibern kommentiert wurden. Theopompos schreibt im 4. Jahrhundert v. Chr. von einer »immens großen Insel jenseits der bekannten Welt, irgendwo im Atlantik«.[59] Claudius Aelianus erwähnt im 2. Jahrhundert n. Chr. die Existenz von »Inseln« im Zusammenhang mit Cádiz, dem idealen Ausgangshafen für die Überfahrt zu diesem fernen Ziel.[60] Und auch Rufus Festus Avienus, ein bedeutender Geschichtsschreiber des vierten nachchristlichen Jahrhunderts, sei zu diesem Thema noch zitiert. Er berichtet von einer Seereise des Admirals Hamilco, der in vier Monaten von Cádiz die geographisch nicht näher bestimmten »Sorlinga-Inseln«[61] erreicht habe.

Weitere Zitate aus antiken Texten könnten angeführt werden, brächten aber keine neuen Erkenntnisse. Wonach es den kritisch wohlwollenden Leser verlangt, ist wenigstens *ein* stichhaltiger Beweis dafür, daß die antiken Seefahrer eine Atlantiküberquerung nicht nur bewältigen konnten, sondern sie tatsächlich auch bewältigt haben! Hier nun der erste Beweis:

Die Seefahrer der Antike fürchteten das *mare pigrum,* ein schreckliches Meer von klebrigem Seetang, der auf den Wellen wächst und die Schiffe wie mit Fangarmen festhält.[62] Diese Schilderung überliefern uns die gelehrten Zeitgenossen der frühen Seefahrer. Ist das wieder eine der unglaublichen und unglaubwürdigen Phantastereien, deren wir unsere Altvorderen so gern bezichtigen? Nein! Ein derartiges Meer von Seetang existiert tatsächlich. Es liegt im Atlantik, südlich der Bermuda-Inseln, und trägt den Namen »Sargasso-See«.[63] Benannt wurde es nach einer Algenart, die von Biologen als »Beerentang« *(sargassum bacciferum)* bezeichnet wird. (Abb. 1)*

Die Sargasso-See muß wohl zu allen Zeiten ein Alptraum für Seefahrer gewesen sein. Nicht nur der hinderliche und für manche Schiffstypen sogar gefährliche Seetang, sondern auch die dort üblichen langen Perioden der Windstille ließen die Seefahrer diese Region meiden, so gut es ging, und sicherlich gelang das nicht immer. Kolumbus hat in seinem Logbuch eindringlich beschrieben, welche Furcht diese Sargasso-See seinen Mannschaften bereitete.

1954 schreibt der portugiesische Geograph Armando Cortesão: »Wenn ein nach alter Weise besegeltes Schiff kein anderes Antriebsmittel hatte als den Wind und zwischen den Kanarischen Inseln und Madeira in eine der dort häufigen Flauten geriet, so wurde es höchstwahrscheinlich nach Südwesten bis in die Zone der Sargasso-See abgetrieben.«[64] So kommt es, daß Schiffe immer wieder hilflos in der Sargasso-See treiben – bis sie weiter westlich allmählich wieder Wind in die Segel bekommen. Bei dem Wind in dieser Region handelt es sich um den Passat, der ausschließlich aus nordöstlicher Richtung weht und, im Verein mit dem Nordäquatorialstrom, das Schiff unweigerlich gegen die Antillen treibt.[65] *Quod erat demonstrandum!*

* Die Zahlen verweisen auf die Abbildungen im Tafelteil

Daß die antiken Seefahrer die Sargasso-See kannten, zeigt, wie weit sie nach Westen vorgedrungen sind: Sie liegt, zumindest aus der Sicht eines mediterranen Seefahrers, unmittelbar vor der Küste Amerikas. Hatte ein antikes Schiff vom Mittelmeer aus erst einmal die Sargasso-See erreicht, so war nur noch eine kurze Strecke Weges bis zu jenen Küsten zurückzulegen, auf die mehr als drei Jahrtausende später Kolumbus gestoßen ist.

Es hieße übrigens, menschlichen Wissensdurst und Mut zu verkennen, würde man lediglich von den Profitinteressen der kühnen Seefahrer sprechen. Ihre waghalsigen Expeditionen zu den »Fernen Inseln« hatten wohl oft genug auch andere Beweggründe, zu denen sicher auch die Aussicht auf Heldenruhm zu rechnen ist. Das große »Westliche Meer« war für die Seefahrer aller Zeiten eine Herausforderung, der sie sich heldenhaft zu stellen suchten. Die Mythologie erzählt immer wieder und mit großer Hochachtung von den Heldentaten, die dem Meer von Heroen und Halbgöttern unter Einsatz ihres Lebens abgetrotzt wurden.

Mythologie ist mystifizierte Geschichte. Die verehrten Halbgötter waren einst wohl irdische Helden, bevor die Erzählfreude und Fabulierkunst der Menschen ihre Taten ins Phantastische überhöhte. Heldentaten auf dem gefährlichen Meer faszinierten in ganz besonderem Maße und lieferten den idealen Stoff für Heldensagen. Herkules holte jenseits der nach ihm benannten »Säulen« die Früchte aus dem Garten der Hesperiden.[66] Der babylonische Halbgott Gilgamesch besuchte ein »Land weit im Westen«, das er – nach der Sonne – als erster betreten hat.[67] Und auch Odysseus meisterte alle Gefahren und Herausforderungen des Meeres heldenhaft.

Homers Odyssee ist immer wieder gründlich auf ihre geographischen Fakten hin untersucht worden, und als Ergebnis wurden gelegentlich auch Abhandlungen über mögliche Atlantiküberquerungen des Odysseus veröffentlicht. Hierauf in diesem Text einzugehen würde zu weit führen und anderen, überzeugenderen Argumenten der Diffusionisten den Platz nehmen.

Nicht nur Wissensdrang und die Aussicht auf Ruhm und Gewinn mag die frühen Seefahrer veranlaßt haben, weit hinaus in den Westen zu segeln. Möglicherweise waren sie auch gezwungen, ihr Heil in der Flucht auf den Atlantik zu suchen. Wie schon erwähnt, mußten die Phönizier zum Beispiel im sechsten vorchristlichen Jahrhundert aus ihrer vorderorientalischen Heimat fliehen. Vom dritten Jahrhundert an zog dann auch für die Tochterstadt Karthago Gefahr herauf. Die Römer bedrohten die einst mächtige Handelsstadt während der Zeit der Punischen Kriege ernsthaft in ihrer Existenz und zerstörten sie 146 v. Chr. schließlich endgültig. Der besiegten Handelsstadt wurde von Rom vor allem der Besitz eigener Schiffe untersagt, wodurch das Schicksal Karthagos besiegelt war.

In den Dokumenten der Stadt Karthago findet sich ein Hinweis darauf, daß die großen Seefahrer die »Fernen Inseln« als ihre geheime Trumpfkarte ansahen, die sie zu spielen gedachten, wenn die politische Not sie dazu zwang. Um zu verhindern, daß die Existenz der »Fernen Inseln« jedermann bekannt würde, erließ der Senat der Stadt Karthago bei Androhung der Todesstrafe ein Verbot, zu den »Fernen Inseln« zu segeln.[68]

Auch die Bibel erwähnt mit der Stimme des alten Propheten Jesaja diese »Fernen Inseln«: »Die Schiffe kommen bei mir zusammen, voran die Schiffe von Tarschisch, um Deine Söhne mit ihrem Gold und Silber aus der Ferne zu bringen.«[69] Tarschisch ist – nach einer allerdings nicht unumstrittenen Auffassung – das bereits erwähnte Tartessos an der spanischen Atlantikküste, das als Zentrum der Metallverarbeitung Berühmtheit erlangte. Die »Fernen Inseln« nennt Jesaja ausdrücklich als Zufluchtsort: »Ich stelle bei ihnen ein Zeichen auf und schicke von ihnen einige, die entronnen sind zu den übrigen Völkern ... und zu den ›Fernen Inseln‹.«[70] Die Texte des Jesaja entstammen dem 4. bis 3. Jahrhundert v. Chr.

Die antiken Texte, darunter das Alte Testament, vermitteln somit ein stimmiges Bild von den geographischen Kenntnissen der damaligen Gelehrten: Die »Fernen Inseln« waren ihnen bekannt. Die Beschreibungen stimmen überein, ergänzen sich gegenseitig und basieren auf den nautischen Aktivitäten jener Zeit!

Danach wurde es still um die internationale Seefahrt. Jahrhundertelang war sie kein Thema mehr. Aber die Faszination des weiten, unbekannten Meeres und der »Fernen Inseln« begann erneut zu wirken: Mit der Christianisierung Europas ergaben sich neue Anlässe, Aufgaben und Möglichkeiten für die Überfahrt zu den fremden Gestaden. Während der Maurischen Invasion des 8. Jahrhunderts zum Beispiel wurden große Teile der christlichen Bevölkerung Spaniens von den Muslimen arabischer Herkunft bedroht oder vernichtet. Ein Kirchenbuch überliefert, daß sich »sieben Bischöfe Spaniens auf sieben Schiffen gen Westen zur Insel der Sieben Städte gerettet« hätten.[71]

Obgleich man natürlich die magische Zahl »Sieben« nicht wörtlich nehmen soll, bleibt der Kern der Textstelle doch erwähnenswert: »Insel der Sieben Städte.« Die Indios berichteten den ersten spanischen Eroberern von den »Sieben Städten«, nach denen diese sogleich eifrig zu suchen begannen. Sie werden von dem Gelehrten Toscanelli[72] in einem Schreiben an Kolumbus erwähnt, in dem er von »Antilia, die Ihr die Insel der Sieben Städte nennt«, berichtet.

Auch in altirischen Schiffermärchen wird von Entdeckungsfahrten zu unbekannten Ländern im Westen erzählt. Verfasser dieser phantastischen Geschichten waren die Kelten.[73] Dieser indogermanische Volksstamm durchzog in vorchristlichen Jahrhunderten fast ganz Europa und tauchte kurz vor der Zeitenwende sogar in Kleinasien auf. Seit dem sechsten vorchristlichen Jahrhundert siedelten die Kelten auch in Spanien, wo sie alsbald mit den phönizischen Puniern aus Karthago erfolgreich gemeinsame Unternehmungen in der Seefahrt starteten. In den nachfolgenden Jahrhunderten kam es in Tartessos zwischen den Iberern, den Kelten und den Puniern aus Karthago zu einer fruchtbaren Symbiose, deren »Spuren«, wie sich zeigen wird, bis nach Amerika verfolgt werden können.[74]

2 SCHIFFE UND SEEFAHRT

Was wären die historischen Berichte über Expeditionen und Navigationskünste der frühen Seefahrer, wenn sie nicht ergänzt würden durch glaubwürdige Angaben zu deren Schiffen? Offenbar sahen das die Chronisten der Antike ebenso wie wir. Ihre Berichte enthalten daher detaillierte Beschreibungen der Schiffstypen und deren Konstruktionsmerkmale, der Schiffsgröße und Beseglung beziehungsweise Rudervorrichtungen sowie der technischen Hilfsmittel und des *Know-how* der alten Seefahrer.

Seit jeher wurden auch Darstellungen gefertigt, die uns ein recht genaues Bild der alten Schiffstypen vermitteln. Die beste Anschauungshilfe lieferte allerdings Thor Heyerdahl, der zwei sehr frühe Bootstypen maßstabsgetreu und materialgerecht nachbaute und sie auch benutzte. Mit seinem Floß *Kon-Tiki* segelte er 1947 in 97 Tagen von Peru nach Tahiti. Der erstaunten Fachwelt deutete er seine erfolgreiche Pazifiküberquerung als Bestätigung der Theorie, daß Polynesien von Amerika aus besiedelt worden sei und die Menschen einst den Pazifik auf floßähnlichen Fahrzeugen überquert hätten. Die Skepsis gegenüber vorkolumbischen Kontakten zwischen Amerika und dem Rest der Welt konnte dieses ansonsten vielbestaunte Experiment allerdings nicht wirklich abbauen.

Auch die sensationelle Atlantiküberquerung Heyerdahls auf seinem ägyptischen Papyrusboot *Ra II* löste zwar Staunen, nicht aber ein Umdenken aus. Der Atlantik galt letztlich weiterhin als unpassierbar für frühe Seefahrer. Die waren im übrigen keineswegs auf Papyrusboote angewiesen. Spätestens seit dem Beginn der Bronzezeit existierten auch feste Holzboote, die allemal zuverlässiger waren als ein Papyrusboot. Wie diese frühen Holzboote aussahen, hat man durch einen archäologischen Glücksfall ermitteln können: Bei Marsala auf Sizilien wurden in unserer Zeit zwei Schiffe gefunden, die den Ersten Punischen Krieg zwischen Karthago und Rom mitgemacht und zwei Jahrtausende lang unter Wasser gelegen haben.[75] Ihr Erhaltungszustand ist hervorragend. Die Bootslänge von ungefähr 30 Metern sowie einzelne Details der Konstruktion lassen erkennen, daß es sich um Begleitboote oder Versorgungsschiffe handelte. Die eigentlichen Kriegsschiffe waren bis zu 50 Meter lang und hatten meist drei übereinander gestaffelte Decks für die Ruderer, was ihnen die Bezeichnung *Triere* eintrug. (Abb. 2)

An der Reling der Trieren befestigten die Krieger ihre runden Schilde, die der Bordwand einen zusätzlichen Schutz gaben. Damit jeder der 180 Ruderer sein schweres Ruder im richtigen Takt bewegte, schlug ein »Vorarbeiter« den Rhythmus auf einer Trommel. Diese Trieren konnten eine Geschwindigkeit von fünf bis sechs Knoten erreichen, auf kurzen Strecken sogar das Doppelte.

Das schnellere und stabilere Modell eines Kriegsschiffes war die *Pentera* mit nur einem einzigen Deck, auf dem dann allerdings zehn Ruderer in jeder Reihe saßen. Je fünf von ihnen führten gemeinsam ein Ruder. Der Mittelgang blieb frei für den unerläßlichen Aufseher, der gerade bei diesem Schiffstyp für Tempo sorgen konnte, weil hier die Gefahr des Kenterns geringer war als bei den *Trieren* mit ihren hoch übereinander gestaffelten Decks. Die *Pentera* war das bei weitem modernere Kriegsschiff und hatte im Seegefecht die entsprechend besseren Chancen.

Die Aufgabe eines Kriegsschiffes der Antike war es, das Schiff des Gegners mit einem Rammsporn zu versenken. Aus dem Ersten Punischen Krieg wird berichtet, daß Karthago »nur« 700 Kriegsschiffe einbüßte, während die Römer rund 1000 Schiffe verloren. Erstaunlich hohe Verluste! Aber Not macht erfinderisch. So hatten die phönizischen Bootsbauer ein System erdacht, das es möglich machte, Schiffe des gleichen Typs in Serie und damit schneller und rationeller zu fertigen. Auf den erwähnten Schiffen aus Marsala haben sich Markierungen erhalten, die für die Serienproduktion nötig waren. Jedes Schiffsteil wurde mit einem phönizischen Buchstaben gekennzeichnet, wodurch sich die Einzelteile leichter zusammenbauen und die Verluste schneller ausgleichen ließen.

Die geniale Erfindung der Kodierung von Einzelteilen half aber nicht nur den Karthagern: Sie ermöglichte schließlich auch den Römern, die bewährten phönizischen Schiffe nachzubauen, nachdem ihnen bei einer Seeschlacht in der Straße von Messina ein Modell in die Hände gefallen war. Der griechische Geschichtsschreiber Polybios (2. Jh. v. Chr.) fand diesen Vorfall so wichtig, daß er ihn ziemlich genau nacherzählte.[76] Plinius der Ältere ergänzt, die Römer hätten – dank der geistigen Vorarbeit ihrer Feinde – für den Bau ihrer Kriegsflotte nur 60 Tage benötigt![77]

Von den drei Grundtypen der phönizischen Schiffe bleibt der für unseren Zusammenhang wichtigste noch zu erwähnen: das Handelsschiff. Die älteste Darstellung phönizischer Handelsschiffe findet sich auf einem Fresko im Grab eines thebanischen Herrschers der 18. Dynastie (1500 v. Chr.). Schiffe dieses Typs brachten das begehrte Zedernholz von der Küste der Levante nach Ägypten. Sie waren speziell für diesen Verwendungszweck konstruiert und hatten eine entsprechend niedrige Bordwand zum Auf- und Abladen der langen Baumstämme. Auch die hochgezogene Heckpartie war keineswegs nur Schmuck- oder Stilelement, sondern hatte durchaus eine Funktion: Die Baumstämme wurden am Heck befestigt und hinter dem Boot hergezogen, wenn die Stämme für den Transport an Deck zu lang waren. (Abb. 3)

Wahrzeichen der phönizischen Schiffe war der hoch aus dem Wasser ragende Schiffsschnabel mit seiner markanten Galionsfigur. Auch diese Galionsfigur hatte ihre Funktion, indem sie für die eher immaterielle Stabilität, nämlich den himmlischen Schutz des Schiffes sorgte. Häufig wurde als Galionsfigur der Zwerggott Bes gewählt, dessen Häßlichkeit ein besonders guter Schutz gegen das Böse zu sein versprach. Meistens aber zogen die Phönizier als krönenden Abschluß ihres imposanten Schiffsbugs einen Pferdekopf vor. Dies war gleichsam als Reverenz an den Meeresgott Poseidon zu werten, auf dessen Wohlwollen die Seefahrer in besonderem Maße angewiesen waren. Dem Gott Poseidon, der auf seinen windschnellen Rossen über das Meer gleitet, wollten es die Phönizier auf ihren tüchtigen Booten gleichtun.

Ihre Handelsschiffe nötigen uns noch heute allen

Respekt ab. Sie waren funktionell und strömungstechnisch gut konzipiert. Der Schiffsrumpf war als Stauraum der Handelswaren ausladend rund, was die Griechen dazu veranlaßte, diese Schiffe respektlos als *gaulos* (Trog oder Wanne) zu bezeichnen; denn das Verhältnis von Schiffslänge zu Schiffsbreite betrug etwa 3:1. Es gab allerdings auch eine schnittigere Version mit dem Länge-Breite-Verhältnis von 4:1. Sie war zwar schneller, aber entsprechend weniger stabil. Diese Schiffe nannten die Phönizier stolz *hippoes* (Pferdchen), da kein fremdes Schiff es mit ihnen an Schnelligkeit aufnehmen konnte.

Weniger beeindruckend als die Leistungsfähigkeit der Schiffe waren die technischen Hilfsmittel an Bord. Den Sextanten[78] kannte man damals noch nicht, und das Gnomon war nur ein schwacher Ersatz: Mit ihm wurde die Länge der Schatten gemessen, aus der sich die Position des Schiffes errechnen ließ.[79] Angetrieben wurde das phönizische Handelsschiff durch ein großes rechteckiges Rahsegel, das an einem kurzen Mast in der Mitte des Decks montiert war. Mit diesem Segel konnte der achterliche Wind in einem Winkel bis zu 100 Grad genutzt werden.

Was aber taten die frühen Segler, wenn der Wind ungünstig stand? Sie warteten ab, änderten die Richtung, sie improvisierten. Für den Notfall gab es auch einige Ruderer an Bord, die das Schlimmste verhindern sollten – und sicher oft genug nicht verhindern konnten.

Einschließlich der Ruderer bestand die Mannschaft des Handelsschiffes aus zwanzig Personen. Zu den Vorräten gehörten auch lebende Tiere, die unterwegs geschlachtet und vom Koch in der Kombüse zu Tagesrationen verarbeitet wurden. Einige Abbildungen von phönizischen Handelsschiffen zeigen, daß auch Frauen an Bord waren. Vielleicht wurden sie zum Servieren der Speisen benötigt?

Für den Leser, der sich ein genaueres Bild machen möchte von den Schiffen, die das wichtigste Element der präkolumbischen Entdeckungsfahrten waren, seien hier noch weitere technische Daten genannt: Das Schiffsruder hatte ein asymmetrisches Blatt, war breit und auf der Backbordseite des Hecks befestigt. Der Kiel sorgte durch seine Größe für die nötige Sicherheit. Als Anker wurden große Steine oder Metallstücke verwendet. Die maximale Länge eines solchen Schiffes betrug 50 Meter und seine Durchschnittsgeschwindigkeit drei bis vier Knoten.

Ein derart solide gebautes Schiff brauchte die offene See nicht zu fürchten. Die Annahme, die Seefahrer der Antike hätten sich nur ängstlich die Küsten entlanggetastet, um von einem sicheren Hafen zum nächsten zu gelangen, ist falsch. Der »sichere« Weg ist ohnehin nicht in Küstennähe zu finden, sondern in respektvoller Entfernung von den Riffen und Kliffs der Küsten. Das war den Phöniziern wohl bekannt. Schwierigkeiten gab es für sie trotzdem genug, auch wenn ihre Navigationskünste beachtlich und ihre astronomischen Berechnungen äußerst zuverlässig waren.

Auf offener See wurde am Tag nach dem Sonnenstand, nach dem Verlauf der Meeresströmungen und nach dem Vogelflug gesegelt. In der Nacht navigierten die Segler nach den Sternen. Wichtigstes Sternbild der Seefahrer war stets der Große Bär; die Ägypter erwähnten es vor 7000 Jahren. Und Homer schreibt, es sei das »einzige Sternbild, das sich dreht, ohne je ein

Bad im Meer zu nehmen«, was heißen soll, daß der Große Bär nicht unter den Horizont wandert und folglich eine zuverlässige Orientierungshilfe ist.

Die Phönizier aber wählten zum Erstaunen ihrer Bewunderer als Orientierungshilfe auf offener See den Kleinen Bären. Diese Tatsache wird sowohl von dem griechischen Geschichtsschreiber Strabon[80] als auch vom alexandrinischen Dichter Kallimachos als Besonderheit hervorgehoben und vom Hofdichter Aratos in seinen *Phainomena* besungen. Das Thema scheint für die Antike so wichtig und interessant gewesen zu sein, daß sich Aratos sogar die Freiheit nimmt, ganz ausführlich die letztlich nur für Segler bedeutsamen Unterschiede der Sternbilder zu benennen: »Die Griechen steuern nach dem Großen Bären, da er früh am Abend groß am Himmel erscheint und durch seine Helligkeit leicht zu beobachten ist. Die Phönizier jedoch vertrauen auf den Kleinen Bären, obgleich er kleiner ist. Aber er ist für die Seefahrer zuverlässiger, da sich seine Sterne in einem kleinen Kreis drehen. Dadurch können die Männer aus dem phönizischen Sidon den geraden Kurs steuern.«[81]

Seekarten, die für uns heute eine Selbstverständlichkeit sind, waren in der Antike unbekannt. Statt dessen wurden Segelhandbücher benutzt, in denen so genau wie möglich die geographischen Besonderheiten der Küsten und wichtige Anmerkungen über Windverhältnisse und Meeresströmungen notiert waren. Für die präkolumbischen Atlantiküberquerungen sind vor allem der Golfstrom, der Nord- und Südäquatorialstrom und die Passatwinde von Bedeutung, deren genaue Kenntnis und Berechnung bei den frühen Seefahrern mit Sicherheit anzunehmen ist. (Abb. 4)

Die Westküste Afrikas gehörte zu den Standardrouten der Phönizier.[82] Auf den Kanarischen Inseln haben sich phönizische Amphoren und römische Münzen gefunden,[83] die sicher mit den Seefahrern dorthin gelangt sind. Diese Seefahrer wußten, daß die Winde auf der Höhe der Kanarischen Inseln für einen nördlichen Kurs ungünstig waren. Also fuhren sie in nordwestlicher Richtung, um die Gegenströmung zu meiden. Weit draußen auf dem offenen Meer, auf der Höhe von Madeira, gelangten die Schiffe dann in die Zone günstigerer Winde, mit denen sie die Meerenge von Gibraltar erreichen konnten. Es ist in diesem Zusammenhang wichtig zu betonen, daß für die Seefahrer in dieser Region immer die Gefahr beziehungsweise die Möglichkeit bestand (und heute noch besteht), daß das Schiff zum Beispiel durch widrige Umstände wie Schiffbruch oder Sturm manövrierunfähig wurde und auf der Höhe der Kanarischen Inseln abdriftete, mit den Passatwinden und dem Äquatorialstrom in Richtung Westen zu den westindischen Antilleninseln und von dort zur mittelamerikanischen Küste abtrieb.[84]

Der berühmteste Seefahrer, dem dieses Mißgeschick passierte, war Pedro Alvares Cabral. Er kam im Jahre 1500 auf seiner Route von Portugal nach Indien (via Kap der Guten Hoffnung) vor den Kanarischen Inseln vom geplanten Kurs ab – und entdeckte Brasilien!

Wie leicht die zufällige oder geplante Landung in der Golfregion Mittelamerikas für Schiffe auf dem Atlantik ist, zeigt ein anderes Beispiel aus der Neuzeit, das in den Geschichtsbüchern nachzulesen ist: 1511 erlitt ein Schiff der spanischen Flotte bei den Antillen Schiffbruch und trieb zehn Tage ohne Ruder und Segel auf dem Meer, bis es aufgrund der erwähnten Ost-West-Drift in Yucatán (Mexiko) an Land gespült wurde.

– Übrigens: Einer der spanischen Schiffbrüchigen fiel dem Maya-Herrscher von Chetumal angenehm auf und durfte seine Tochter heiraten![85]

Zurück zur Navigation: Die Winde auf dem Südatlantik wehen aus dem subtropischen Hochdruckgürtel zur Tiefdruckrinne des Äquators, wobei sie infolge der Erdrotation abgelenkt werden. Diese sogenannten Passatwinde wehen also auf der südlichen Halbkugel aus südöstlicher Richtung, auf der nördlichen Halbkugel, wo komplementäre Verhältnisse vorherrschen, aus nordöstlicher Richtung. Und diese Strömungen treiben die Schiffe von der afrikanischen Küste nach Süd- beziehungsweise Mittelamerika, auf dem Nordatlantik von Mittelamerika beziehungsweise Florida in Richtung Ärmelkanal.

Dieser Kreisverkehr auf dem Atlantik hat dazu geführt, daß die Diffusionisten gelegentlich zur Debatte stellen, ob die frühen Seefahrer des Mittelmeers die britannischen Zinninseln vielleicht via Amerika erreicht haben, wohin sie von den Kanarischen Inseln aus starteten. Immerhin war die Fahrt gegen die vorherrschenden Winde ein schwieriges Unterfangen, und die versierten phönizischen Seefahrer wußten sicher die von der Natur gebotene Hilfestellung für die Atlantiküberquerungen zu nutzen.

Es ist keine Spekulation, wenn man die meteorologischen, geographischen, historischen und nautischen Fakten in die Rekonstruktion des Geschichtsbildes eines präkolumbischen Amerika einbezieht. Man weiß vom menschlichen Wissensdrang, man weiß vom hohen Standard der antiken Seefahrt, man weiß, daß die Schiffe zu allen Zeiten und zu Tausenden die Meere befuhren; und man weiß auch, daß Wetter, Wellen und

Winde zu Kursabweichungen und damit zu unvorhergesehenen Zielen führten. Trotzdem wird heute die Möglichkeit einer Landung an amerikanischen Küsten meist als unrealistisch angesehen, obgleich es eigentlich viel unrealistischer ist anzunehmen, daß die amerikanischen Küsten den Vorgängern des Kolumbus unbekannt geblieben wären.

Um das Bild der frühen Seefahrt abzurunden, sollten auch die geographischen und kartographischen Zeugnisse aus vorkolumbischer Zeit erwähnt werden.

Im Mittelalter und in den Jahren vor der »Entdeckung« Amerikas durch Kolumbus entstanden einige Land- und Seekarten, die erstaunliche geographische Kenntnisse über das offiziell noch unentdeckte Territorium »Amerika« belegen. Das größte Aufsehen hat wohl die 1957 entdeckte, sogenannte Vinland-Karte erregt. 1964 wurden die Ergebnisse der wissenschaftlichen Untersuchung dieser Karte veröffentlicht und ließen sogleich den Streit zwischen den Diffusionisten und ihren Gegnern neu und heftiger denn je aufflammen.[86] (Abb. 5)

Die Vinland-Karte ist ungefähr um 1440 entstanden und zeigt einige Küstenteile des amerikanischen Kontinents. Einige Wissenschaftler bezeichneten die Karte als echt, obwohl sie damit indirekt zugaben, daß die amerikanischen Küsten zumindest partiell den Europäern bereits um 1440, also fünfzig Jahre vor Kolumbus, bekannt gewesen sein mußten. 1965 priesen verschiedene Professoren der Yale-Universität die Vinland-Karte sogar als die »aufregendste Entdeckung der Karthographie in diesem Jahrhundert«.[87] Es sei aber darauf hingewiesen, daß inzwischen eine chemische Untersuchung Zweifel an der Echtheit des Dokuments aufkommen ließ. Die Tinte soll gewisse Mengen an Anatase enthalten, die, so glaubt man zu wissen, erst seit 1920 als Zusatz für Tinten verwendet wurde. Andere Fachleute meinen herausgefunden zu haben, daß die anatasehaltige Tinte auf einer älteren anatasefreien Tinte aufgetragen wurde. Leider ist diese Frage hier nicht abschließend zu beantworten.

Die Ungenauigkeit in der Wiedergabe der Küstenverläufe und die Akzentuierung bestimmter Regionen auf alten und präkolumbischen Karten dürfte wohl darauf zurückzuführen sein, daß die frühen Seefahrer nur partielle Kenntnisse über die tatsächlichen Küstenverläufe besaßen und ihnen aus diesem Grund eine Gesamtschau nicht möglich war. Ohnehin zeigte man bis zur Renaissance in diesem Bereich wenig Sinn für Korrektheit. Erst 1570 wurde durch den Geographen Ortelius mit dessen *Theatrum Orbis Terrarum* ein wissenschaftlich erarbeitetes kartographisches Gesamtwerk geschaffen.[88]

Bis dahin kursierten oft recht phantastische Orts- und Lagebeschreibungen. Ein Paradebeispiel für derartig phantastische Angaben ist das sagenhafte Thule, das seit der Antike in immer neuen Umschreibungen erwähnt wird: »Die große Erde von Thule«, »Das äußerste Thule«, »Das letzte Thule« und so weiter. Interessant ist eine Textstelle aus dem Drama *Medea* des antiken Dichters Seneca, der in seltsam seherischem Ton über dieses Thule spricht: »Es wird eine Zeit kommen, wenn die Meere des Ozeans sich öffnen und ein großer Teil der Erde erschlossen wird ... und neue Seefahrer werden eine neue Welt entdecken ... und dann wird Thule nicht mehr das letzte Ende der bekannten Welt sein.«[89]

Besaß Seneca die Gabe der Prophetie – oder hatte

er Kenntnis von den bis dahin wohl erst sporadisch besuchten »Fernen Inseln«?

Wen wundert es, daß auch Kolumbus ein großes Interesse an diesem Thule im hohen Norden zugeschrieben wird? Einige Biographen berichten sogar von einer Erkundungstour, die Kolumbus 1477 nach Thule unternommen haben soll. Tatsächlich enthalten die Aufzeichnungen des Kolumbus detaillierte Angaben über Gezeiten, Klima und geographische Lage dieses Thule, die er letztlich nur aufgrund eigener Erfahrung hat wiedergeben können.[90]

Wie dem auch sei, die Expedition nach Thule wäre hier nur dann von Interesse und Bedeutung, wenn Kolumbus sie mit Hilfe einer gewissen Karte geplant hätte, die den Wissenschaftlern allgemein und den Kolumbus-Biographen im besonderen schon viel Kopfzerbrechen bereitet hat. Die Karte ist bekannt unter dem Namen ihres Autors Toscanelli.

1474 hatte der italienische Arzt und Mathematiker Paolo del Pozzo Toscanelli für König Johann II. von Portugal eine Seekarte gezeichnet und in einem Begleitschreiben, das er an den Kanonikus Fernán Martins, den Beichtvater des Königs, richtete, erläutert, daß der Weg Richtung Westen über den Atlantik kürzer sein müsse als der um Afrika herum. Kolumbus erfuhr von dieser Seekarte und dem Brief, in dem ihn vor allem die mathematischen Berechnungen zu den Entfernungen zwischen Portugal und den Richtung Westen erreichbaren Ländern interessierten. Er bat Toscanelli um eine Abschrift des Briefes und der Seekarte, die er zusammen mit einem persönlich an ihn gerichteten Brief auch erhielt. Toscanelli schreibt dort: »Auf der Karte ... ist der ganze Westen der bewohnten Welt ...

eingetragen. Und von der Insel, die Ihr die Insel der Sieben Städte nennt, von der wir Kunde haben, sind es bis zu der berühmten Insel Zipango (Japan) zehn Abschnitte, das heißt, 2500 Meilen ...«[91] (Abb. 6)

Es erstaunt nicht, daß dem ehrgeizigen Kolumbus die geographischen Daten für seine geplante Expedition nach »Indien« offenbar von außerordentlicher Bedeutung waren.[92]

Auf die Toscanelli-Karte bezieht sich wahrscheinlich auch der Kartograph und Seefahrer Piri Reis, dessen Amerikakarte ebenfalls großes Aufsehen erregte. Piri Reis war ein türkischer Admiral, der für den Sultan Selim arbeitete. Die sogenannte Piri-Reis-Karte entstand im Jahr 1513, also zu einer Zeit, als der sogenannte erste europäische Fuß bereits amerikanischen Boden betreten hatte. Aber die Karte zeigt Teile des amerikanischen Kontinents, die bis 1513 noch als unentdeckt galten! Am Rande der Karte notierte Piri Reis, daß Kolumbus im Besitz eines Buches gewesen sei, in dem von Küsten und Inseln am Ende des Westmeeres die Rede ist, wo es Bergwerke und wertvolle Steine gebe. Diese Inseln nenne man »Antilia«.[93]

»Antilia« ist auch auf einer Karte verzeichnet, die das Datum 1424 trägt. Sie zeigt im Westen des Atlantik vier Inseln, die den Antillen in Größe und Form recht genau entsprechen. Diese Karte wurde erst 1946 im Nachlaß des bereits 1872 verstorbenen englischen Antiquars Sir Thomas Philipps entdeckt. Als authentisch erklärte sie unter anderen Armando Cortasão, der als Spezialist für Dokumente des 15. Jahrhunderts ausgewiesen ist.[94]

Ferdinand Kolumbus, der sich als Biograph seines Vaters einen Namen machte, erwähnt ausdrücklich, daß Kolumbus intensiv und sorgfältig Informationen über eine mysteriöse Insel sammelte, »die man Antilia nannte und die weit im Westen des Atlantik liegen soll ... Es gibt Leute, die versichern, daß einige portugiesische Seefahrer zu diesen Inseln gelangten, diese jedoch später nicht wieder gefunden haben«.[95]

Es stellt sich vielleicht an diesem Punkt bereits die Frage, ob es sich bei den geplanten oder zufälligen Entdeckungen der Neuen Welt um Ereignisse von jener historischen Bedeutung handelte, als welche die Entdeckung beziehungsweise »Eroberung« Amerikas durch Kolumbus zu Recht eingeschätzt wird. Da die ersten Atlantiküberquerungen für die Geschichte der Alten Welt anscheinend keine realen, meßbaren und bleibenden Folgen hatten, könnte man an den alten lateinischen Satz denken: *Quod non est in actis non est in mundo.* Aber das hieße wohl doch, die Bedeutung der ersten und eigentlichen Entdecker zu verkennen. Ihre Suche führte ja nicht nur sie selbst an das Ziel, sondern regte auch die Phantasie der Nachgeborenen an und wurde so zu einer Voraussetzung für die späteren Entdeckungsreisen und schließlich die Eroberung der Neuen Welt, die im übrigen durch die Ankunft der Fremden wesentliche Impulse erhalten hat. Kolumbus zu feiern und dabei die Vordenker und Vorgänger der neuzeitlichen Expeditionen gen Westen unerwähnt zu lassen, wäre nicht gerechtfertigt.

In den folgenden Kapiteln sollen jene Mosaiksteinchen der altamerikanischen Kultur aufgezeigt werden, die die Spuren der altweltlichen Besucher erkennen lassen. Leider kann sich die Spurensuche kaum auf altamerikanische Dokumente stützen, da diese bereits im 16. Jahrhundert nahezu ausnahmslos von übereifrigen christlichen Missionaren als »Teufelswerk« und »Zeugnisse des Heidentums« verbrannt wurden.[96] Die schriftlichen Überlieferungen sind für die Spurensuche jedoch letztlich unentbehrlich, denn die altweltlichen Fremden hinterließen ihre Spuren auf fast allen Gebieten des altamerikanischen Lebens, das sie oft genug sogar geprägt oder mitbestimmt haben.

Dieser Tatsache in den Geschichtsbüchern ihren angemessenen Platz einzuräumen wäre anläßlich der 500-Jahr-Feiern zu Ehren des großen Seefahrers Kolumbus nicht verfrüht.

3 PHYSIOLOGIE UND PHYSIOGNOMIE

Mit diesem Kapitel soll nun das Schlaglicht auf die Neue Welt gerichtet werden. Die Spurensuche kann beginnen. Es geht von nun an um die Frage: Was läßt sich an Parallelen oder Übereinstimmungen zwischen den Kulturen der Alten und der Neuen Welt aufzeigen?

Aus den vorausgegangenen Ausführungen über Meeresströmungen und Winde auf dem Atlantik ging hervor, daß die frühen altweltlichen Seefahrer mit großer Wahrscheinlichkeit das amerikanische Festland im Bereich der Golfküste Mexikos betreten haben. Dort ist also der Schauplatz der ersten historischen Begegnung zwischen der Alten und der Neuen Welt zu vermuten. Der Begriff »Neue Welt« sei hier im übrigen nicht in einem wörtlichen, chronologischen Sinn verstanden. »Neu« mag Amerika wohl in prähistorischer Zeit gewesen sein, als asiatische Einwanderer, über die Beringstraße kommend, langsam den amerikanischen Kontinent bevölkerten. Zu Zeiten des Kolumbus aber war Amerika allenfalls in dem Sinn »neu« wie das Remake eines Films, dessen erste Fassung unter Ausschluß der Öffentlichkeit gezeigt wurde. Der Taufpate des Begriffs »Neue Welt« war übrigens Peter Martyr, der Kolumbus schon 1493 in einem Brief an Kardinal Sforza als »Repertor ille Novi Orbis« bezeichnete.[97]

Wie hat man sich die erste Ost-West-Begegnung der geschichtlichen Zeit vorzustellen? Wie wurden die Neuankömmlinge von den Einheimischen empfangen? Wie sahen die Einheimischen aus? Welcher ethnischen Gruppe gehörten sie an? Auf welcher Kulturstufe standen sie im zweiten vorchristlichen Jahrtausend? Und woher waren sie einst gekommen? Jede einzelne dieser Fragen ist für die erfolgreiche Spurensuche von Bedeutung. Um beurteilen zu können, ob oder wie die altweltlichen Neuankömmlinge in der einheimischen Indiokultur Spuren hinterließen, muß man zunächst einmal die altamerikanische Kultur, aber auch die Träger dieser Kultur, die Ureinwohner Altamerikas, kennen und – optisch – erkennen. Beginnen wir also mit der Physiologie und der Physiognomie der alteingesessenen mittelamerikanischen Indios, die sich von den altweltlichen europiden Seefahrern markant unterschieden. In wissenschaftlichen Abhandlungen über die Olmeken und Mayas – die ältesten Träger einer Hochkultur in Mittelamerika – finden sich folgende Angaben zu deren Physiologie und Physiognomie:[98] Die mittelamerikanischen Indios gehören – zusammen mit einem Großteil der Asiaten – zu den Mongoliden. Zu den typischen Merkmalen dieser Großrasse[99] zählen: glatte, schwarze Haare; eine meist flache, weich geformte Nase; eine hell- bis dunkelbraune Hautfarbe; ein gedrungener Körperbau; und ein breit angelegtes Gesicht beziehungsweise ein sehr breiter Schädel. Dieser Schädel des amerikanischen Indios ist selbst nach Mongoliden-Maßstab außerordentlich breit, genauer gesagt: Der mittelamerikanische Maya-Indio hat den breitesten Schädel der Welt.[100] Sein Schädelindex, der sich aus dem Verhältnis von Schädelbreite zu Schädellänge errechnet, liegt gelegentlich noch über 85 und damit an der Spitze aller Brachycephalen (Breitschädeligen). Zum Vergleich: Die dolichocephalen (schmalschädeligen) Europäer haben dagegen im Durchschnitt einen Schädelindex von weniger als 77.

Ein anderes Merkmal der Mongoliden sind die mandelförmigen Augen, die durch eine Lidfalte ihre charakteristische Form erhalten. Die Indios in Mittel- und Südamerika haben ebenfalls diese mandelförmigen Augen, wenn auch nicht so häufig und so deutlich ausgeprägt wie ihre asiatischen Vettern.

Wesentlich spektakulärer und für die geplante Beweisführung ein willkommenes Argument ist die Tatsache, daß von den mongoliden Maya-Indios ein extrem hoher Prozentsatz (97 Prozent) die Blutgruppe O hat.[101] Die Blutgruppenzugehörigkeit ist ein erbbedingtes Merkmal jedes Menschen, das sich im Laufe seines Lebens nie verändert. Die Wissenschaftler sprechen von dem A-B-O-System, bei dem die vier Hauptgruppen, A, AB, B und O, unterschieden werden. Die Mitteleuropäer zum Beispiel haben zu 40 Prozent die Blutgruppe A, zu 13 Prozent die Blutgruppe B, zu 7 Prozent die Blutgruppe AB und zu 40 Prozent die Blutgruppe O. Gleichstarke Anteile an A und B haben Türken, Araber und Juden. Bei einigen asiatischen Völkern, bei Afrikanern und Äthiopiern ist die Blutgruppe B stärker vertreten als die Blutgruppe A. In allen Regionen der Erde hat ein relativ hoher Prozentsatz der Menschen die Blutgruppe O. Niemals liegt dieser Prozentsatz allerdings auch nur annähernd bei 97 Prozent.

Eine tabellarische Übersicht über die Verteilung der Blutgruppen bei den verschiedenen Rassen zeigt, daß die Indios am äußersten oberen Rand des Rasters erscheinen. Und gleich neben ihnen – mit immerhin noch 92 Prozent der Blutgruppe O – die Polynesier! Auch sie gehören zur mongoliden Rasse und sind – wie nicht nur die Blutgruppenzugehörigkeit beweist – physisch eng verwandt mit den Indios. (Abb. 7)

Hier muß noch eine Eigenart der Blutgruppen erwähnt werden, die für unsere Argumentation von größter Wichtigkeit ist: Die Blutgruppe o ist rezessiv, die Blutgruppen A und B dagegen sind dominant. Das heißt, daß sich bei einer Mischung der Blutgruppen, nämlich bei der Fortpflanzung, A und B als stärkere Komponenten durchsetzen, o dagegen im ganzen rückläufig ist.[102]

Aus der Tatsache, daß die mittelamerikanischen Indios fast ausschließlich der rezessiven Blutgruppe o angehören, kann meines Erachtens nur gefolgert werden, daß sie sich mit anderen ethnischen Gruppen (fast) gar nicht gemischt haben. Sie sind physisch eine homogene Gruppe, die mit fremden, nicht mongoliden Völkern und deren Blutgruppen A und B (fast) gar keinen Kontakt hatte. Wohlgemerkt *fast* keinen Kontakt! Denn immerhin läßt sich über die Physiologie und, wie sich noch zeigen wird, über die Physiognomie in der homogenen Gruppe der mongoliden Indios (97 Prozent) eine kleine Gruppe (3 Prozent) andersartiger Fremder erkennen.

Wenn hier die Behauptung aufgestellt wird, Fremde seien in vorkolumbischer Zeit auf mittelamerikanischem Boden gelandet, bedeutet das nicht, daß diese Fremden die mexikanische Golfregion »überfremdet« hätten. Nein, auf die Gesamtheit der altamerikanischen Einwohner dieser Region gerechnet, war das Grüppchen der fremden Seefahrer aus dem Osten nicht mehr als ein Tropfen (Medizin) im Wasserglas.

Wie war die Situation im alten Amerika, als im ersten vorchristlichen Jahrtausend die Menschen zweier

Welten am Golf von Mexiko aufeinandertrafen? Wie war die politische Situation? Welche Rolle spielten die Fremden in der Menge der mongoliden Eingeborenen? Und welche Spuren haben sie hinterlassen?

Einfach sind diese Fragen nur zu beantworten, wenn es um das Erscheinungsbild der Menschen geht, denn das ist in unzähligen Darstellungen überliefert. Aber das rein optisch erfaßbare Bild ist allein kein Schlüssel zum Verständnis der geschichtlichen Hintergründe und Fakten, um die es in diesem Kapitel geht. Ein kleiner Exkurs in die altamerikanische Geschichte ist daher an dieser Stelle unumgänglich, auch wenn diese Geschichte heute immer noch lückenhaft und nur vage zu rekonstruieren ist und deshalb gelegentlich den Charakter des Hypothetischen annimmt.

Verblüffend ist für viele Leser wahrscheinlich, wie synchron sich die Ereignisse diesseits und jenseits des Atlantik entwickelten. Überraschen wird die Übereinstimmung der Daten, die von Historikern und Archäologen für die phönizische Kultur diesseits und den Beginn der olmekischen Kultur jenseits des Atlantik errechnet wurden. Mit Hilfe der Radiocarbon-Methode[103] konnten die frühesten Funde der olmekischen Hochkultur auf das Jahr 1200 v. Chr. datiert werden.[104] Um 1200 v. Chr. aber findet man die Phönizier bereits an vielen fremden Küsten des Mittelmeers und am Atlantik.

Es soll hier noch einmal darauf hingewiesen werden, daß Cádiz an der Atlantikküste um 1200 v. Chr. von den Phöniziern als Koloniestadt gegründet wurde. Tartessos an der spanischen Atlantikküste muß ebenfalls erwähnt werden, denn auch diese Handelsstadt stand in engster Beziehung zum phönizischen Tyros und war ein günstiger Ausgangshafen für die Atlantiküberquerung in Richtung Golfregion (Olmeken-Gebiet), wie man ihn besser nicht hätte wählen können.

Das Interesse der phönizischen Händler war darauf gerichtet, neue lukrative Handelsplätze, Absatzmärkte und Rohstoffländer zu finden. Mittelamerika muß ihnen da in jeder Hinsicht als ein vielversprechendes und lohnendes Ziel erschienen sein. Edelsteine, edle Hölzer, exotische Tiere oder deren Federn, Felle und Häute – all das konnte bei den Indios eingetauscht werden gegen den »Tand« der »Schinder«, wie Homer die Phönizier und ihre Tauschobjekte titulierte.[105]

Was auch immer man ihren Handelspraktiken nachsagen mag, die Phönizier wußten ihre Domäne zu behaupten und zu organisieren. Es ist davon auszugehen, daß sie die »Fernen Inseln« nicht nur sporadisch, sondern bald schon als Dauergäste besuchten, die es mit der gefährlichen Rückfahrt nicht so eilig hatten. Es entspräche sehr wohl der Taktik der effizienten Phönizier, wenn sie sich auch jenseits des Atlantik einen Stützpunkt geschaffen hätten, um an diesem kostenaufwendigen Handelsplatz ein gewisses Kontingent an Vertrauensleuten zu haben.

Geht man von dieser Prämisse aus, so entwickeln sich die weiteren Phasen der Kontakte zwischen Alter und Neuer Welt ganz folgerichtig und nach bewährtem phönizischen Muster: Die Vorhut aus der Alten Welt war zunächst zahlenmäßig gering und ihr Einfluß auf die amerikanischen Indios entsprechend unbedeutend. Die numerische Überlegenheit der Einheimischen ließ den Fremden wohl anfänglich eine gewisse Zurückhaltung und ein sehr vorsichtiges Taktieren ratsam erscheinen.

Im Umgang mit Handelspartnern, deren Sprache und Lebensgewohnheiten sie nicht kannten, waren die

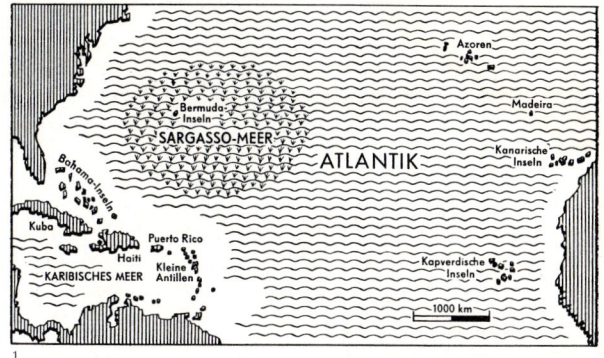

1 Sargassosee im Atlantik

2 Phönizisches Kriegsschiff; Relief aus Ninive
(7. Jh. v. Chr.)

3 Phönizisches Handelsschiff; Relief aus Beirut (9. Jh. v. Chr.)

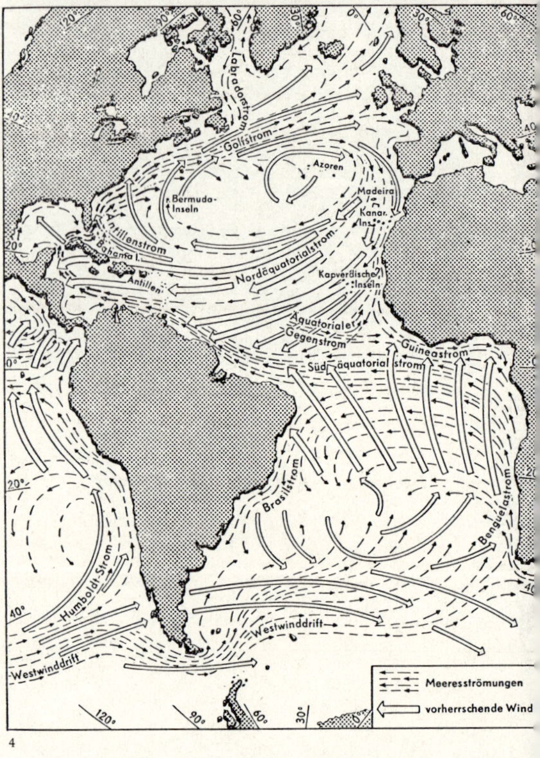

4 Meeresströmungen und Winde im Atlantik

5 »Vinland-Karte« mit Inselkette im Atlantik; 1440

6 »Toscanelli-Karte« mit »Antilia« und Zipango (Japan)

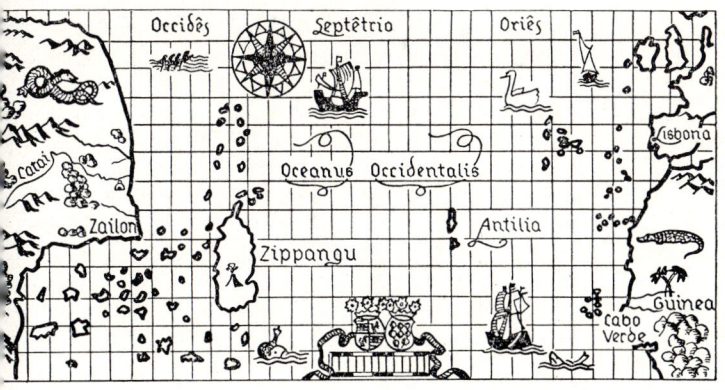

	Prozentsatz von A							
Prozentsatz von B		0–5	6–10	11–15	16–20	21–25	26–30	31–35
	0–5	Indianer	Indianer			Australier		
	6–10			Philippinos		Isländer	Dänen	Amerikaner Engländer Franzosen Italiener Deutsche Dt. Juden Portugiesen Holländer Serben Griechen	Norweger Schweden
	11–15				Südafrikaner	Amerik. Neger Melanesier Madegassen	Araber Türken Russen Tschechen Span. Juden	Rumänen Bulgaren Polnische Juden	Armenier
	16–20				Senegalesen Eingeborene von Sumatra	Annamiten Javanen Chinesen	Südchinesen	Südchinesen Nordjapaner Ungarn Polen	Japaner Rumänische Juden
	21–25					Nordkoreaner	Koreaner		Südkoreaner Ukrainer
	26–30				Hindu	Nordchinesen Mandschus		Ainu	

7 Tabelle über die Verteilung der Blutgruppen

8 Maya-Vase mit Darstellungen von braunen (mongoliden), schwarzen (negriden) und weißen (europiden) Menschen. Detail, siehe Schutzumschlag Vorderseite

9 Kleiner Terrakottakopf von negridem Typus (Veracruz)

10 Olmekische Figurine von mongolidem Typus

11 Kleiner Terrakottakopf von negridem Typus (Tabasco/Mexiko)

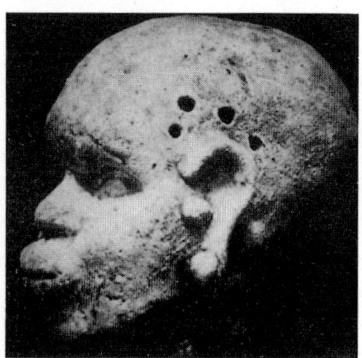

12 Kleiner Terrakottakopf eines Bärtigen von nicht-mongolidem Typus (Veracruz)

13 Kleiner Terrakottakopf von negridem Typus (Huasteca/Mexiko)

14 Kleiner Terrakottakopf von negridem Typus (Veracruz)

15 Kleiner Terrakottakopf von negridem Typus (Guerrero/Mexiko)

16 Kleiner Terrakottakopf von negridem Typus (Mesoamerika)

17 Kleiner Terrakottakopf (negrid) mit Löchern für das Haar (Veracruz)

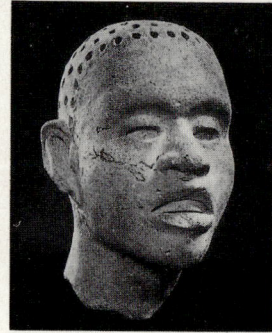

18 Kleiner Steinkopf (negrid) (Veracruz)

19 Kleiner Terrakottakopf (negrider Typus) (Mesoamerika)

20 Kleiner Terrakottakopf (negrid) (Mesoamerika)

21 Kleiner Terrakottakopf (negrid) mit Tätowierung (Veracruz)

22 Kleiner Terrakottakopf (negrid) mit Tätowierung (Mesoamerika)

23 Kleiner Terrakottakopf (negrid) mit Tellerlippen (Veracruz)

24 Kleiner Terrakottakopf (negrid) mit Nasenring und Kraushaar (Morelos)

25 Kleiner Terrakottakopf (negrid) (Chiapas/Mexiko)

26 Kleiner Terrakottakopf (negrid) (Chiapas/Mexiko)

27 Anthropomorphes Gefäß (negride Physiognomie) (Costa Rica)

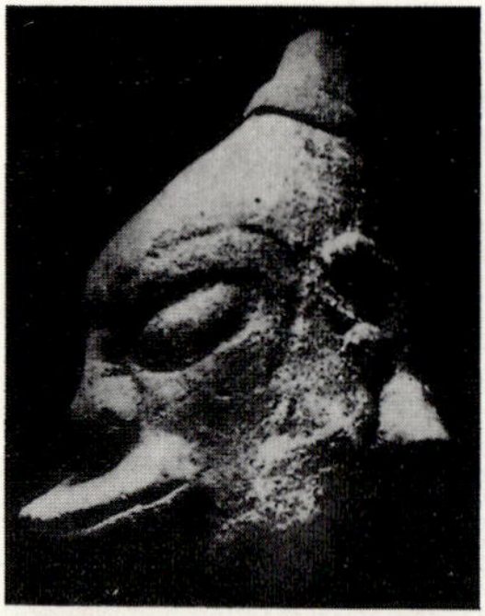

23

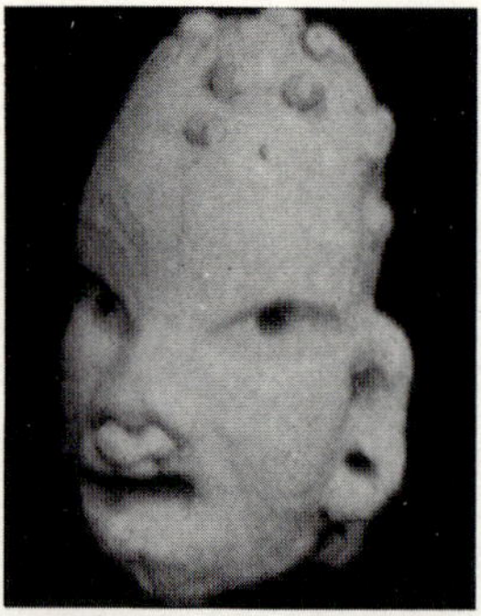

24

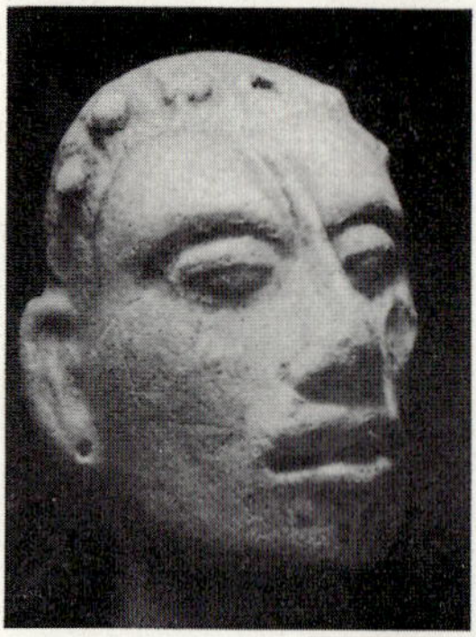

25

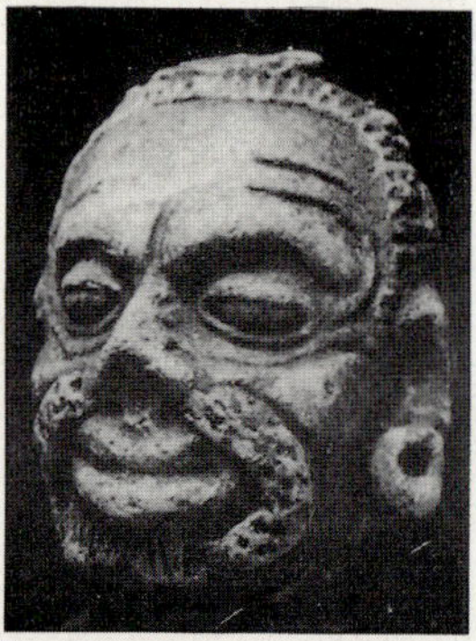

26

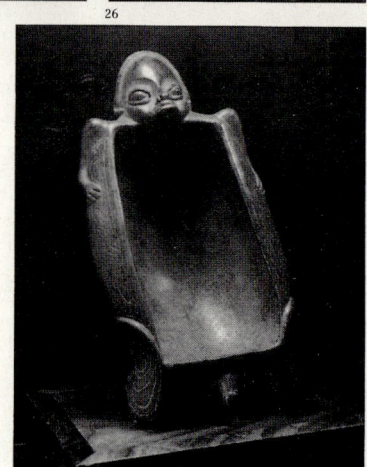

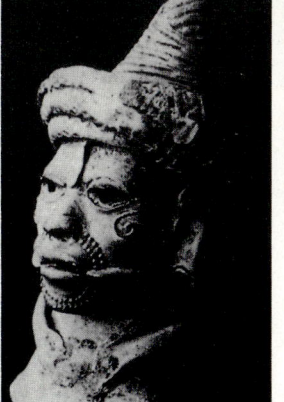

28 Steinfigur (negride Physiognomie) (Panama)

29 Olmekische Steinfigur mit negrider Physiognomie

30 Kleiner Terrakottakopf mit (maurischem) Turban (Veracruz)

31 Kleiner Terrakottakopf mit (marokkanischem) Turban (Guerrero/Mexiko)

32 Jüdische Braut aus Marokko mit Turban; Eugène Delacroix

33 Bärtiger mit (orientalischem) Kopfputz und Rundpasse (Mesoamerika)

34 Kleiner Kopf eines europiden Bärtigen (Tlapacoya/Mexiko)

35 Europider Bärtiger mit (orientalischem) Turban (Tlatilco/Mexiko)

36 Terrakottakopf eines Bärtigen (europid) (Veracruz)

33

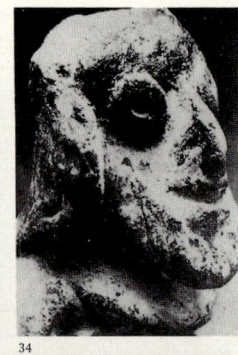
34

35

36

37 Kleiner Kopf eines (europiden) Bärtigen mit Kippa (Huasteca/Mexiko)

38 Bärtiger (europider) Kopf; Teil eines Weihrauchgefäßes (Guatemala)

37

38

39 Terrakottakopf eines (europiden) Bärtigen (Guerrero/Mexiko)

40 Anthropomorphes Tongefäß mit europider Physiognomie (Oaxaca/Mexiko)

41 Kleiner Terrakottakopf mit großer Nase (Mesoamerika)

42 Zwei Tonfiguren mit großen Nasen (im Gespräch) (Jalisco/Mexiko)

43 Kleiner Terrakottakopf mit großer Nase (Chiapas/Mexiko)

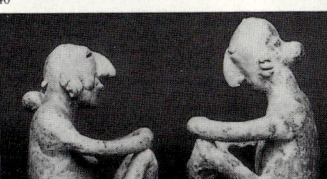

44 Kleiner Steinkopf mit großer Nase (Karikatur) (Guerrero/Mexiko)

45 Kleiner Tonkopf eines Bärtigen mit großer Nase (Karikatur) (Tlatilco/Mexiko)

46 Kleiner Steinkopf mit nicht-mongolider Physiognomie (Tajin/Mexiko)

47 Kopf mit großer Nase (europid); Weihrauchgefäß (Colima/Mexiko)

48 Europider Bärtiger mit spitzem Hut; Weihrauchgefäß (Chiapas/Mexiko)

49 Weihrauchgefäß mit Kopfprotomen (europider Typus) (Guatemala)

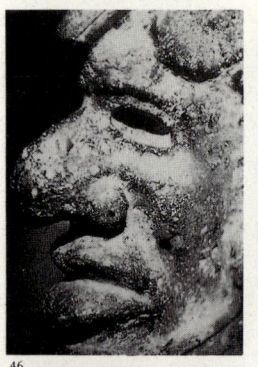
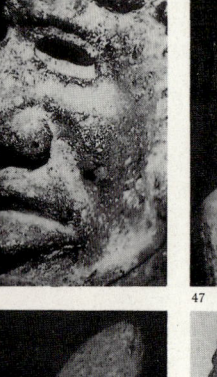

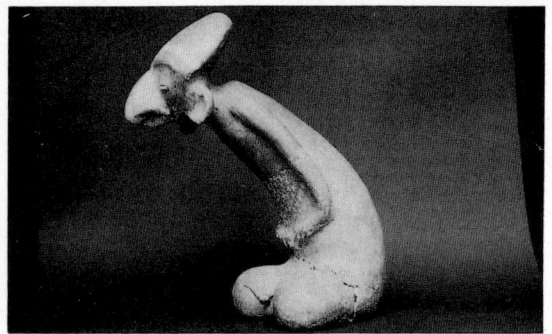

50

51

52 53

50 Tonfigurine mit großer Nase (Karikatur) (Veracruz)

51 Tonfigurine mit großer Nase (Karikatur) (Veracruz)

52 Terrakottakopf in Phallusform (Veracruz)

53 Terrakottakopf in Phallusform (Vorderer Orient)

54 Kopf (negrid) aus Kopalharz mit goldenen Lippen (Karikatur) (Panama)

54

55 Terrakottakopf
(europider Typus)
(Colima/Mexiko)

56 Kleiner Terra-
kottakopf eines
Bärtigen (europid)
(Veracruz)

57 Terrakottakopf
(europider Typus)
(Veracruz)

58 Tonfigurine
eines Bärtigen
(Nayarit/Mexiko)

59 Stein-
scheibe mit
(europidem)
Bärtigen
(Veracruz)

60 Terra-
kottakopf
(europider
Typus)
(Veracruz)

55

56

57

58

59

60

61 Terrakottakopf (europider Typus) (Peru)

62 Terrakottakopf (europider Typus) (Jalisco/Mexiko)

63 Terrakottakopf mit großer Nase und spitzem Hut (europid) (Mesoamerika)

64 Terrakottakopf (europid) mit Kappe und Kordel (Veracruz)

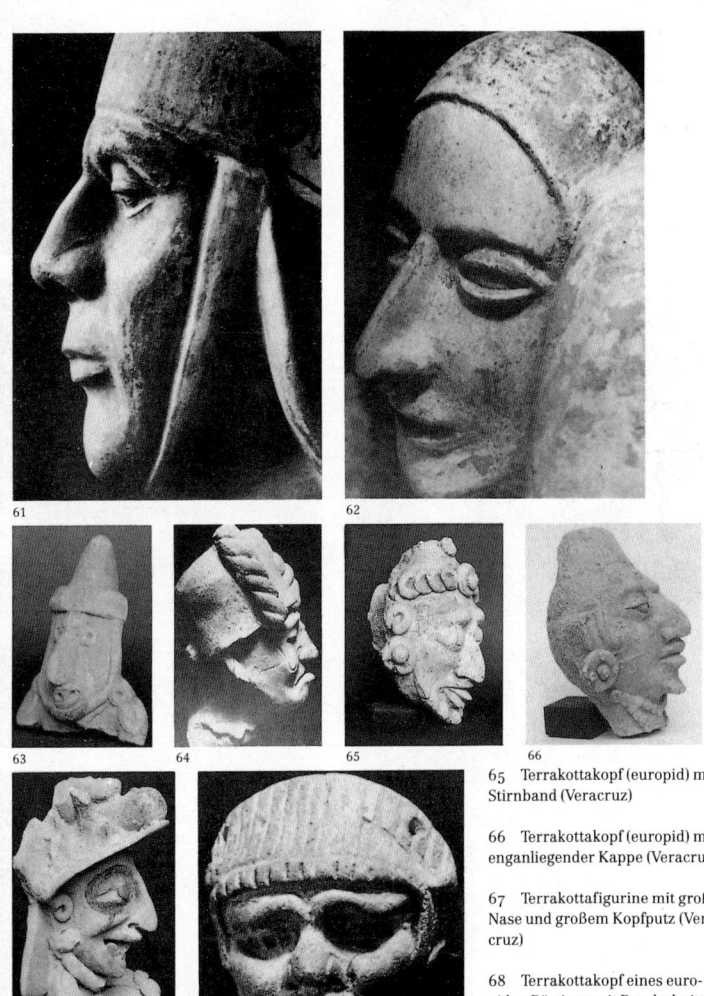

65 Terrakottakopf (europid) mit Stirnband (Veracruz)

66 Terrakottakopf (europid) mit enganliegender Kappe (Veracruz)

67 Terrakottafigurine mit großer Nase und großem Kopfputz (Veracruz)

68 Terrakottakopf eines europiden Bärtigen mit Rundschnitt (Mesoamerika)

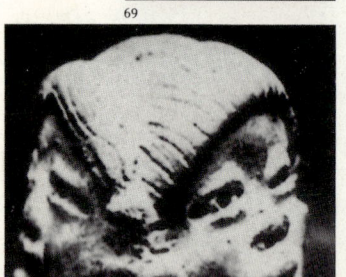

69 und 70 Olmekischer Steinkopf mit zwei Gesichtern (europider Typus mit Bart; mongolider Typus ohne Bart)

71 Olmekischer Kopf mit drei Gesichtern (eines mit Kraushaar)

72 Kopf mit zwei Gesichtern (Westafrika)

73 Terrakottafigurine mit Maske (Veracruz)

Phönizier äußerst erfahren und erfolgreich, wie die blühenden Geschäfte mit afrikanischen und europäischen Handelspartnern belegen. Die ersten Bemühungen um Kontaktaufnahme auf amerikanischem Boden werden nicht leichter und nicht schwerer gewesen sein als an so manchem anderen fremden Gestade. Die Phönizier wußten die Situation zu meistern, wenngleich der Umgang mit den exotischen Indios ihnen sicher einiges an Einfallsreichtum und Beharrlichkeit abverlangt haben mag.

Auch wenn der Ort der ersten Begegnung zwischen Ost und West in Mittelamerika lag, so gelangten die Fremden aus der Alten Welt früher oder später auch nach Süd- und Nordamerika. Entfernungen scheinen für unsere Vorfahren ohnehin kein Hindernis gewesen zu sein, und auch auf dem amerikanischen Kontinent muß ein regelmäßiger Kulturaustausch über Tausende von Kilometern hinweg stattgefunden haben. Als einer der vielen möglichen Beweise für die Richtigkeit dieser Behauptung sei angeführt, daß die Mythen in Süd- und Mesoamerika häufig sehr genau übereinstimmen.[106]

Über die Anfänge der Olmeken am Golf von Mexiko hat man nur wenige gesicherte Fakten und kaum gesicherte Daten. Als sicher gilt aber, daß die Hochkultur der Olmeken um 1200 v. Chr. unvermittelt und ohne primitivere Vorstufen auftrat. Ein auslösendes Moment wird nicht genannt. Zur selben Zeit segeln die Levantiner über die Meere. Dies legt die Vermutung nahe, »Fremde« hätten durch einen Kulturimport die kulturelle Entwicklung der altamerikanischen Olmeken mitbestimmt oder doch zumindest beflügelt.

Die Vorfahren der Olmeken hatten auf einer vergleichsweise niedrigen Kulturstufe gelebt, bei der die Uhren wohl sehr langsam gingen. Wechsel innerhalb des traditionellen Brauchtums und des Lebensrhythmus waren selten, weil ein Abweichen von erprobten Verhaltensmustern als Gefährdung der Sicherheit gesehen wurde.[107] Ein stabiles System aber war ein statisches System, von dem keine Dynamik irgendwelcher Art ausgehen konnte.

Statische und dynamische Perioden wechselten in allen Kulturen und zu allen Zeiten miteinander ab. Und zumeist kann an der Nahtstelle zwischen einer statischen und einer dynamischen Phase ein Ereignis ausgemacht werden, das mit diesem Umschwung in mittelbarem oder unmittelbarem Zusammenhang steht. Die Ankunft der »Fremden« in Altamerika könnte durchaus als ein solches Ereignis gewertet werden.

Wie wirkt sich diese Begegnung zweier so verschiedener Völker und Kulturen aus? Das fremde Element scheint in der Anfangsphase der kulturellen Entwicklung Mittelamerikas ganz offensichtlich über das einheimische Element dominiert zu haben. Die Eingesessenen sahen sich einer kleinen Zahl von kulturell weit überlegenen Fremden gegenüber und waren beeindruckt von deren hohem Wissensstand. Die Kenntnis der Astronomie, mit deren Hilfe die Fremden Erscheinungen am Himmel errechneten und vorauszusagen wußten, verblüffte sie.

Die Beherrschung der Schrift war eine zusätzliche Trumpfkarte in der Hand der Fremden, die diese Karte mit Sicherheit auch zu spielen wußten. Immerhin ermöglichte die Schrift den Phöniziern unter anderem eine exakte Verwaltung – und damit auch eine Beherrschung – des altamerikanischen Landes und seiner Bewohner. Dennoch war die Rolle der wenigen Fremden wohl eher die eines Vorbildes als die eines Vorstandes.

Von allen Geschichtsschreibern der Antike wird ausdrücklich betont, die Phönizier hätten wenig eigenes Profil gezeigt und wären im Grunde Meister der Anpassung gewesen. Ihre Fähigkeit, harmonisch mit einem zahlenmäßig überlegenen Volk auf fremdem Boden auszukommen, kann in der Phase der Akklimatisation für sie nur von Vorteil gewesen sein.

Der Anpassungsphase, in der die Phönizier mit Erfolg die Politik des »low profile« praktiziert hatten, folgte schon im 9. Jahrhundert v. Chr. eine Phase der Konsolidierung des kulturellen und soziologischen Miteinander. Die Olmeken-Kultur erlebte in dieser Periode ihre große Blütezeit. Ganz offenbar wirkten Kultur, Ideengut und Wissen der dynamischen und hochzivilisierten Phönizier wie ein zündender Funke, wie ein Stimulans auf das schlummernde Potential der Indio-Region.

Die Phönizier segelten in diesen vorchristlichen Jahrhunderten ihren Erfolgskurs – bis nach Amerika. Konkurrenten auf den Meeren hatten sie (noch) nicht, und ihren ehrgeizigen Plänen schienen Flügel zu wachsen. Symbol der phönizischen Dynamik und Erfolge ist die Handelsstadt Karthago, die 813 v. Chr. an der nordafrikanischen Küste gegründet wurde und schon bald die Vormachtstellung unter den Mittelmeerhäfen errang.

Das 6. Jahrhundert v. Chr. war dann einerseits die Periode politischer Bedrängnis für die levantinischen Städte Sidon und Tyros, andererseits die Blütezeit des punischen Karthago. Diese Phase der phönizischen Geschichte war somit von einer größeren Unruhe und Bewegung geprägt als die Jahrhunderte vorher und nachher. In dieser Zeit müssen die »Fernen Inseln« sowohl für die phönizischen als auch für die punischen Seefahrer ein besonders attraktives Ziel gewesen sein – sei es als Zufluchtsort, sei es als lohnende Erweiterung ihres Aktionsradius.

Zeitgleich und spiegelbildlich zu den Veränderungen in der phönizisch-punischen Welt spielten sich auch in der amerikanischen Golfregion erhebliche Veränderungen ab. In der Olmeken-Kultur vollzieht sich seit dieser Zeit ein Umbruch, der zu ihrem allmählichen Ende und allmählich zum Beginn der Maya-Kultur überleitet. Obgleich die Fachleute stets die enge Verwandtschaft der Olmeken zu den Mayas betonen (die Olmeken werden als »immediate ancestry« und »Ahnen der Mayas« bezeichnet),[108] weist die jüngere mesoamerikanische Hochkultur mindestens genauso viele Unterschiede wie Gemeinsamkeiten zur olmekischen »Ziehmutter« auf. Ein neuer Entwicklungsschub erfolgte genau zu der Zeit, für die ein verstärkter Besucherstrom von altweltlichen Seefahrern in Amerika angenommen werden kann.

Die Mayas setzten Maßstäbe, an denen die nachfolgenden Kulturen Mexikos gemessen wurden. Entsprechend viele Abhandlungen sind über sie verfaßt worden. Diese Abhandlungen sollen hier um eine neue, gründliche Analyse des physiognomischen Erscheinungsbildes auf den überlieferten Zeugnissen der Maya und ihrer olmekischen Vorgänger ergänzt werden, weil hiervon Aufschluß über das Element des Fremden im Reich der Indios zu erwarten ist. Dabei wird eine physiologische Besonderheit der Indios besonders hilfreich sein, die an der Physiognomie optisch ablesbar ist. Die Rede ist von der Bartlosigkeit des Indio. Ein Merkmal der mongoliden Großrasse ist der schwache oder fehlende Bartwuchs. Das ist eine sehr willkommene Hilfe bei der Spurensuche auf altamerikanischen Darstellungen: Wann immer in der Olmeken- und Maya-Kunst Bärtige dargestellt sind, weiß man, daß es sich bei der dargestellten Person nicht um einen rein mongoliden Indio handeln kann. Die Bärtigen müssen also Fremde gewesen sein. Sie begegnen dem aufmerksamen Betrachter übrigens gar nicht so selten und meist dort, wo es sich um die Darstellungen von Würdenträgern und Machthabern handelt. Der einfache Indio wird in der Regel ohne Bart dargestellt.

Noch eine weitere Beobachtung ist von besonderer Bedeutung. Die Physiognomien der altamerikanischen Bartträger sind meist europid und zeigen entsprechend ausgeprägte, oft aquiline Nasen, eine schmale Gesichtsform, hohe Schädel und weniger weich gezeichnete Lippen als der Indio-Typus. Neben dem europiden Typus, dem nicht nur die Europäer im engeren Sinne angehören, sondern auch die Vorderorientalen, sieht man in der altamerikanischen Bilderwelt gelegentlich auch den negriden Typus – und den negriden Bartträger. Innerhalb der Maya-Bevölkerung gab es also ganz offensichtlich unterschiedliche Gruppen, die sich in ihrer Physiologie und Physiognomie deutlich voneinander unterschieden.

Als Beispiel für das Nebeneinander von Angehörigen der drei Großrassen in der Maya-Region kann eine zylinderförmige Vase aus der klassischen Maya-Zeit gelten, die in Campeche gefunden wurde und aus der Televisa-Sammlung in Mexiko stammt. Auf der Vase sind Vertreter aller drei Großrassen als handelnde Parteien in einer »Szene bei Hofe« dargestellt. (Abb. 8)

Die Deutung der Handlung in der kontinuierlichen Darstellung[109], die sich in der Art eines aus vielen Bildern bestehenden »Comic«-Streifens auf dem Vasenkörper entfaltet, ist nicht in allen Einzelheiten verständlich. Aber unzweideutig agieren dort Vertreter dreier grundverschiedener Rassen: 1. ein brauner Mongolide von gedrungenem Aussehen, mit leicht pyknischem, rundlichem Körper und einer weich geschnittenen mongoliden Physiognomie; 2. ein schwarzer Negride mit hohem, schmalem Körperbau und betont langen Beinen, einer Art Hohlkreuz und der typischen Physiognomie mit wulstigen Lippen, tiefem Einschnitt über der Nasenwurzel, vorspringendem Kiefer (Prognathie) und flacher Nase; 3. ein weißer Europide von schmalem Körperbau, mit schmalem Schädel und stark gebogener, großer Nase. Die Farbigkeit der Figuren und damit ihrer Haut dürfte es den Gegnern der Diffusionisten unmöglich machen, ihre Zweifel an dem Nebeneinander der drei Rassen im Maya-Gebiet überzeugend zu verteidigen. Allzu lebensecht und stimmig ist hier den Maya-Künstlern die Wiedergabe der Charakteristika von Mongoliden, Negriden und Europiden gelungen, als daß sie nicht Zweifel an altweltlichen Besuchen im präkolumbischen Amerika ausräumen könnte.

Die Sonderstellung und Machtposition der europiden Fremden läßt sich nicht nur der altamerikanischen Bildwelt entnehmen, sondern erschließt sich auch über die altamerikanische Literatur und Mythologie. Deren Zentralfigur war noch bei Ankunft der *Conquistadores* ein »weißer, bärtiger Mann, der aus dem Osten über das Wasser zu den Indios kam und ihnen das Wissen um die Medizin und die Astrologie brachte«.[110] Dieser weiße Bartträger wurde zum Kristallisationspunkt der religiösen und kultischen Aktivitäten verschiedener altamerikanischer Kulturen, die ihn unter den Namen Quetzalcoatl, Viracocha, Kukulkan, Bohica und anderen verehrten.[III] Auf den meisten Darstellungen, die diesen Gott zeigen, findet sich die literarische Beschreibung seiner Gestalt optisch bestätigt: Er ist europid und bärtig.

Das Phänomen der Bärte im Land der Bartlosen wird zwar von vielen Amerikanisten erwähnt, ist aber bisher noch nicht befriedigend erklärt worden. Den Mann mit Bart als ein »Schönheitsideal« und den Bart als »Statussymbol« hinzustellen ist wohl keine einleuchtende Lösung: Woher sollte denn der bartlose Indio überhaupt die Vorstellung von einem würdigen Bartträger haben? Und warum werden die Bärte meist auf nichtmongoliden Gesichtern dargestellt? Wie hat man sich zu erklären, daß ausgerechnet Würdenträger diese Bärte trugen?

Der Phantasie allein kann die Vorstellung von einem weißen, bärtigen Würdenträger jedenfalls kaum entsprungen sein! Es führt wohl kein Weg an der Annahme vorbei, daß den Indios die Bartträger leibhaftig begegnet sind, und zwar in einer exponierten Rolle. Denn nur, wenn die Bärtigen auch realiter mächtige Männer waren, konnte ihr Bart-Attribut zu einem Statussymbol der herrschenden Klasse werden. Da sie selber aber keine Bärte kannten, müssen es Fremde gewesen sein, die diese Vormachtstellung errangen und auch zu behaupten wußten.

Historisch relevante Berichte aus Mesoamerika, die diese Lesart der bildlichen Darstellungen bestätigen könnten, stehen bisher nicht zur Verfügung. Bischof Diego de Landa ließ im Jahr 1560 die »heidnischen« Texte der Maya verbrennen. Die mündlich überlieferten Berichte historischen, rituellen, kalendarischen oder augurischen Inhalts wurden zum Teil unmittelbar nach der *Conquista* notiert, sei es von Indios, sei es von Spaniern, die sich mehr oder weniger genau an die Erzählungen der Indios hielten. All diese historischen Berichte sind im »Handbook of Middle American Indians«[112] gesammelt und bilden die wichtigste Informationsquelle über die Indio-Kulturen.

Aber auch die zahllosen noch erhaltenen Steinstelen tragen Maya-Inschriften, und diese können sicherlich eines Tages Aufschluß geben über die Geschichte, Kulte und gesellschaftlichen Strukturen der alten Maya-Gesellschaft. Heute allerdings sind uns die Maya-Hieroglyphen noch weitgehend ein Rätsel. Wolfgang Gockel, der 1988 eine vielbeachtete – und kritisierte – Möglichkeit zur Entzifferung der Maya-Hieroglyphen veröffentlichte,[113] liest die Glyphe »Kopf mit Bart« als das Wort für »Herrscher«. Auch auf linguistischem Weg ließe sich damit nachweisen, daß einst die Bärtigen mit den europiden Physiognomien die Herrscher im Reich der Indios waren.

Es wäre viel spektakulärer, hier zunächst die großartigen Herrscherbilder der Maya-Dynastien detailliert zu analysieren. Aber es geht in diesem Kapitel ja nicht um idealisierte Bildnisse, sondern um das reale Abbild der Physiognomie, denn nur über das lebensechte Abbild kann Aufschluß gewonnen werden über das fremde Element unter den einheimischen Altamerikanern.

Es gilt also, unverfälschte Abbilder der präkolumbischen Amerikaner zu finden, deren Physiognomien fremd beziehungsweise europid sind. Und solche unverfälschten Abbilder finden sich in einer typisch altamerikanischen Kunstgattung, die – welche Duplizität – gleichzeitig auch im Mittelmeergebiet populär ist. Die Rede ist von kleinen, lebensecht nachgebildeten Tonköpfchen, die man in Mittelamerika und im Vorderen Orient den Toten mit ins Grab legte oder in Heiligtümern als ex voto opferte. [»... les chypriotes consacraient dans les sanctuaires leur propre image en pierre ... l'usage des terres cuites (à Sidon) (a la) valeur de remplaçant.«][114] Seit Beginn des zweiten vorchristlichen Jahrtausends wurde dieser Brauch in Zypern und den phönizischen Städten gepflegt. In Altamerika stammen die frühesten dieser Terrakottaköpfe aus dem frühen Präklassikum.

Oft sind diese Köpfchen nur drei bis vier Zentimeter groß, lassen aber meist das Charakteristische der Physiognomie deutlich erkennen. Sowohl die individuellen als auch die ethnischen Merkmale sind gewöhnlich sehr subtil und differenziert herausgearbeitet.

Von den altamerikanischen Terrakottaköpfchen hat man in mexikanischen Gräbern Tausende gefunden, doch haben sie eigentlich immer nur ein Schattendasein in der Forschung geführt. Die Aussagen, die sie zu vermitteln haben, blieben weithin unbeachtet.

Alexander von Wuthenau[115] war es, der die Bedeutung dieser tönernen Ahnengalerie der Amerikaner als erster erkannte. Er trug eine Sammlung von etwa 1700 dieser Tonköpfchen zusammen und wurde zu einem der wenigen Fachleute auf diesem Spezialgebiet der Altamerikanistik. Systematisch ordnete er seine Sammlung nach ethnischen Gruppen, die sich aufgrund der physiognomischen Merkmale der Köpfchen ergaben. Als erster erkannte er, daß bestimmte ethnische Gruppen zahlenmäßig besonders stark vertreten sind. Er war auch der erste, der bemerkte und publizierte, daß die stark repräsentierten Gruppen zu einem sehr hohen Prozentsatz Menschen aus dem Mittelmeerraum glichen.

Geht man davon aus, daß der Brauch, das Abbild

des Toten mit in dessen Grab zu geben, aus der Mittelmeerregion nach Altamerika gelangte, so entspräche es der Logik, daß vor allem die Fremden aus dem Osten diesen (heimatlichen) Brauch auf amerikanischem Boden pflegten. So wäre es denn auch nicht verwunderlich, daß der mediterrane Typus unter den Darstellungen tatsächlich besonders häufig vertreten ist. Wuthenau besitzt eine auffallend große Anzahl von »Semiten«, »Negern«, »Mauren« und »Ägyptern«; aber auch »Kelten« und andere Europäer erkennt man an den Physiognomien. (»Asiaten« fand er auch, zum Beispiel Chinesen mit dem charakteristischen Augenschnitt und dem Zopf – aber diese sind über den Pazifik nach Amerika gekommen. Uns geht es nur um die Atlantiküberquerungen vor Kolumbus.)

Im folgenden wird nun eine Reihe von Abbildungen dieser präkolumbischen Köpfchen erörtert. In die Aussagekraft der Köpfchen setzt die Verfasserin großes Vertrauen. Als Ausgangspunkt wird zunächst das typisch mongolide Gesicht eines mesoamerikanischen Indios gezeigt, der in vorklassischer Zeit (vor 1500 v. Chr. – 300 n. Chr.) in Veracruz lebte. Alle bereits genannten Merkmale des mongoliden Typus sind in diesem Gesicht wiederzufinden: eine flache, breite Nase, ein großer Mund mit aufgeworfenen Lippen und ein ganz besonders breiter Schädel. Mit diesem realistisch wiedergegebenen Erscheinungsbild eines Indios ist die Fähigkeit der präklassischen und präkolumbischen Künstler zur genauen Beobachtung und unverfälschten Wiedergabe einer Physiognomie überzeugend belegt. (Abb. 10)

Die ältesten Darstellungen von »Fremden« entstanden im 12. Jahrhundert v. Chr.[116] Diese Fremden tragen negride Züge. Das erste unserer Bildbeispiele zeigt ein Terrakottaköpfchen, an dem die negride Physiognomie fast prototypisch ausgebildet ist: stark ausgeprägte Prognathie, aufgeworfene, große Lippen, tiefer Einschnitt über der Nasenwurzel, schmale Schädelform und das charakteristische Kraushaar, das ursprünglich in den dafür vorgesehenen Löchern des tönernen Schädels steckte. Ähnlich realistisch wurde übrigens auch im afrikanischen Benin das Kraushaar dargestellt.[117] (Abb. 9)

Bei einem anderen präklassischen Terrakottakopf wird das afrikanische Kraushaar wie eine eng am Kopf anliegende Kappe dargestellt. Auch die übrigen Merkmale des Negriden sind realistisch, wenn auch – der präklassischen Entstehungszeit entsprechend – noch recht plump wiedergegeben. Dasselbe gilt für ein anderes Köpfchen der vorklassischen Zeit, das einen recht primitiv gearbeiteten, bärtigen Schwarzen mit Kraushaar darstellt. (Abb. 12)

Auch bei einem etwas späteren Terrakottakopf des negriden Typus ist besonderer Wert auf die Wiedergabe des Kraushaars gelegt: Eng nebeneinander liegend sind vom Künstler Vertiefungen geformt worden, die optisch den Eindruck von krausem Haar suggerieren. (Abb. 13)

Das erste Bildbeispiel aus der klassischen Periode läßt über die ethnische Zugehörigkeit der dargestellten Person keine Zweifel aufkommen. Wiederum sind die Charakteristika ihrer Rasse deutlich herausgearbeitet; daneben gelang dem Künstler aber auch ein sehr individuelles Porträt, das über die nur schematische Skizzierung eines Prototyps hinausgeht. (Abb. 14)

Nicht alle Terrakottaköpfchen kann man als bedeutende Kunstwerke bezeichnen. Eine nur fünf Zentimeter große Plastik zum Beispiel ist in der handwerklichen Ausführung sehr primitiv. Aber das, was hier interessiert, ist deutlich zu erkennen: Es handelt sich um eine Schwarzafrikanerin. (Abb. 15)

Meisterlich hingegen ist eine klassische Tonfigur aus Teotihuacán, die nicht nur die Physiognomie, sondern auch die Haartracht, die Ohrringe und das breite Halsband der altamerikanischen Afrikanerin in die Darstellung einbezieht. (Abb. 16)

Ohne jedes schmückende Attribut und dennoch sehr deutlich als afrikanisch zu erkennen ist ein Terrakottaköpfchen, das sich heute in den Staatlichen Museen Berlin-Dahlem befindet. Auch hier waren ursprünglich Haare in die dafür vorgesehenen kreisrunden Löcher der Schädeldecke eingefügt. (Abb. 17)

Ein Exponat der altamerikanischen Sammlung des American Museum of Natural History in New York läßt den negriden Typus durch den betont schmalen Schädel und eine starke Prognathie besonders deutlich werden. (Abb. 18)

Bei anderen Beispielen fällt auf, daß vor allem die wulstigen Lippen, die flache, breite Nase und die Stirnwulst betont werden. In jedem einzelnen Fall aber ist das Ergebnis der künstlerischen Bemühungen ein ethnisch ganz eindeutig zu bestimmendes Antlitz eines Schwarzafrikaners. (Abb. 19, 20)

Auch charakteristische Sonderformen des negriden Erscheinungsbildes finden sich in den frühamerikanischen Kunstwerken wieder: So zeigen einige Terrakottaköpfchen der klassischen Periode die in Afrika viel praktizierte Tätowierung der Haut. Der Brauch, die Haut mit Ziernarben zu bedecken, wird natürlich nicht allein in Afrika gepflegt.[118] Dennoch ist die Tätowierung im Verbund mit einer typisch negriden Physiognomie eine willkommene Ergänzung und Bestätigung der hier zur Diskussion stehenden These. (Abb. 21, 22)

Verschiedene präkolumbische Darstellungen zeigen negride Physiognomien mit Tellerlippen. Die künstlich geweiteten Tellerlippen sind eine Schmuckdeformation, die von Anthropologen eindeutig dem schwarzafrikanischen Raum zugeordnet wird. (Abb. 23)

Schließlich sei auch noch ein Beispiel für den afrikanischen Nasenring erwähnt. Das kleine Tonköpfchen der Sammlung Wuthenau hat neben dem plastisch ausgearbeiteten Kraushaar, den großen, vollen Lippen und der ausgeprägten Prognathie auch einen Schmuckring in der Nase. (Abb. 24)

Noch ein letztes Indiz für die Genauigkeit, mit der die präkolumbischen Künstler in der Wiedergabe physiognomischer Merkmale zu differenzieren wußten: Zwei kleine Tonköpfe aus demselben Fundzusammenhang stellen beide einen negriden Typus dar, doch lassen sie sich aufgrund ihrer physiognomischen Eigenart mühelos zwei verschiedenen ethnischen Gruppen aus Schwarzafrika zuordnen. Die Heimat des bärtigen Schwarzen mit dem breiten Gesicht und dem minutiös wiedergegebenen Kraushaar würden Anthropologen wohl in Nordafrika suchen, während der andere unzweifelhaft aus Äthiopien stammt.[119] Als Vertreter dieser Mischrasse zeigt er sowohl die semitischen als auch die negriden Merkmale: einen schmalen, hohen Schädel; eine schmale, gerade Nase; nur gering aufgeworfene Lippen; und weniger krauses Haar, als es für Negride typisch ist. (Abb. 25, 26)

Gelegentlich wird der negride Typus auch als Teil eines Gebrauchsgegenstandes, das heißt in »dienender Funktion« dargestellt. Ein Gefäß aus Terrakotta wird zum Beispiel aus der nackten Gestalt eines tätowierten Negers gebildet, von dem letztlich nur der Kopf und sein Geschlechtsteil realistisch wiedergegeben werden. (Abb. 27)

Andere negride Gestalten stützen mit ihrem Körper einen Altar oder liegen flach auf dem Bauch, um mit ihrem Körper als Stütze zu dienen. (Abb. 28, 29)

Ein Weihrauchgefäß mit einem Griff in Gestalt eines Negerkopfes gehört ebenfalls in diese Gruppe. Auf dieses interessante Objekt wird im Rahmen des transatlantischen Vergleichs von »Kunst« und »Alltag« näher eingegangen.[120]

Vielleicht ist dies der passende Moment, die frühesten literarischen Zeugnisse der Präsenz von Schwarzen in Amerika zu erwähnen. Peter Martyr schrieb schon bald nach der »Entdeckung Amerikas« im 15. Jahrhundert über die Existenz von Schwarzen in der Neuen Welt. Er war der Erzieher der Kinder von Isabella der Katholischen und ihrem königlichen Gemahl Ferdinand. Dies verschaffte ihm Zugang zu den Berichten aus den neu entdeckten Gebieten der Neuen Welt. Was Martyr auf diese Weise erfuhr, wurde dem Papst berichtet und ist seitdem aktenkundig.[121] Er schrieb unter anderem von »Äthiopiern«, die in Amerika als Sklaven verwendet worden sein sollen.

Großes Aufsehen erregten seine Berichte in Rom allerdings nicht. Genauso erging es dem Dominikanermönch Gregorio García, dessen Buch *Origen de los Indios en el Nuevo Mundo* (Madrid 1607) praktisch ohne Echo blieb. Auch er berichtet von Schwarzen in Amerika, welche die Sklaven der Herrscher gewesen seien.[122]

Die Frage, wie die Schwarzen nach Amerika gelangt waren, wurde schon kurz gestreift. Die plausibelste Erklärung dürfte wohl sein, daß die Afrikaner – freiwillig oder unfreiwillig – auf den Schiffen der Phönizier mitgesegelt sind. Immerhin gibt es hierzu einige Äußerungen antiker Geschichtsschreiber, die durchaus glaubwürdig erscheinen.[123]

Ob sie auch mit eigenen Schiffen in Richtung Amerika segelten, muß offenbleiben. Es gibt Berichte, die von einem Sultan aus Mali mit Namen Musa erzählen, der mit hundert Schiffen »zu den Grenzen des Ozeans im Westen« gesegelt sein soll.[124] Nähere Hinweise gibt es dafür jedoch nicht.

Antike Geschichtsschreiber geben die Entfernung zwischen der westafrikanischen Küste und den »Fernen Inseln« mit 40 Tagen an. Diese Zahl 40, so könnte man meinen, muß nicht allzu wörtlich genommen werden, da sie häufig eine mystische Bedeutung hat. »40 ist die Zahl des Schicksals, des Wartens und des Vorbereitens«,[125] heißt es in der Zahlen-Mystik der Antike. Wenn Moses 40 Tage auf dem Berg Sinai verbrachte und sein Volk 40 Jahre durch die Wüste zog, wenn Christus 40 Tage in der Wüste weilte und wenn Ali Baba seine 40 Räuber befehligte, so war die Zahl 40 wohl sicher von einer mystischen Bedeutung. Aber aus dieser (mystischen) Ungenauigkeit zu schließen, deshalb müsse der ganze Bericht in den Bereich der Phantasie verwiesen werden, erscheint denn doch zumindest voreilig. Im übrigen haben Expeditionen, von denen die letzte 1984 gestartet wurde, gezeigt, daß die Überfahrt über den Atlantik in Flößen, den Schiffstypen der Antike, tatsächlich etwa 40 bis 50 Tage dauert.[126] Die Berichte der Antike scheinen also recht verläßlich und genau.

Leo Frobenius, der große Afrika-Kenner und Anthropologe, stellte als erster die Behauptung auf, Amerika sei von Schwarzafrikanern entdeckt worden.[127] Angesichts der vielen, sehr frühen Abbildungen von Negern in der altamerikanischen Kunst ist diese These nicht ohne weiteres von der Hand zu weisen. Für eine exakte Chronologie der Einwanderungswellen im alten Amerika ist es jedoch noch zu früh. Zu viele Fragen der Altamerikanistik sind noch offen; zu oft schon erwies sich der Stand der Forschung in der Amerikanistik nach einiger Zeit als überholt durch neue Erkenntnisse, als daß abschließende Beurteilungen der geschichtlichen Fakten gewagt werden sollten.

Auf der altamerikanischen Flur sind die Spuren der negriden Rasse natürlich nicht die einzigen, wenngleich sie die ältesten und zahlreichsten sind. Auch Abbilder der Mauren finden sich auf altamerikanischem Boden. Die Mauren lebten als arabisch-berberisches Volk im nördlichen Westafrika, dessen Küste von den frühen Seefahrern stark frequentiert wurde. Seit dem achten Jahrhundert beherrschten die Mauren auch weite Teile Spaniens, dessen Atlantikküste mit Cádiz und Tartessos das damalige Tor zum Westen war.

Eine besonders beeindruckende altamerikanische Darstellung zeigt einen Mauren mit einer Kopfbedeckung, die nicht nur völlig unindianisch, sondern zudem die korrekte Wiedergabe eines maurischen Turbans ist. Die Enden des konisch zulaufenden, gewikkelten Turbans sind dreifach um die Stirn gewickelt und bilden einen gedrehten Wulst. Das dazugehörige Gesicht zeigt alle Merkmale einer Mauren-Physiognomie, und dazu noch die sehr charakteristischen Schmucknarben, die bei Mauren häufig anzutreffen sind. (Abb. 30)

Der Kopfputz eines Paares aus Guerrero (Mexiko)

gleicht in geradezu verblüffender Weise dem Hochzeitsturban, der in Marokko von Juden getragen wurde. Auch die Ohrringe wirken durchaus »stilecht«. Delacroix malte im vorigen Jahrhundert, in dem ein neues Interesse an den Bräuchen der Völker Afrikas entstand, eine jüdische Braut aus Marokko mit einem hohen, gewickelten Turban, der demjenigen aus Guerrero in Mexiko ganz genau entspricht. (Abb. 32)

Stellvertretend für die Ägypter auf altamerikanischem Boden wird hier eine Terrakottafigur in den Zeugenstand geführt, deren Gesichtszüge besonders fein geschnitten sind. Der schlichte Bart und die raffinierte Haartracht machen deutlich, daß es sich hier um die Darstellung eines Fremden auf altamerikanischem Boden handelt. Die an ägyptische Mode erinnernde Schmuckpasse ist bei Darstellungen von Indios nicht anzutreffen. (Abb. 33)

Ein sehr kleiner Kopf (3,2 Zentimeter!) von ungewöhnlich großer Ausdruckskraft entstammt der präklassischen Periode. Das Gesicht ist schmal, fast hohlwangig, wodurch die große, gebogene Nase zusätzlich akzentuiert wird. Der Bart ist ein Beweis für die nichtindianische Herkunft des Mannes, der hier als erstes Beispiel in der Reihe der zahlreichen Darstellungen von Köpfen gewählt wurde, die Züge von Menschen des semitischen Völkerkreises tragen. (Abb. 34)

Obgleich diese Völker in ethnischer Hinsicht verwandt sind und viele sprachliche und kulturhistorische Gemeinsamkeiten haben, gibt es charakteristische Unterschiede in den Physiognomien. Auf diese soll hier jedoch nicht im einzelnen eingegangen werden. Wir sprechen darum nur dann von Juden, Ägyptern oder Phöniziern, wenn durch charakteristische Attribute, etwa Gegenstände des religiösen Ritus, die

Zugehörigkeit zu den einzelnen Völkern erkennbar zu sein scheint.

Eine andere präkolumbische Miniatur zeigt einen Mann mit einer orientalischen Kopfbedeckung, die trotz des kleinen Formats recht deutlich als gewickelter Turban zu erkennen ist. (Abb. 35)

Der Träger einer Kappe mit breitem, hoch aufgeschlagenem Rand scheint ebenfalls den fremden Typus zu zeigen; ein Eindruck, der durch den Kinnbart, die aquiline Nase und die fein geschnittenen Lippen zusätzlich bestätigt wird. (Abb. 37)

Aus der großen Gruppe der semitisch aussehenden Köpfe aus internationalen Sammlungen und Museen sollen hier noch kurz einige Beispiele Revue passieren: ein alter Jude mit Kippa; ein bärtiger Mann; ein »Semit« mit Kinnbart, scharf geschnittener Nase und schmalem Schädel; ein anthropomorphes Gefäß mit dem Kopf eines Fremden; und zwei Miniaturen mit fast schon karikaturhaft akzentuierter Nasen-, Augen- und Lippenpartie. (Abb. 42)

Wenn bereits die porträthaften Köpfe den denkbar größten Gegensatz zum Indio-Typus bilden, so gilt dies um so mehr für die Karikaturen mit ihren Übertreibungen des Charakteristischen. Die Karikaturen erfreuten sich im alten Amerika offensichtlich einer großen Beliebtheit, wie die Fülle der gefundenen Objekte beweist. Die Karikatur fordert vom Künstler wie vom Betrachter eine große Vertrautheit mit dem karikierten Objekt oder Thema. Auch setzt sie eine gewisse Prominenz des Karikierten voraus. Was karikiert wurde, kann also nicht eine gesellschaftliche Randerscheinung oder etwas Nebensächliches gewesen sein. Aus der Tatsache, daß der »Fremde« karikiert wurde, ist zu schließen, daß er im Licht der Aufmerksamkeit stand und die Phantasie und Leidenschaft der Einheimischen – im Guten oder im Bösen – beschäftigte.

Der Sachverhalt, daß es vom semitischen Typus Zerrbilder und grotesk übertriebene Darstellungen gibt, läßt vermuten, daß es einen »Gegen-Typus« gab, der sich zu dieser kritisch-satirischen Darstellung herausgefordert sah. Oder anders ausgedrückt: Die Karikatur deutet auf eine Polarisierung zwischen zwei unterschiedlichen Gruppen hin, die hier als »Fremde« und »Indios« bezeichnet werden sollen.

Zunächst ein Beispiel für eine liebenswerte Form der Karikatur: Zwei Männer hocken beieinander auf dem Boden und scheinen in ein Gespräch vertieft zu sein. Das markanteste Merkmal des semitischen Typus, die Nase, wurde grotesk überzeichnet, während alle anderen Details nur summarisch wiedergegeben sind.

Und ein Steinkopf aus Guerrero besteht eigentlich nur noch aus einer überdimensionalen Nase. Dasselbe gilt für eine andere sehr frühe präkolumbische Terrakottakarikatur, die als weiteres Erkennungszeichen des Fremden einen Bart aufweist. Die verschiedenen Merkmale des äußeren Erscheinungsbildes passen hier – wie immer in der altamerikanischen Kunst – zusammen und sind nie widersprüchlich: Die Bärte werden vom schmalschädeligen Typus getragen, und der breitschädelige Indio hat nie eine aquiline Nase. (Abb. 45)

An einer künstlerisch qualitätvollen und in unserem Sinne wertvollen Steinskulptur der klassischen Tajin-Kultur Mittelamerikas sind die ethnischen Merkmale wiederum so deutlich herausgearbeitet, daß man auch hier von einer karikaturhaften Überzeichnung eines Semiten sprechen müßte. (Abb. 46)

Das vielleicht eindrucksvollste Porträt gelang einem der frühen Künstler jedoch mit dem alten Mann, dessen Gestalt als Weihrauchgefäß fungiert und in dem wir wegen dieser Verbindung sicher zu Recht einen Juden vermuten dürfen. Ein ähnliches Beispiel ist die Kopfplastik (Protome) vom Rand eines Weihrauchgefäßes, die neben der charakteristischen Physiognomie auch noch den spitzen, hohen Priesterhut und den Bart wiedergibt. Im Kapitel »Kult und Kosmologie« wird auf die »seltsame« Übereinstimmung der vorderorientalischen und altamerikanischen Weihrauchgefäße noch näher eingegangen. (Abb. 49)

Von faszinierender Komik ist die Wiedergabe eines hageren Mannes, dessen Körper zusammen mit der ins Gigantische gesteigerten Nase vom Künstler in einen großen Bogen zusammengefaßt wird. Die Sicherheit, mit der die frühen Künstler das Wesentliche – und das Komische – einer Erscheinung erfaßten, nötigt uns allen Respekt ab – vor allem, wenn wir die frühe Entstehungszeit (um die Zeitenwende) berücksichtigen. (Abb. 50)

Neben diesen eher komischen Überzeichnungen gibt es auch regelrecht boshafte Karikaturen. Dazu zählen unter anderem die Darstellung eines Hockenden und eine Kopf-Plastik, die gekrönt ist mit einer Phallus-Nachbildung. Auch die Mittelmeervölker kannten übrigens diese formale Verbindung von Kopf und Phallus, wie eine Darstellung aus Rabat zeigt, die mit der altamerikanischen Karikatur sehr wohl verglichen werden kann. (Abb. 53)

Damit nicht etwa der Eindruck entsteht, nur die Fremden des levantinischen Typs seien karikiert worden, soll nun auch die Karikatur eines Negriden nachgereicht werden. Sie ist winzig klein und doch an Ausdruckskraft kaum zu überbieten. Während der Kopf selbst aus dunklem Kopal-Harz gearbeitet ist, sind die überdimensionalen Lippen und Zähne aus purem Gold, was die Aufmerksamkeit – ganz im Sinne der Karikatur – effektvoll auf das Typische lenkt. (Abb. 54)

Fazit dieses Exkurses in die Karikatur: Die entscheidenden Merkmale werden durch die Überzeichnung für jedermann erkennbar. Bei der Deutlichkeit und Professionalität dieser altamerikanischen Karikaturen werden wohl nur die eingeschworenen Gegner der Diffusionisten von zufälligen Ähnlichkeiten oder Vergleichbarkeiten sprechen.

Auch Abbildungen verschiedener anderer Typen und Rassen, die zu dem einheimischen Indio-Typus in krassem Gegensatz stehen, haben sich auf amerikanischem Boden gefunden. Eine große Gruppe soll hier einfach als »Europäer« bezeichnet werden; denn jeder einzelne Typus dieser heterogenen Gruppe könnte ohne Schwierigkeiten aus Europa stammen. (Abb. 55)

Bei dem Profil auf einer Steinscheibe käme wohl niemand auf die Idee, hier einen Indio zu erkennen. Man wird ihn als europid oder Europäer bezeichnen müssen, was immer unter diesem Sammelbegriff zu verstehen ist. Die Erkennungsmerkmale des Europäers sind für einen Europäer sicher nicht so leicht zu *umschreiben* wie diejenigen für einen Indio oder einen Neger. Einen Mann aus Europa zu *erkennen* fällt einem Europäer indes nicht schwer. (Abb. 59)

Weitere Beispiele, die für sich sprechen: ein Bärtiger aus Veracruz, ein glattrasierter Herr, ein Hockender mit Lendenschurz und ein verhärmter Alter. (Abb. 56, 57, 58, 60)

Aber auch schöne Europäerinnen finden sich unter den Präkolumbischen. Eine edle Dame mit einer

Haube und Kinnband sowie eine ätherische Frauengestalt sind nur einige von vielen aus dieser Gruppe. (Abb. 61, 62)

Eine ganze Reihe der Fremden trägt auffallende Kopfbedeckungen, die, wenn schon nicht unbedingt europäisch, so doch in jedem Fall nicht altamerikanisch wirken, beispielsweise Kappen, die, einem Topf nicht unähnlich, eng am Kopf anliegen. In einem Fall ist die Kappe durch ein Kinnband ergänzt, im anderen durch ein ungewöhnliches Kordelband, das an anderer Stelle in diesem Text noch auf seine Symbolträchtigkeit hin untersucht werden soll.[128] Andere Fremde schmücken sich mit ungewöhnlichen Kreationen, die aber niemals so ungewöhnlich sind, als daß sie von der fremdländischen Physiognomie ihrer Träger ablenken könnten: In allen Fällen handelt es sich bei den Trägern nicht um Indios. (Abb. 63–67)

Gälte es, sich für ein besonders signifikantes Abbild eines Europäers zu entscheiden, so müßte wohl das Durchschnittsgesicht eines Mannes mit ordentlich gekämmter Rundschnittfrisur und einem artig gestutzten Bart gewählt werden, der dem Prototyp eines männlichen Europäers vielleicht am nächsten kommt. (Abb. 68)

Läßt man all diese Fremden Revue passieren, dann erkennt man, daß die Altamerikaner sich mit der Andersartigkeit der Menschen von jenseits des Ozeans offensichtlich bewußt auseinandergesetzt haben, auch wenn die Zahl der Fremden im Vergleich zu den einheimischen Indios natürlich verschwindend gering gewesen sein muß.

Als eine besonders geistreiche künstlerische Visualisierung der verschiedenen ethnischen Gruppen Altamerikas ist ein sogenannter Janus-Kopf zu werten, da seine zwei Gesichter zu zwei verschiedenen Rassen gehören! Besonders interessant für die Thematik des vorliegenden Buches ist es, daß das eine Gesicht europide Züge und das andere mongolide Züge trägt! Gerade diese beiden Rassen waren es ja, die sich in der ersten Begegnung zwischen Alter und Neuer Welt gegenübertraten. Und eben dieser Zeit der ersten Begegnungen zwischen Alter und Neuer Welt entstammt dieser »Janus-Kopf«. (Abb. 69, 70)

Ein anderer kleiner Kopf zeigt sogar drei Gesichter, die jeweils verschiedenen ethnischen Gruppen angehören. Ein Drittel des Köpfchens hat das Kraushaar der Negriden, die anderen beiden Gesichter haben glattes Haar. Eine ungewöhnlich originelle Veranschaulichung des ethnischen Nebeneinanders in Altamerika! Eine Entsprechung findet dieses altamerikanische Köpfchen in der afrikanischen Kunst. (Abb. 72)

Eine intellektuell anspruchsvolle Visualisierung des Rassengegensatzes und des Dualismus der menschlichen Existenz zeigt eine kleine Komposition in Ton, in der eine groteske Gestalt mit einer tiefen Verbeugung die Maske vom Gesicht nimmt. Maske und Maskenträger haben ganz unterschiedliche Gesichtszüge, die der Künstler hier offensichtlich antithetisch gegeneinandersetzt. (Abb. 73)

Es ist faszinierend festzustellen, daß unsere fernen Vettern auf der anderen Seite des Atlantik ganz offensichtlich schon früh ein Interesse für die subtilen Fragen der *conditio humana* entwickelten und daß sie mit analytischem Sinn die Probleme ihrer Zeit und ihres Kontinents künstlerisch zu gestalten wußten.

Aber zurück zum Erscheinungsbild und der Spurensuche: In diesem Zusammenhang könnte man durchaus auch auf die verschiedenen Kopfbedeckungen näher eingehen, weil sie in manchen Fällen ebenso deutliche Hinweise auf die Herkunft der dargestellten Personen geben wie die Physiognomien ihrer Träger. Dieser ergiebige Punkt wird jedoch erst im letzten Kapitel dieses Buches ausführlicher behandelt werden. Nur ein Tonköpfchen mit einer griechischen Mütze soll schon hier behandelt werden, weil seine Geschichte, zumindest in den Augen eines Diffusionisten, als krönender Abschluß des Kapitels über die Physiognomien der fremden Besucher Altamerikas dienen kann.

Die Rede ist von dem sogenannten »Köpfchen von Calixtlahuaca« (Mexiko), das bei seiner Entdeckung im Jahr 1933 großes Aufsehen erregte. Die Kopfbedeckung des Terrakottaköpfchens entsprach in allen Einzelheiten dem Pilos oder Pilleus[129], einer konisch zulaufenden Filzkappe, die in der Antike vom griechischen und römischen Volk beziehungsweise von Freigelassenen als Zeichen ihrer Freiheit getragen wurde. Die Ähnlichkeit der altamerikanischen mit der griechisch-römischen Mütze war so eindeutig, daß selbst hartgesottene Anti-Diffusionisten verblüfft waren.

Nach einer anfänglichen Sprachlosigkeit beschäftigte sich die Fachwelt sehr ausführlich mit diesem altamerikanischen Fund. Zunächst einmal wurde festgestellt, daß die archäologische Kostbarkeit *in situ* unter drei intakten Schichten aus Stein und Erdreich gefunden und unter wissenschaftlicher Aufsicht des mexikanischen Archäologen García Payón fachkundig geborgen wurde. Der Fundort lag in besagtem Calixtlahuaca, das dank dieses Fundes heute in Fachkreisen einen gewissen Bekanntheitsgrad erreicht hat. Die Experten bestimmten das Köpfchen als eine römische Arbeit und datierten es in das zweite nachchristliche Jahrhundert. Auf dem 34. Internationalen Amerikanisten-Kongreß in Wien (1960) wurde das Köpfchen der Fachwelt vorgeführt und in verschiedenen Fachzeitschriften publiziert. Unter anderem äußerten sich Professor Erich Boehringer und der Völkerkundler der Universität Wien, Professor Heine-Geldern, zu diesem Fund. Die verschiedenen Vorträge über den »römischen Fund aus dem präkolumbischen Mexiko« wurden mit Interesse aufgenommen.[130] 1961, fast dreißig Jahre, nachdem das Köpfchen das Licht der modernen Welt erblickt hatte, veröffentlichte Payón schließlich einen Artikel im *Boletino del Instituto Nacional de Antropología e Historia,* in dem erneut auf die erstaunliche Physiognomie und die seltsam echt aussehende griechisch-römische Mütze eingegangen wurde. Dies wiederum regte José Alcina Franch zu einem Bericht an über die Beziehungen zwischen den Kanarischen Inseln und Amerika.[131]

Warum diese Ausführlichkeit in der Behandlung eines Kopfes, der schließlich nur einer von vielen fremd aussehenden Funden aus präkolumbischer Zeit ist? Der Grund: Mit dem Köpfchen von Calixtlahuaca hat es seine besondere Bewandtnis. Es ist nämlich inzwischen verschwunden! Niemand weiß, wo es sich befindet. Seine Spuren haben sich verloren.

Welche Schlußfolgerungen lassen sich aus dieser Geschichte ziehen? Eines jedenfalls ist sicher: Dieser spektakuläre Fund hat bei Archäologen, Altamerikanisten und Anti-Diffusionisten weiß Gott nicht nur Begeisterung ausgelöst. Das grelle Licht der Öffentlichkeit, in das dieses Köpfchen geraten war, wurde zu einem drohenden Wetterleuchten. Und eines Tages war das unerwünschte Beweisstück einfach nicht mehr da. Welch glückliche Fügung des Himmels!

Es ist leider eine Tatsache und wird von Experten im übrigen auch nicht geleugnet, daß selbst die besten Beweise für die präkolumbische Entdeckung Amerikas nicht mit dem angemessenen Ernst diskutiert oder wissenschaftlich analysiert werden. Das Thema gilt als unseriös; die wissenschaftliche Beschäftigung mit diesen Fragen kann kaum auf die Kooperation von Fachkollegen rechnen und hat auch aus diesem Grund außergewöhnliche Schwierigkeiten zu überwinden. Neue Erkenntnisse werden oft totgeschwiegen. In besonderem Maße gilt diese Feststellung für Mexiko selbst, das eine Fremdbeeinflussung der eigenen altamerikanischen Kultur leidenschaftlich ablehnt. Und da kann es denn schon einmal passieren, daß ein besonders überzeugendes und daher besonders unerwünschtes Beweisstück einfach verschwindet.

Nach den tönernen Miniaturköpfchen betrachten wir nun steinerne Monumentalköpfe unter dem physiognomischen Gesichtspunkt. Die kolossalen Steinköpfe gehören sicherlich zu den bekanntesten, frühesten und spektakulärsten Funden in Altamerika überhaupt. 1862 entdeckte José Melgar in der Nähe von Veracruz den ersten aus einer inzwischen auf über ein Dutzend Exemplare angewachsenen Serie von Kolossalköpfen, die bis zu 65 Tonnen schwer und bis dreieinhalb Meter hoch sind. Gearbeitet sind sie aus Basaltmonolithen, die seltsamerweise nicht aus den Steinbrüchen in der Nähe der Fundorte stammen. Man geht davon aus, daß die Olmeken die Monolithe mit Schiffen auf den breiten Flüssen, an denen es in dieser tropischen Region keinen Mangel gibt, herantransportiert haben. Es sei hier

noch einmal daran erinnert, daß Aristoteles diese
»schiffbaren Flüsse« der »Fernen Inseln« ausdrücklich
erwähnt hat.[132]

Mit Hilfe der Radiocarbon-Methode[133] wurden die
olmekischen Köpfe auf ein Alter von etwa 3000 Jahren
datiert. Damit gehören sie zu den ältesten Funden der
mittelamerikanischen Hochkultur überhaupt. Ein derartig vollkommenes Erstlingswerk einer Frühkultur
hat es in anderen Kulturkreisen wohl niemals gegeben:
Ohne vorhergehende Entwicklungsstufen gelangen
den Olmeken mit diesen Kolossalköpfen unvergleichliche und von aller Welt bestaunte Meisterwerke.

Keiner der Kolossalköpfe hat übrigens die Zeit unbeschadet überstanden. Alle wurden ganz offensichtlich mutwillig von Menschenhand beschädigt und – so
gut es ging – vom ursprünglichen Ort ihrer kultischen
Bestimmung fortgerollt. Bei dem Gewicht der Monumentalköpfe muß die Dringlichkeit für diesen Kraftakt
schon recht groß gewesen sein. Derartige Anstrengungen unternahm man wohl nur für Dinge von hoher kultischer Bedeutung. Aber welche Bedeutung die Köpfe
hatten, konnte bisher noch kein Fachmann mit Bestimmtheit sagen.

Um nicht Gefahr zu laufen, aus den wenigen bisher
nachgewiesenen Fakten über Bestimmung und Sinngehalt der Kolossalköpfe falsche Schlußfolgerungen zu
ziehen, muß sich die Analyse und Deutung vor allem
an das Untrügerische, an das optisch Wahrnehmbare
halten. Da bietet es sich zunächst einmal an, die ungewöhnliche Form der Präsentation dieser Köpfe zu
kommentieren. Die Olmeken wählten die Darstellungsform »Kopf ohne Hals und Schulter«. Die Ikonographie
der Alten Welt gibt dem Motiv des vom Körper abgetrennten Kopfes stets einen negativen Sinnzusammen-

hang: »Judith und das Haupt des Holofernes«, »Perseus und das Haupt der Medusa«, »David und das Haupt des Goliath«, »Salome und das Haupt des Johannes« – immer hat das Haupt ohne Schultern eine pejorative Konnotation.

Wuthenau schlägt die Deutung vor, bei den Kolossalköpfen könne es sich um Trophäen gehandelt haben.[134] Die Sieger könnten den besiegten Stammesfürsten ein Denkmal gesetzt haben, um sich durch die Größe der von ihnen besiegten Feinde selber aufzuwerten. Diese Vermutung beruft sich auf die Bedeutung, die für fünf monumentale Steinköpfe aus Tanis an der Nilmündung belegt ist. Ramses III. ließ mit diesen Monumentalköpfen fünf Stammesfürsten der von ihm besiegten Feinde darstellen. Der Pharao plazierte die ohnehin gigantischen Köpfe auf ein Steinpodest, damit sie noch gewaltiger wirkten. Dann sorgte er dafür, daß er durch eine Maueröffnung von oben auf seine großen Feinde herabblicken konnte, um sie dadurch zu erniedrigen.[135] Diese Steinköpfe haben, genau wie die Olmeken-Köpfe, keinen Hals und keine Schultern. Außer der Ikonographie ist auch die Chronologie interessant. Tanis wurde um 950 v. Chr. im östlichen Nildelta gegründet. Dorthin lieferten zu jener Zeit die Phönizier des öfteren ihr Zedernholz. Und zur selben Zeit entstanden auch die Olmeken-Köpfe!

Zugegeben, es erscheint gewagt, bei der Deutung der Olmeken-Köpfe derartige Analogieschlüsse zu ziehen, aber die gestalterischen und chronologischen Übereinstimmungen zwischen den Monumentalköpfen diesseits und jenseits des Atlantik sind zu auffallend, als daß sie hier unerwähnt bleiben sollten.

Jeder der olmekischen Kolossalköpfe ist individuell gestaltet. Die Physiognomien sind differenziert und realistisch wiedergegeben. Eine Zuordnung zu ethnischen Gruppen ist dadurch sehr gut möglich: Der eine Teil der Kolossalköpfe stellt den mongoliden, der andere den negriden Typus dar. (Abb. 74, 75)

Daß diese Physiognomien das tatsächliche Aussehen der Olmeken wiedergeben, steht außer Frage, denn auch die Kleinplastiken bestätigen diesen Typus. Eine kleine Figur aus La Venta, die durch einen Hämatitschmuck als Würdenträger gekennzeichnet ist,[136] hat das sehr breite Gesicht mit den aufgeworfenen Lippen, das für die mongolide Rasse typisch ist: So müssen die Menschen ausgesehen haben, die wir heute als Olmeken bezeichnen. (Abb. 76)

Auf anderen Darstellungen erkennt man den olmekischen Typus kaum wieder, weil der Schädel dort besonders schmal und hoch erscheint. Des Rätsels Lösung: Die Olmeken praktizierten einen Brauch, der auch bei den Phöniziern und anderen Vorderorientalen beliebt war: die Schädeldeformierung. Dem Neugeborenen wurden für einige Wochen feste Bandagen, die gelegentlich mit hölzernen »Einlagen« versehen waren, um den Kopf gebunden. Auf diese Weise zwangen sie den noch weichen Schädel in die gewünschte Form.[137]

Hippokrates, der große Arzt der Antike, erwähnt im fünften vorchristlichen Jahrhundert die Schädeldeformation als einen Brauch, der von den Völkern des Schwarzen Meeres erdacht und praktiziert wurde.[138] Diese Völker drangen seit 1500 v. Chr. in Richtung Südwesten vor und beeinflußten die Sitten und Gebräuche der Völker an der levantinischen Küste. Da auch bei den Phöniziern das Deformieren des Schädels sehr gebräuchlich war, steht zu vermuten, daß sie diesen Brauch von den Schwarzmeervölkern übernahmen.

Wie die Fachleute ausdrücklich und übereinstimmend feststellen, pflegten die Phönizier ihre Kulte und Bräuche auch an fremden Küsten. Die Schädeldeformierung war da sicher keine Ausnahme.

Eines der Hauptwerke der Olmeken-Kunst zeigt eine Skulpturengruppe von sechzehn einzeln stehenden männlichen Figuren aus Jade, dem kostbarsten Material der mittelamerikanischen Kultur. Die Anordnung der Gestalten und die aufrecht stehenden hohen Kultsteine (Stelen) machen deutlich, daß es sich hier um eine bedeutungsvolle kultische Szene und bei den Beteiligten um Würdenträger handelt. Alle sechzehn Würdenträger haben deformierte Schädel. Es scheint, als ob es sich bei den künstlich verformten Schädeln um ein Statussymbol handelte. (Abb. 77, 78)

    Zur chronologischen Zuordnung sei noch einmal wiederholt: Zur Zeit der Entstehung der auf etwa 800 v. Chr. datierten kultischen Ritualszene der sechzehn olmekischen Würdenträger mit ihren Schädeln à la Phénicienne waren die Vorderorientalen auf der Höhe ihrer Macht und Mobilität. Und auch im Vorderen Orient waren auf Kultplätzen mannshohe Stelen aufgestellt, die die rituelle Handlung umrahmten. Wohl nicht zufällig haben sowohl das Israelmuseum in Jerusalem als auch das Anthropologische Museum in Mexiko einen solchen Kultplatz in ihren Museumsräumen nachgebaut; trotz der raumgreifenden Dimension dieser Exponate schien den Verantwortlichen der Aufwand berechtigt, denn immerhin handelt es sich bei diesem Wald von Stelen um etwas äußerst Bedeutungsvolles, und zwar in beiden Kulturen. Auch bei den Maya-Herrschern und -Priestern gehörte der deformierte Schädel zum Erscheinungsbild, das ansonsten bestimmt war durch eine ungewöhnlich große, gebogene Nase mit einem seltsamen Höcker auf der Stirn; häufig schielende Augen; gelegentlich ein Bart. Bei einer genaueren Betrachtung des Erscheinungsbildes der Maya zeigt sich, daß fast alles an diesem Erscheinungsbild künstlich ist. Außer dem künstlich deformierten Schädel war auch die Nase künstlich. Erst durch einen Nasenaufsatz erhielt die Maya-Nase ihre charakteristische, unverwechselbare aquiline Form.[139]

Bärte trugen sie nicht oft, aber wenn, dann waren sie entweder sehr dünn oder künstlich. Von den Ägyptern weiß man, daß sie als Zeichen der Würde am Kinn eine Bart-Attrappe befestigten. Ob es dieses Vorbild oder der spärliche Bartwuchs war, der die Maya häufig zu künstlichen Bärten greifen ließ, ist nicht zu entscheiden. Sicher ist nur, daß sie künstliche Bärte trugen.

Selbst dem bereits erwähnten Schielen half man künstlich nach: Die Mütter hängten ihren Neugeborenen ein pendelndes Kügelchen vor die Augen und erreichten damit die erwünschte schielende Stellung der Augäpfel.

Warum diese vielen künstlichen Korrekturen? Wem wollte man in dieser Gestalt gefallen? Was wollte man vortäuschen? Der Einwand, zu allen Zeiten hätten vor allem Menschen der Oberschicht den Versuch unternommen, ihr Aussehen durch kleine Tricks zu verbessern, um sich dadurch einem Idealtypus anzugleichen, ist nicht stichhaltig. Allzu radikal, zu schmerzhaft und zu mühsam waren die Prozeduren, denen die Maya-Herrscher sich und ihre Neugeborenen unterzogen, als daß diese Eingriffe als reine Modetorheit bagatellisiert werden könnten.

Eine Erklärung für diese gravierenden Korrekturen

des Erscheinungsbildes bieten, wie wir meinen, die geschichtlichen Zusammenhänge und der Einfluß der Fremden. Diese Fremden hatten dank ihrer geistigen Überlegenheit unter den Indios eine Vormachtstellung zu erlangen gewußt. Die Verehrung des »weißen Gottes aus dem Osten«, der »den Indios die Kenntnisse der Astronomie und der Mathematik gebracht hatte«, war bei Ankunft der spanischen Eroberer noch lebendig. Sie ist vielleicht in einem Zusammenhang zu sehen, mit der Rolle, die von den Fremden aus dem Osten im ersten vorchristlichen Jahrtausend gespielt wurde. »Weiß«, »wissend« und »mächtig« wurden zu Synonymen und unmittelbar an das Erscheinungsbild eines altweltlichen Weißen gebunden.

Wie kann die Geschichte der Golfregion verlaufen sein? Nach einer anfänglichen Phase der gesellschaftlichen Gleichrangigkeit zwischen Fremden und Einheimischen hatten sich die Rollen wohl irgendwann endgültig verteilt: Die einen bildeten die Herrscherkaste, die anderen deren Untertanen.

Aber für die kleine Gruppe der Neueinwanderer waren damit nicht alle Probleme gelöst: Es fehlte ihnen an Frauen, mit denen sie kleine, hellhäutige Levantiner, kleine »weiße Götter« zeugen konnten. Mit jeder Generation wurde die Situation prekärer, denn allmählich waren die Nachkommen der »weißen Götter aus dem Osten« von ihren Untertanen kaum noch zu unterscheiden. Gerade weil sich die Machtposition der Maya-Dynastien herleitete aus einer Überlegenheit durch Andersartigkeit, war die fremde Physiognomie mehr als nur ein unbedeutendes Herrscherattribut. Die Zugehörigkeit zur Herrscherkaste sollte auch äußerlich erkennbar sein. Das Erscheinungsbild des

»Weißen aus dem Osten« hatte sich bewährt und sollte, wenn eben möglich, unverändert fortbestehen. Notfalls mußte dem mit künstlichen Mitteln nachgeholfen werden. Wohl deshalb griff man zu den kosmetischen Korrekturen, die ja alle nicht von ungefähr eben jene Merkmale vorzutäuschen suchten, die in einem typischen Indiogesicht fehlten.

Nirgends auf der Welt hat es je ein Volk gegeben, dessen Männer ihr Profil durch einen künstlichen Nasenrücken zu verändern suchten. Im berühmten Pyramidengrab des Tempels der Inschriften von Palenque fanden sich derartige Nasenprothesen[140] – die im übrigen auch fast auf allen Darstellungen der Maya-Würdenträger deutlich als ein scharfkantiger Absatz in der Mitte der Stirn zu erkennen sind, wo der künstliche Nasenrücken endet. Die Nase wirkt durch den künstlichen Aufsatz stark vergrößert, vor allem aber auch stark gebogen. Es scheint, als ob den Maya-Herrschern oft das rechte Maß und das rechte Vorbild für ihre Nasennachbildungen fehlte. Das Bestreben, ihren orientalischen Vorfahren ähnlich zu sein, machte die Mayas wohl zu Nasenfetischisten: So gerieten die künstlichen Nasenstücke entsprechend überdimensional. Das Phänomen der Übertreibung ist im übrigen charakteristisch für Kopien jedweder Art.

Aus der Maya-Überlieferung ist bekannt, daß die Mütter ihren Söhnen die wenigen Barthaare mit Pinzetten zupften oder durch Auflegen heißer Tücher den ohnehin schon spärlichen Bartwuchs zu reduzieren suchten. Der Erfolg dieser Prozedur scheint zu beweisen, daß der Bartwuchs in der Tat sehr spärlich war. Ein stattlicher orientalischer Vollbart jedenfalls konnte mit dieser Art von Bartpflege wohl kaum am Wachsen gehindert werden. Das gemeinsame Erbgut der zumeist bartlosen Indios und der bärtigen Orientalen brachte für die späteren Nachkommen Probleme, denen die Maya-Mütter erfolgreich mit der Pinzette zu Leibe rücken konnten.

Vielleicht sollte man in diesem Zusammenhang noch einmal wiederholen, daß der Bart fast ausschließlich auf solchen Gesichtern dargestellt ist, die eher europide Züge tragen. Es wäre falsch anzunehmen, der »bärtige Weiße« sei lediglich die geschönte, idealisierte Darstellung eines Indio gewesen. Nein, den europiden Typus hat es wirklich in Altamerika gegeben.

Ein besonders überzeugender Beweis dafür findet sich in der Totenmaske. Die Totenmaske, so darf man annehmen, entspricht in etwa dem Typus des Toten. In dem berühmten Palenque-Grab war das Gesicht des Herrschers mit einer Jademaske bedeckt, die rein europide Gesichtszüge zeigt. (Abb. 79)

Totenmasken gab es bezeichnenderweise sowohl in Altamerika als auch in Phönizien. Und in beiden Kulturkreisen wählte man für deren Herstellung die kostbarsten Materialien. Was den Mayas die Jade, war den Südamerikanern und der Alten Welt das Gold. Entsprechend wurden Totenmasken in Phönizien und Peru aus Gold, bei den Mayas aber aus Jade gefertigt. Auch für die goldenen Totenmasken gilt, was bereits über die Jademaske gesagt wurde: Jegliche Anklänge an eine Indio-Physiognomie sucht man auch in diesen Masken vergebens. (Abb. 80, 81)

Überzeugender noch als einzelne Merkmale der europiden Gesichtszüge auf altamerikanischen Totenmasken ist vielleicht eine andere Beobachtung, die man in den Gräbern Südamerikas machen konnte:[141] Gemeint sind die blonden Haare, die dort an mehreren

Mumien gefunden wurden. Während man über die Form einer Nase oder die Breite eines Schädels noch geteilter Meinung sein könnte, lassen die blonden Haare der altamerikanischen Mumien für eine Diskussion keinen Raum. Der Fund gleich mehrerer dieser blonden Mumien ist der beste Nachweis für Leben und Tod fremder Zuwanderer; denn blonde Mongolide gibt es nicht.

Ein weiteres Unterscheidungsmerkmal zwischen Indios und Europiden ist die Hautfarbe. Wie es scheint, haben die Mayas auch ihre Hautfarbe künstlich verändert. Die Darstellung eines Schreibers soll hier als Beispiel für einen geschminkten Würdenträger erwähnt werden.

Während die Körperhaut des nur mit einem Lendenschurz bekleideten Schreibers »natürlich« belassen wurde, war sein Gesicht leicht gelb getönt. Der Schreiber hockt im Schneidersitz, in dem häufig auch ägyptische und vorderorientalische Schreiber dargestellt werden. Schreiber waren angesehene Personen, weil auch das Wissen angesehen war. Nur ein kleiner Kreis von Eingeweihten sollte und konnte die komplizierte Maya-Schrift beherrschen: Wissen war Macht, und Macht gehörte nur einigen wenigen. (Abb. 82)

Ein Teil der Machtpolitik der Mayas war unter anderem die Geschwisterehe, die den Kreis der mächtigen Familien klein halten sollte. Wollte man unter sich bleiben – auch um den Preis einer schleichenden Degeneration? Bekanntlich pflegten die ägyptischen Herrscherhäuser die Geschwisterehe aus eben jenen dynastischen Gründen. Das wäre als eine weitere erstaunliche Parallele zwischen Altamerika und dem Mittelmeerraum einzustufen.

Welche Folgen die jahrhundertelange Inzucht innerhalb der Maya-Dynastien hatte, ist uns im einzelnen nicht überliefert, aber sehr gut vorstellbar. Warum sollte es den Maya-Dynastien besser ergangen sein als zum Beispiel den Habsburgern, deren allmählicher Verfall in den Geschichtsbüchern nachzulesen ist. Mit dem Tode Karls V., in dessen Reich die Sonne bekanntlich nicht unterging, zerfiel das Imperium in die österreichische und die spanische Linie, deren königliche Nachkommen in den folgenden Generationen regelmäßig untereinander heirateten. Mit jeder Generation wurde die Kraft und Dynamik der Herrscher und ihrer Kinder schwächer. Als Philip IV. schließlich die vierzehnjährige Tochter seiner Schwester Maria von Österreich heiratete, hatten die Nachkommen aus dieser Inzestehe außer der berühmten Habsburger Unterlippe kaum noch etwas mit ihrem großen Urahn gemein. Wenn sie nicht schon in früher Jugend starben, waren sie schwache, zarte, wenig belastbare Geschöpfe. Karl II., der 1660 die Krone erbte, war kränklich, seine äußere Erscheinung war fahl und kraftlos, sein Haar war schütter – und er war impotent, wie die Historiker zu berichten wissen.[142]

Ein durch Inzucht allgemein geschwächter Organismus läßt die Degeneration in den verschiedensten Formen erkennbar werden. Dazu gehört auch das Schielen. Die Augenmuskulatur beherrscht den binokularen Sehakt nicht mehr, die Akkomodationsanstrengung ist zu groß – das Auge schielt.

Es wäre konsequent weitergedacht, wenn das Schielen bei den Maya-Herrschern in einem Zusammenhang gesehen würde mit der sich über Generationen entwickelnden inzestbedingten Dekadenz der Dynastie. Gerade abnorme Mißbildungen werden bei Inzest mit einer erhöhten Wahrscheinlichkeit weitervererbt. Gockel macht darauf aufmerksam, daß die Mitglieder der späten Maya-Dynastien in Palenque auch auffallend häufig unter Mißbildungen wie Akromegalie, Klumpfuß oder Mehrzehigkeit litten, die durchaus als Degenerationserscheinungen gedeutet werden können. Das Schielen wäre bei dieser Lesart zu einem weiteren Charakteristikum der Maya-Dynastie geworden. Das könnte Maya-Mütter durchaus veranlaßt haben, dem Schielen nachzuhelfen, damit das Kind eines Tages wie ein wahrer Maya aussah.[143]

4 GÖTTER UND HEROEN

Welche Spuren haben die frühen Besucher aus der Alten Welt in Altamerika hinterlassen – außer ihren eigenen Abbildern? Die Suche verspricht auf jenen Gebieten den sichersten Erfolg, die im Leben der frühen Seefahrer eine wichtige Rolle spielten. Und das waren neben den Schiffen und der Seefahrt vor allem der Kult und die Götter. Ohne Religion war das Leben unserer Vorfahren bekanntlich undenkbar: Kult und Riten bestimmten ihren Tag, ihren Jahresrhythmus, ihr Leben – bis in den Tod.

Auch die Seefahrt war unter den Schutz der Götter gestellt. Von den Phöniziern weiß man, daß sie den hoch aufragenden Bug ihrer Schiffe mit Galionsfiguren schmückten, die nicht allein als Zierde gedacht waren, sondern auch als Schutzgottheiten fungierten. Als eine solche Schutzgottheit diente den Phöniziern häufig der schon erwähnte Zwerggott Bes.

Bes war ursprünglich eine rein ägyptische Gottheit, die aber schon bald auch von anderen Völkern verehrt wurde. Das Bild des häßlichen kleinen Gottes findet sich im ersten vorchristlichen Jahrtausend praktisch im ganzen Mittelmeerraum. Zur Ikonographie des Dämons Bes gehörten – überall – das fratzenhaft groteske oder halb tierische Gesicht, kurze krumme Beine, ein üppiger Bart, Glotzaugen und eine gewaltige

Löwenmähne beziehungsweise ein wirkliches Löwenfell, in das sich der Zwerg der Sage nach zu hüllen pflegte. Meist hing dem kleinen Bes der dazugehörige Löwenkopf als *pars pro toto* auf der Brust; vom Löwenfell selbst war ansonsten nur die zottige Mähne zu sehen.[144] Fürwahr eine originelle Typologie,[145] die es leichtmacht, den Gott von allen anderen Göttern des mediterranen Pantheon zu unterscheiden und ihm nachzuspüren.

Es ist eine erstaunliche Tatsache, daß gerade der häßliche Gnom sich einer solchen Popularität erfreute.[146] Der apotropäischen, Unheil abwehrenden Wirkung seiner Häßlichkeit vertrauten sich die Menschen mit den verschiedensten Anliegen an. Ursprünglich war Bes vor allem zuständig für den Schutz des Ehegemachs. Doch dafür allein war er seinen Verehrern auf Dauer zu schade. So betraute man ihn mit komplizierteren Aufgaben, und er avancierte zum Gott des Tanzes und der Heiterkeit. In der Spätzeit heftete ihm die Volksfrömmigkeit die Züge der großen Götter an, in deren Kreis er als Dämon bis dahin noch nicht gehört hatte. Schließlich wurde er sogar in Personalunion mit den allerhöchsten Göttern als Bes-Ammon oder Bes-Horus verehrt.

Die Begeisterung für diesen häßlichen Zwerg fand einfach kein Ende! Selbst das Christentum sah sich zuletzt gezwungen, diesen kleinen Störenfried der großen neuen Lehre zu integrieren, indem man ihm die Rolle des »bösen Widersachers« zuschob.

Von den unzähligen Bes-Darstellungen sind im Bildteil einige besonders charakteristische Exemplare wiedergegeben: Eine Münze aus dem Jahre 340 v. Chr. zeigt ein phönizisches Schiff mit einem Bes-Kopf als Galionsfigur am Bug. Wegen seines niederen Rangs innerhalb des mediterranen Pantheons war Bes offenbar kein so zuverlässiger Schutz, als daß man auf eine Rückversicherung bei einem der großen Götter hätte verzichten mögen. So hat man auch noch ein Seepferdchen als Symbol des Meeresgottes Poseidon in das Münzbild integriert. (Abb. 83)

Das nächste Bildbeispiel zeigt den Bes-Kopf auf einem Amulett, das trotz seiner nur 55 Millimeter Durchmesser alle Merkmale des originellen Erscheinungsbildes erkennen läßt. (Abb. 84)

Nicht immer ist der Zwerggott betont häßlich. Variationen zeigen den Dämon auch als gutmütigen Alten, dessen Beine nur etwas zu kurz und dessen Bauch etwas zu dick geraten sind. Zu dieser Typologie gehört eine recht späte Bes-Figur (2. Jh. v. Chr.), die in Italien gefunden wurde. (Abb. 86)

Italien war nur eine Etappe auf dem Siegeszug des Gottes in Richtung Atlantikküste. Die Spuren des Bes-Kults können bis nach Cádiz verfolgt und nachgewiesen werden. Bes begleitete die Seefahrer aber nicht nur als Galionsfigur: Ebenso häufig finden wir ihn als Talisman in Taschenformat. Eine dieser vielen kleinen Bes-Figuren trägt den obligaten Vollbart und den Löwenkopf auf der Brust – das Ganze in handlicher Größe und damit geeignet für das kleine Seemannsgepäck.

Derartige Bes-Figuren wurden als Talisman tatsächlich mit auf Reisen genommen, auch auf die große Atlantikfahrt: Es haben sich Bes-Figuren auch auf amerikanischem Boden gefunden.

Im Maya-Gebiet des heutigen Guatemala wurde eine kleine Figur mit zwergenhaften Körperproportionen entdeckt: Der Kopf mißt nicht ein Achtel, sondern ein Viertel der Gesamtkörperlänge. In allen wesentlichen Einzelheiten entspricht diese Figur der altweltlichen Bes-Typologie: krumme Beine, grotesker Kopf mit wildem Bart und einer wüsten Mähne – und natürlich fehlt auch das Tierfell auf der Schulter nicht. Diese Figur hat das handliche Format von 20 Zentimetern Höhe und wird von Fachleuten in die späte Olmekenzeit beziehungsweise in die Übergangszeit zur klassischen Mayakultur (500 v. Chr. bis 0) datiert. Der amerikanische Götterzwerg mit dem Tierfell auf der Schulter entstammt also genau der Zeit, in der auch im Vorderen Orient der Bes-Kult sehr weit verbreitet war. (Abb. 87)

Als auffallende Parallele zur Amulettform der Bes-Darstellungen im Mittelmeerraum, auf denen nur der bärtige Kopf des Dämons erscheint, ist im mexikanischen Guerrero ein Fratzengesicht mit einem – bei den Indios unbekannten – Vollbart gefunden worden. Der Bart ist gigantisch und beherrscht das ganze, karikaturhaft überzeichnete Gesicht. Das untere Ende des Vollbarts ist zweigeteilt und gezwirbelt – genau wie es aus der vorderorientalischen Ikonographie des Bes bekannt ist. Eine Randbemerkung: Der bärtige Dämon aus Guerrero liegt heute im berühmten American Museum of Natural History, aber nicht in der Schauvitrine, sondern in der Schublade des Direktors, wie Wuthenau zu berichten weiß.[147] Vielleicht stellt man das interessante Objekt nicht aus, weil man nicht weiß, welche erklärende Beschriftung man bei diesem »Bärtigen Dämon des präkolumbischen Mexiko« verantworten kann?[148] (Abb. 88)

Wie Bes scheint ein anderer Dämon schon früh den Atlantik überquert zu haben: Humbaba (oder Chuwawa oder Khumbaba). Er spielt im Gilgamesch-Epos eine wichtige Rolle als Gegenspieler des Titelhelden[149] und ist Beschützer der heiligen Zedernwälder des Libanon – eine höchst wichtige Funktion in den Augen all derer, die das Zedernholz als kostbares Material schätzten.[150]

Das große Interesse der Phönizier an dem Beschützer der heiligen Zedernwälder versteht sich wohl von selbst; denn immerhin gründete sich der Erfolg dieses Händlervolks nicht zuletzt auf den Vertrieb des Zedernholzes, aus dem im übrigen auch die erfolgreichen phönizischen Schiffe gebaut wurden.

Aber nicht allein die Phönizier – und natürlich der oder die Verfasser des Gilgamesch-Epos – hielten Humbaba in hohen Ehren. Auch andere Mittelmeervölker fanden an ihm Gefallen – trotz seiner Häßlichkeit. Das älteste Abbild des Humbaba, der im übrigen immer nur als Maske dargestellt wurde, entstammt der Zeit um 2200 v. Chr. und existiert heute nur noch als Zeichnung. Die älteste erhaltene Humbaba-Maske entstand im sumerischen Sippar[151] und zeigt das Gesicht des Dämons als Grimasse mit tiefen Faltenfurchen. Letztlich besteht das Humbaba-Gesicht in allen frühen Darstellungen nur aus Faltenfurchen. Und das hatte seinen besonderen Sinn: Die Darstellung der Falten in Humbabas Gesicht entspricht der Anordnung der Gedärme. Diese Tatsache steht im Zusammenhang mit der bei vorderorientalischen Orakeln üblichen Eingeweideschau. Wenn die Gedärme der Toten in ihrer Anordnung Ähnlichkeit mit dem faltigen Gesicht des Dämons Humbaba zeigten, so war der Orakelspruch vernichtend.[152] (Abb. 90)

Bei dem anstehenden Vergleich altweltlicher und altamerikanischer Humbaba-Masken spricht das Stirnmal des Humbaba eine deutliche Sprache. Es hat in der Alten Welt eine lange Tradition. Als Kain, der Erstgeborene Adams, seinen Bruder Abel erschlägt, bekommt er von Gott das sogenannte Kainsmal auf die Stirn.[153] Es gilt als Zeichen des Schutzes gegen Unheil aller Art. Warum Humbaba das Zeichen trägt, ist in unserem Zusammenhang unerheblich. Einzig die Tatsache, daß sein ungeheuer faltiges Gesicht auf der Stirn sehr häufig ein Mal trägt, ist hier von Bedeutung; denn ein solches Stirnmal taucht auch in der präkolumbischen Kunst auf! Und auch dort ist es Teil eines außergewöhnlich runzeligen Gesichts, auch dort ist das Gesicht als Maske dargestellt! An eine zufällige Übereinstimmung möchte bei dieser komplexen und äußerst ungewöhnlichen Typologie der altweltlichen Humbaba-Maske und ihres altamerikanischen Spiegelbildes sicherlich niemand glauben.

Die Griechen stellten Humbaba-Masken sogar in Serienproduktion her,[154] wobei einige dieser Masken *mit,* andere dagegen *ohne* Stirnmal gearbeitet wurden. Offenbar konnte sich die abwehrende Wirkung dieser Maske mit und ohne dieses Mal entfalten.[155] (Abb. 91, 92)

Im Lauf der Jahrhunderte verlieren die Humbaba-Masken immer mehr von ihrer einstigen grotesken Faltigkeit. Aus den Fratzen mit Faltenfurchen, die dem Betrachter das Bild von Gedärmwindungen suggerieren, werden in den letzten vorchristlichen Jahrhunderten einfach faltige Gesichter, die allerdings weiterhin stets als Masken dargestellt werden – auch in Altamerika! So zeigt eine vorklassische Terrakottamaske aus dem mexikanischen Tlapacoya das Humbaba-Gesicht mit tiefen Faltenfurchen, einem grimassenhaften Grinsen – und dem Mal auf der Stirn. (Abb. 93)

Das ist eine vollkommene Übereinstimmung mit

dem frühen Humbaba-Typus der Alten Welt. Entsprechungen zu einem späteren Typus mit natürlichen, das heißt reduzierten Falten finden sich in den Masken aus Chiapas (Mexiko) und Kolumbien, wo das Dämonengesicht zwar nicht mehr ganz so grotesk, aber dennoch übertrieben faltig wiedergegeben wird – genau so, wie es einst die Babylonier erdachten. Falten, Maske, Grimasse, Stirnmal, Zeitgleichheit – hier wird die Übereinstimmung zur Identität. (Abb. 95)

Als eine geistreiche Variation des faltigen Dämons mit Stirnmal ist eine altamerikanische Maske aus Mexiko zu werten, deren linke Gesichtshälfte den faltigen Humbaba-Typus und deren rechte Gesichtshälfte einen Totenkopf zeigt. Auf der Stirn befindet sich ein fast rundes Mal, das altamerikanische Schriftzeichen für das Wort »Tod«. Diese Glyphe gibt der zweigeteilten Maske den Sinn eines *Memento mori*. Daraus muß geschlossen werden, daß die groteske Maske mit dem Stirnmal wie in der Alten Welt auch im alten Amerika in die Thematik »Tod/Leben« einbezogen war und dort ebenfalls eine abwehrende Funktion besaß. Nicht nur die ikonographische Übereinstimmung, sondern auch die gleiche Funktion läßt eine Herleitung der altamerikanischen Darstellungen von den Humbaba-Abbildungen zwingend erscheinen. (Abb. 96)

Die Alten haben die mythologischen Erzählungen über ihre unzähligen Götter mit so vielen phantastischen Einzelheiten ausgestattet, daß wir sie in den meisten Fällen auch in ihrem amerikanischen Erscheinungsbild leicht wiedererkennen können. So wird von dem ägyptischen Gott Horus erzählt, er sei von seiner Mutter, der großen Göttin Isis, im Schilf der Sümpfe des Nildelta geboren worden. Entsprechend wird Horus bisweilen als kleines Kind in einer Seerose dargestellt, wenn er nicht, wie meistens, als erwachsener Gott in Falkengestalt erscheint. (Abb. 97)

Horus war einer der bedeutendsten Götter Ägyptens, und jeder ägyptische Pharao sah sich als die Verkörperung dieses Gottes. Horus besiegte gefährliche Tiere, er war der Gott des Lichtlandes, die Horus-Augen galten als Symbole für Sonne und Mond. Also fürwahr eine bedeutende Gottheit, deren Schutz man sich gerne anvertraute. Das galt insbesondere für die Seeleute, denn Horus wurde auch als Gott der Himmelsrichtungen und der Orientierung verehrt.

So kann es nicht überraschen, daß auch die Suche nach Horus auf amerikanischem Boden zum Erfolg führt. In den Vitrinen der großen Museen des amerikanischen Kontinents begegnet man der ausgefallenen, aber doch wohl bisher nicht als Kulturimport aufgefallenen Konfiguration des »Horus in der Schilfblüte«.[156] Der etwa daumengroße Horus sitzt in einer Seerose, deren offene Blüte von einem etwa 15 Zentimeter langen Stengel gehalten wird. Wer Schwierigkeiten mit der botanischen Zuordnung der Pflanze hat, wird erfreut feststellen können, daß sich zahllose andere Darstellungen von Lotosblumen in der altamerikanischen Bildwelt zum Vergleich anbieten und daß ferner ausführliche und verläßliche Abhandlungen über das »mysteriöse Vorkommen der Lotosblume als Schmuckelement der altamerikanischen Kunst« erarbeitet wurden.[157] (Abb. 98)

Der Vergleich mit den altweltlichen Darstellungen des Horus in der Schilfblüte zeigt zunächst einmal, daß die Künstler in beiden Hemisphären ihre Schwierigkeiten damit hatten, ein Kind darzustellen. Dieses Problem scheint allgemein und über Jahrhunderte hinweg unverändert gewesen zu sein. So half man sich in der Alten Welt mit einer Konvention: Dargestellt wird ein Erwachsener, der den Finger in den Mund steckt. Dieser formelhafte Gestus macht den Erwachsenen zum Kind. So sieht man denn das Horusknäblein als ausgewachsenen Mann in der Art eines Fakirs auf den spitzen Blütenblättern der Lotosblüte hocken. Der fromme Horusverehrer schien auf realistische Detailtreue nicht angewiesen zu sein: Er kannte den Horus-Mythos und nahm die genannten Versatzstücke als ausreichenden Verweis auf den großen Gott.

Von der Ikonographie des Horuskindes in der Schilfblüte nun zur Rolle des Horus als Bändiger von wilden Tieren: Eine Stele zeigt ihn als Bezwinger des Krokodils, wobei ihm der Gott Bes dadurch assistiert, daß er über dem Haupt des Horus erscheint.[158] (Abb. 99)

Die Ägypter sahen in den Krokodilen verehrungswürdige Wesen und praktizierten einen regelrechten Krokodilkult, von dem wir durch Herodot[159] genaueres wissen: Den Krokodilen wurden eigene Tempel geweiht, die in den Städten Theben und Krokodilopolis besonders prunkvoll gewesen sein müssen. Zur Zeit Ramses III. gehörte der Krokodiltempel sogar zu den am reichsten ausgestatteten Provinzialheiligtümern Ägyptens. Neben dem Tempel lag ein See für das heilige Krokodil, dessen Pflege und Fütterung von Strabon ausführlich beschrieben wird.[160] Spätestens bei der Schilderung der Prozedur, in der die Reptilien mit Fußringen und Ohrgehängen geschmückt wurden, spürt man heute eine gewisse Beklemmung ob des sonderbaren Enthusiasmus eines so ehrenwerten Berichterstatters wie Strabon.

Das Krokodil wurde aber nicht nur selbst geschmückt, sondern diente seinerseits als Schmuckmotiv und Amulett. Gelegentlich nutzte man die abwehrende Wirkung des heiligen Tieres, indem man sein Abbild zum Beispiel auf die Segel der großen Schiffe malte. Die Verehrung für das Krokodil war wohl nie wirklich zu trennen von der Furcht vor diesem Tier. So gab man den Toten Texte mit in das Totenreich, mit deren Hilfe sie vor Krokodilen geschützt oder aber selbst in Krokodile verwandelt werden sollten.[161]

Es versteht sich, daß bei der Suche nach altamerikanischen Krokodildarstellungen nur solche von Interesse sind, bei denen das Krokodil eindeutig in einem kultisch-magischen Sinnzusammenhang erscheint. Aus Karthago stammt eine nur knapp fünf Zentimeter große Figur des faltigen, häßlichen Gottes Ptah-Pateco, dessen Rücken und Hinterkopf von dem Körper und Rachen eines Krokodils bedeckt ist. Mensch und Tier sind miteinander zu einer Einheit verschmolzen. Eine solche Darstellung hat sich auch in Altamerika gefunden. Eine kleine Tonplastik zeigt ein besonders faltiges und bärtiges Gesicht eines Mannes, an dessen Hinterkopf ein Krokodil erkennbar ist. Und es wundert wohl schon nicht mehr, daß auch die Physiognomie dieses Mannes sehr genau dem Typus des »Fremden« entspricht.

Die Deutung dieser Krokodil-Mensch-Darstellung muß auf das Optische, auf die Typologie beschränkt bleiben; denn nur auf dieser Ebene kann der Vergleich mit den altamerikanischen Darstellungen durchgeführt werden, da kultur- oder kunsthistorische Fakten und literarische Erläuterungen zu mythologischen Darstellungen leider nicht mehr existieren, nachdem die übereifrigen Missionare des 16. Jahrhunderts diese Zeugnisse der altamerikanischen Kulturen dem Feuer überantwortet haben. So gilt es, auf der Ebene des Optischen Parallelen wiederzuerkennen. Und eine solche Parallele ist mit der Verehrung des Krokodils durchaus gefunden. (Abb. 100–102)

Auch der kleine, verwachsene Gott Ptah-Pateco[162] aus Ägypten und Phönizien hat einen zeitgenössischen Doppelgänger in Amerika. Die Amerikanisten datieren sein Abbild in die Periode zwischen 1200 und 400 v. Chr.[163] Das ist zwar eine nicht sehr exakte Angabe, aber genau in diese Zeitspanne fiel im Mittelmeerraum die Verehrung des kurzbeinigen, verwachsenen Gottes. (Abb. 103, 104)

Die Gegner der Diffusionisten argumentieren selbst bei den erstaunlichsten Parallelen ungerührt, daß der menschliche Geist schöpferisch und universal sei. Was dieser schöpferische Geist an einem Punkt der Erde erfinden kann, das könne er auch an einem anderen Punkt der Erde erfinden, da der Mensch überall identische Grundbedürfnisse zu befriedigen suche und die *conditio humana* letztlich keine nationale Prägung habe.

Die kleine Schar der Diffusionisten hält dagegen identische Strukturen in einem Netz von Denkmodellen, Kulturgütern oder Kunstwerken nicht für zufällig: Die Wahrscheinlichkeit spricht dagegen, daß derartig komplexe Strukturen in identischem Sinnzusammenhang unabhängig voneinander erdacht wurden. Auch der Verweis auf das Kollektivgedächtnis kann wohl kaum als Erklärung für die vielfältigen und originellen Übereinstimmungen dienen.

Eine ganze Schule der Ethnologie erklärt Parallelen mit der »Konvergenz«, einem Begriff, der gleiche Lösungen in bestimmten menschlichen Lebenssituationen aus gleichen geistigen Anlagen und Notwendigkeiten herleitet.[164] Aber Konvergenz ist keine Universalerklärung für Übereinstimmungen. Die Kreativität zum Beispiel hat letztlich unbegrenzte Variationsmöglichkeiten und Spielarten. Gleichklang oder Übereinstimmung komplexer Strukturen kreativer Schöpfungen sind nicht auf die auf psychischer Gleichheit der Menschen beruhenden Übereinstimmungen zwischen Urmotiven und Elementargedanken zurückzuführen, wie dies im Bereich der materiellen Kultur aufgrund der Universalität der Naturgesetze der Fall ist. Im Bereich von Religion, Mythos und Kunst ist der Erfindungsspielraum unendlich viel größer, weil keine zwingenden Gesetze ähnliche Lösungen vorzeichnen.

Die Kontakte zwischen den beiden Hemisphären werden aber nicht nur durch die formalen – und inhaltlichen – Übereinstimmungen einzelner Kult- und Kunstobjekte wahrscheinlich, sondern auch dadurch, daß in ganz bestimmten geschichtlichen Phasen die Parallelen so häufig und offensichtlich sind, in anderen geschichtlichen Phasen hingegen nicht. Die Beeinflussung Altamerikas durch die mediterranen Seefahrer des ersten vorchristlichen Jahrtausends und – mehr als tausend Jahre später – durch die Seefahrer des europäischen Nordens ist nur allzu deutlich. Genauso deutlich aber ist die lange Phase der Eigenständigkeit der altamerikanischen Kultur um die Zeitenwende, in der die Spuren der altweltlichen Einwirkung allmählich verblassen. Oder anders ausgedrückt: Die Parallelen aus den Jahrhunderten nach der Zeitenwende sind nur noch Nachklänge, Rudimente der zuvor so deutlichen und vielfältigen Parallelen zwischen Alter und Neuer Welt.

Am Ende der vorchristlichen Zeit drifteten die Kontinente kulturell und im geographischen Bewußtsein der Völker wieder auseinander – und zwar mehr als die jährlichen zwei Zentimeter der Wegenerschen Theorie von der Kontinentaldrift.[165] Die Alte Welt wandte sich anderen Zielen zu. Seefahrer jedenfalls waren danach nicht mehr auf Entdeckungsfahrt, auch nicht die Kaufleute.

A propos Kaufleute: Es fanden sich in Amerika auch Spuren ihres großen Schutzherrn Hermes oder Merkur. Seine Schutzfunktion erstreckte sich nicht nur auf das sichere Geleit der Kaufleute, sondern auch auf deren kommerziellen Gewinn. Diese Doppelbelastung des Gottes hielt man für so schwierig, daß nur ein »listenreicher, wendiger« Gott diese Aufgabe bewältigen konnte. Eigenschaften wie diese aber galten als äußerst positiv, und so ist es nicht verwunderlich, daß sich der Gott Merkur einer ungewöhnlich großen Wertschätzung erfreute.

Die Künstler stellten Merkur meist mit Flügelhelm und Flügelschuhen dar, in denen der Gott den Kaufleuten vorauszueilen pflegte. Gelegentlich aber genügte als Verweis auf Merkur auch die symbolische Hand, die allerdings als Symbol älter ist als der griechische Gott. Dazu sollte vielleicht gesagt werden, daß der Ursprung des Merkur-Kults – wie fast jedes anderen Kults – in der Astronomie zu suchen ist. Die alten Babylonier rechneten, wie schon ausgeführt, mit astronomischen Kennzahlen, die sich aus den synodischen Umlaufbahnen der verschiedenen Planeten ergaben. So besaß der Planet Merkur die Kennzahl 4,5 (siehe Vorwort). Nun galt es, für die Zahl 4,5 eine symbolische Darstellungsform zu finden, und man fand sie in der hochgestreckten Hand mit ihren vier großen Fingern und dem halbfingerlangen Daumen. Oft wird das Handsymbol ergänzt durch ein Attribut, das die Hand von einem alltäglichen zu einem unverwechselbaren Gegenstand macht: Am Handgelenk der hochgestreckten Hand ist häufig ein auffallender, breiter Armreif mit Rosette zu sehen. Als Bildbeispiel sei die Darstellung einer Hand aus der Zeit des Babyloniers Assurnasirpal II. aufgeführt, an der dieser Armreif sehr deutlich zu erkennen ist. (Abb. 105, 106)

Nicht ganz so auffällig, aber immer noch deutlich genug, erscheint ein derartiger Armreif auch an dem Handgelenk einer überdimensional großen Hand, die, weithin sichtbar, in eine Felswand des mexikanischen Chalcatzingo gehauen ist. Datiert wird diese Hand in die letzten vorchristlichen Jahrhunderte. Daß die Indios das Symbol einer hochgestreckten Hand auch unbeeinflußt von einer Inspiration durch Fremde verwendeten, wäre durchaus denkbar. Aber das ganz spezielle, komplexe Bild der »Hand mit Armreif und Rosette« läßt doch an eine Übernahme der altweltlichen Idee denken. (Abb. 107)

Eine aussagekräftige Parallele zwischen Ost und West ist die Sphinx. Dieses Zwitterwesen brachte es in der Alten Welt zu einem größeren Bekanntheitsgrad als so mancher Pharao, für den sie einst geschaffen wurde. Das geflügelte Wesen mit dem Löwenkörper und dem Mädchenkopf soll der Sage nach in Theben jeden Besucher getötet haben, der die geistreiche Frage nach den drei Lebensaltern nicht beantworten konnte.[166]

In der Kunst der Alten Welt war die Sphinx ein sehr beliebtes Motiv, in der Neuen Welt findet man sie dagegen nur selten. Aber schon ein einziger Nachweis ihrer Präsenz auf altamerikanischem Boden ist erwähnenswert: Wir finden ihn in Gestalt einer kleinen Terrakottafigur aus Ecuador, die alle Merkmale des Fabelwesens genau so zeigt, wie sie aus der Alten Welt bekannt sind. (Abb. 108, 109)

Ein anderes weltweit anzutreffendes Mischwesen ist der Gott in Vogelgestalt. Auf einem hethitischen Relief zum Beispiel sieht man den Vogelmenschen mit dem Körper eines Menschen und dem Kopf eines Falken. Ist das eine ungewöhnliche Kombination, oder ist sie eher selbstverständlich, so daß sie in zwei verschiedenen Kulturkreisen unabhängig voneinander erdacht werden konnte? Mag sein, daß die Antwort nicht sofort auf der Hand liegt, aber bei genauerer Betrachtung einiger Details der Darstellungen drängt sich unabweisbar der Eindruck auf, daß es sich bei dem altamerikanischen Vogelmenschen nur um eine Kopie altweltlicher Vorbilder handeln kann.

Es sollen hier zwei Bildbeispiele miteinander verglichen werden, die ungefähr zeitgleich in verschiedenen Hemisphären entstanden: der Vogelmensch aus dem vorderorientalischen Kulturkreis und der Vogelmensch aus der Golfregion Mexikos. Die menschliche Gestalt hat in beiden Fällen zwei Flügelpaare, von denen die Figur seitlich umrahmt wird. Auf dem menschlichen Körper sitzt hier wie dort ein Vogelkopf mit einem kräftig gebogenen Schnabel, wie die Profildarstellung deutlich erkennen läßt. Der Oberkörper wird jeweils in Frontalsicht gezeigt, Unterkörper, Beine und Füße dagegen sind, wie auch der Kopf, in Seitenansicht dargestellt. (Abb. 110, 111)

Aber das sind der Vergleichbarkeiten noch nicht genug: Die Kostüme der seltsamen Vogelmenschen scheinen vom selben Schneider entworfen zu sein. Diese

Ähnlichkeit ist um so erstaunlicher, als beide Darstellungen eine mehr als nur durchschnittliche Kreativität erkennen lassen: Die Vogelmenschen tragen eine Art Rock, der seitlich rund geschnitten ist; hinten reicht er bis zur Wade, an der Seite bis zum Knie, und vorne bedeckt er die Mitte des Körpers gar nicht, beziehungsweise er ist geschürzt. Der halbrunde Rock ist auffällig gesäumt von einem breiten Stepprand, der bis zur Taille geführt ist. Wen eine derartig frappante Internationalität der Göttermode nicht beeindruckt, der will sich nicht beeindrucken lassen, der will die Übereinstimmungen nicht sehen – weil nicht sein kann, was nicht sein darf.

Die Bedeutung von Modedetails kann gar nicht hoch genug eingeschätzt werden. Als Datierungshilfen sind sie oft von unschätzbarem Wert. So ist zum Beispiel der markante Kopfputz einer ägyptischen Gottheit interessant, weil seine Form unverwechselbar und die Identifizierung dieser Gottheit mit Hilfe ihrer markanten Kopfbedeckung ein Leichtes ist. Die Spuren dieser Gottheit konnten, gerade weil sie einen so auffallenden und unverwechselbaren Kopfputz trägt, bis nach Amerika verfolgt werden. (Abb. 112)

Zunächst einmal findet man diese ägyptische Gottheit auf halber Strecke zwischen ihrem orientalischen Ursprungsland und Amerika, nämlich in Cádiz, dem phönizischen Hafen an der Atlantikküste. Es handelt sich um eine kleine Bronzefigur mit Bart, Lendenschurz und eben jenem auffallend hohen Kopfputz, der auch in Amerika anzutreffen ist. Die Entstehungszeit der Figur wird bezeichnenderweise in das siebte bis sechste vorchristliche Jahrhundert datiert.

Um einiges älter und um vieles ägyptischer wirkt

eine Statuette desselben Gottes, die hier abgebildet wird, weil sie deutlich jede Einzelheit des komplizierten Kopfputzes erkennen läßt. Und gerade der ist wichtig für den Vergleich mit einer kleinen mexikanischen Steinfigur, die eine identische Kopfbedeckung trägt. Der Bildvergleich belegt die Übereinstimmung besser als jede noch so gute Beschreibung dieser Hutform es tun könnte. Trotzdem einige Worte zu dieser Form: Die Kopfbedeckung ist auffallend hoch, doppelt so hoch wie der Kopf ihres Trägers, und über der Stirn zunächst nach vorn gewölbt. Am Hinterkopf reicht sie bis tief in den Nacken, und nach oben hin verjüngt sich die Form. Auch die Gestaltung der Oberfläche stimmt bei den Vergleichsstücken überein. Breite Streifen laufen in einem stumpfen Winkel gegeneinander und lassen nur den oberen Teil der Kopfbedeckung frei, deren oberer Abschluß von einem halbrunden Aufsatz gebildet wird. (Abb. 114)

Viele Worte um einen Hut, genauer gesagt, um zwei Hüte. Aber diese vielen Worte sind die Zeilen wert, die sie füllen; denn hier haben wir es mit einem überzeugenden Fall einer Kopie zu tun.

Bei vielen der bisher erwähnten altamerikanischen Kunstobjekte mit auffallender Ähnlichkeit zu altweltlichen Darstellungen dürfte es sich um den Import der Gegenstände selbst, also um einen Warenimport gehandelt haben. Bei anderen, die vor allem thematische und weniger stilistische Ähnlichkeiten zeigen, haben wir es wohl mit Gegenständen zu tun, die in der Neuen Welt nach altweltlichen Vorbildern gefertigt wurden, also um einen »Ideenimport«.

Wie vielleicht nicht eigens betont werden muß, sind die Objekte des »Warenimports« von denen des »Ideenimports« deutlich zu unterscheiden. Dieses Phänomen ließ sich auch bei der Eroberung Amerikas im 16. Jahrhundert beobachten. Als die Konquistadoren mit der Christianisierung der Indios begannen, benötigten sie Anschauungsmaterial, damit den Heiden die neue Lehre vor Augen geführt werden konnte. Da es aber an der ausreichenden Zahl europäischer Handwerker und Künstler fehlte, übertrug man es den Indios, mit Hilfe von verbalen und optischen Anleitungen der Eroberer die ersten christlichen Bilder der Neuen Welt anzufertigen.

Die Ergebnisse dieser ersten künstlerischen Bemühungen der frisch bekehrten Indios sind rührend – und fremd. Die Indios hatten zwar eine neue Lehre angenommen, aber ihre Vorstellungswelt war die alte geblieben. So hatte Maria nichts Entrücktes, das Jesusknäblein nichts Hoheitsvolles, der Engel nichts Himmlisches und Georg mit dem Drachen nichts Kühnes an sich. Auch in dem hier abgebildeten Motiv »St. Martin mit dem Bettler« aus dem 16. Jahrhundert wurde von den Indios nicht das Bild der christlichen Barmherzigkeit, sondern eher ein Reiterbild mit Staffagefigur gemalt. Es entstanden also amerikanische Kunstwerke mit fremder Thematik, nicht aber Kopien altweltlicher Vorlagen.[167] (Abb. 115)

Mit einem solchen Verfremdungseffekt ist wohl zu rechnen, wenn ein Kulturkreis Vorbilder aus einem anderen, ganz und gar andersartigen Kulturkreis übernimmt. Es wäre also falsch, eine vollständige Kongruenz des Kulturguts zweier durch den Atlantik getrennter Völker zu erwarten, auch wenn zwischen beiden Kulturkreisen ein Ideenaustausch stattgefunden hat.

Das einzig wichtige Kriterium der Beurteilung von

Übereinstimmungen, Parallelen oder Vergleichbarkeiten zwischen Kunstwerken und anderen Kulturgütern aus der Alten und der Neuen Welt ist die Logik. Die Frage, ob es logisch ist anzunehmen, daß zwei einander weitgehend entsprechende, unverwechselbare und außergewöhnlich gestaltete Gegenstände zeitgleich und unabhängig voneinander erdacht und hergestellt worden sein können, muß wohl verneint werden.

Zurück zu den Göttern und Heroen: Die einzige Spur altweltlicher Götter, die völlig unverfälscht sogar bis zum heutigen Tage in Amerika weiterbesteht, ist die des großen phönizisch-punischen Gottes Ba'al. Einstmals trugen in Phönizien zahllose Ortschaften, Haine wie auch Menschen den Namen dieses Gottes als Zusatz zu ihrem eigenen Namen, zum Beispiel »Hannibal« und »Baal-bek«. Indem man sich nach Ba'al benannte, stand man unter seinem Schutz; der Gott Ba'al wurde Herr über denjenigen, der seinen Namen trug – wie denn die eigentliche Bedeutung des Namens Ba'al auch »Herr« ist. Das gilt für beide Hemisphären, denn »Baal« heißt auch in der Maya-Sprache »Herr«.[168]

Die Mayas kennen nicht nur das Wort »Baal« in der Bedeutung »Herr«, sie kennen auch den Gott Ba'al. Im Maya-Gebiet von Guatemala hat man einst sogar einen Ort nach ihm benannt: El Ba'úl oder El Ba'al[169]. In diesem Ort findet sich der steinerne Kopf eines Gottes, vor dem die Bewohner der Gegend heute noch Opfergaben niederlegen. Das ist eigentlich nur dann verständlich, wenn dieser »Weiße Gott« dereinst im alten Amerika eine Rolle gespielt hat, die vielleicht einmal ähnlich bedeutend war wie in Phönizien und die trotz der Christianisierung nie vergessen wurde.

Die alten heidnischen Bräuche sind unter den Indios zum Teil noch heute lebendig. Dazu sei eine kleine Episode erzählt, die die Verfasserin persönlich erlebt hat. Sie bekam, als sie zu Beginn der achtziger Jahre in Mexiko lebte, eine wertvolle Tonplastik geschenkt, die den alten indianischen Gott des Todes darstellte. Um das tönerne Skelett so gut es ging aus dem Blickfeld zu schaffen, wurde die Figur in einen Blumenkübel im Garten gesetzt. Es überraschte sie, daß sich alsbald tönerne Miniaturtöpfchen zu Füßen des »Gottes« einfanden, die ganz eindeutig als Opfergaben gedacht und für diesen Verwendungszweck angefertigt worden waren. Regelmäßig wurden neue Opfergaben dazugelegt, doch nie war zu klären, welcher der im Haushalt beschäftigten christlichen Indios dem Totengott diese tönernen Opfergaben darbrachte. Vielleicht waren sogar alle daran beteiligt. Bekennen wollte sich jedenfalls niemand zu diesen Rudimenten heidnischer Vergangenheit, die offensichtlich vierhundert Jahre Christentum überdauert haben.

Um zum Ausgangspunkt zurückzukommen: Der Kult und der Name des großen phönizischen Gottes Ba'al scheinen also bis heute in Mexiko fortzuleben. Steinerner Beweis dafür ist der monumentale Kopf in El Ba'úl, der typologisch in die große Gruppe der Darstellungen des sogenannten »alten weißen Gottes« gehört. Während der phönizische Gott Ba'al an der levantinischen Küste als jugendlicher Gott gedacht und verehrt wurde, stellen ihn die Karthager in der Spätphase des Ba'al-Kults als »alten Gott« dar. Der faltige weiße Gott von El Ba'úl scheint somit seine (chronologische) Entsprechung in dem nordafrikanischen Ba'al-Bild zu haben. (Abb. 116)

Die »weißen alten Götter« Altamerikas werden mit

europiden Gesichtszügen und zahllosen Falten dargestellt. Auf der Stirn tragen sie häufig ein Stirnmal, das schon im Zusammenhang mit den Humbaba-Masken erwähnt wurde und wohl auch bei dem Typus »faltiger alter Gott« als Verweis auf übernatürlichen Schutz zu werten ist. (Abb. 117, 118)

Die «weißen alten Götter« werden von den Amerikanisten mit unterschiedlichen Namen bezeichnet: »Feuergott«, »Sonnengott«, »Itz-amná« oder schlicht »Alter Gott« sind nur einige von ihnen.

Gemein ist all diesen Göttern das Aussehen eines Fremden. Diese Tatsache ist für die Thematik dieses Textes von denkbar größter Bedeutung, denn der »weiße Gott« ist das Kernstück der Mythologie, die bis zur *Conquista* erzählt wurde. Der »weiße Gott« kam »aus dem Osten« zu den Indios und brachte ihnen »das Wissen um die Mathematik, die Astrologie und die Medizin«. Er kam über das große Meer, lebte mit ihnen und verließ sie eines Tages wieder, nachdem er ihnen das Versprechen gegeben hatte, zum Datum »Ce Acatl«[170] zurückzukehren.

Die Tolteken in Tula[171] nannten ihren weißen Gott »Quetzalcoatl«, was soviel heißt wie »Federschlange«. Dieselbe Bedeutung hat der Name des yukatekischen Gottes »Kukulkan«. In Peru kannte man den weißen Gott als »Viracocha«, und in der Gegend von Kolumbien hieß er »Bochica«. Und noch einmal: Alle diese Götter kamen aus der Ferne, waren bärtig, weiß und besaßen ein großes Wissen.

Mehr als einmal ist in der Vergangenheit die Frage nach dem Wahrheitsgehalt dieses Mythos gestellt worden, und fast unisono ist immer wieder die Antwort gegeben worden: Der weiße Gott ist eine Phantasiegestalt der Mythologie. Eine reale Basis des Mythos kann es nicht geben, weil kein Weißer nach Altamerika gelangt sein kann. Aber wie soll man dann die Entstehung der (mythologischen) Erzählungen von der Ankunft des »weißen Gottes aus dem Osten« verstehen? Die Mythologie erzählt vom Handeln der Götter und Helden, wobei diese beiden Begriffe nicht immer klar voneinander zu trennen sind. Wann wird ein Held zum Gott? Und umgekehrt?

Die Astralmythologie basiert auf der Verehrung der Gestirne, die Naturmythologie sieht in den Göttern Personifikationen von Naturerscheinungen, die animistische Mythologie leitet sie von Vorstellungen aus der Erlebniswelt der Menschen her, die Psychologie Freuds sieht in ihnen verdrängte individuelle Wünsche, und C. G. Jung schließlich deutet die Götter als seelische Erfahrungen überindividueller Wahrheiten[172].

Was also ist ein Gott in der antiken Mythologie? Und was ist Mythologie? Kurz zusammengefaßt ließe sich sagen, daß »Mythos« ein kollektiver Begriff für Erzählungen von übernatürlichen Wesen oder von Wesen mit übernatürlichen Fähigkeiten ist. Diese Erzählungen handeln von einer weit zurückliegenden Zeit und von außergewöhnlichen Begebenheiten, beziehungsweise sie transzendieren das irdische Geschehen, ohne daß dabei die Fakten in irgendeiner Form begründet oder an der Realität gemessen werden. »Mythos« heißt im Griechischen »Wort« im Sinne einer letztgültigen und deshalb nicht mehr zu begründenden Aussage. Später dann erhielt der Begriff »Mythos« gewisse Obertöne, die ihn in die Nähe der Fabeln und Märchen rückten.

Wie aber steht es nun mit den Protagonisten der Mythologie, den Göttern und Helden? Götter gab es viele im Pantheon unserer Vorfahren. Jede Stadt, jeder

Stamm, bald jeder Hain, jede Tugend und menschliche Betätigung standen unter dem Schutz irgendeines Gottes. Konflikte ergaben sich daraus nicht. Man übte Toleranz gegenüber den Göttern der anderen und erwartete, daß man seinerseits den eigenen Göttern auf fremdem Terrain huldigen durfte. So praktizierten die Phönizier ihren Kult auch in fremden Ländern, und das phönizische Tyros wiederum wurde zum ersten intellektuellen Zentrum des Christentums und besaß bereits im Jahr 57 n. Chr. eine christliche Kirche.[173]

In unserem Zusammenhang ist es aber vor allem wichtig, daran zu erinnern, daß die Phönizier ihre Götter exportierten und offenbar ohne Konflikte einem fremden Pantheon integrierten.[174] So kann dann die Präsenz einiger phönizischer Götter auch in Altamerika nicht überraschen.

Zur höchsten Auszeichnung, als Gott verehrt zu werden, kamen die übernatürlichen Wesen auf die verschiedensten Arten. Einige große Könige der Sumerer, Hethiter und Ägypter wurden zum Beispiel per Apotheose posthum in den Stand eines Gottes erhoben. Ein anderer Weg war der über das Heroentum. War die Erinnerung an die historische Identität eines Heroen allmählich verblaßt, so konnte es geschehen, daß durch die anhaltende Begeisterung für den Toten dessen Taten glorifiziert und der einstige Held zu einem Gott wurde. Wie aber wurde man zu einem Heroen, aus dem die Nachwelt dann vielleicht einen Gott machte? Die Kriterien, nach denen sich das Heroentum bemaß, lassen sich in sechs Punkte gliedern, denen der Heros entsprechen mußte:

1. mythische Abstammung (von Löwen, Nymphen, Fremden, Göttern oder Wolken);

2. rätselhafte oder ungewöhnliche Herkunft (aus

fremden Ländern, aus dem Haupt eines Gottes, aus Wäldern oder Wellen);

3. ungewöhnliches Aussehen (meist größer, schöner, stärker als die gewöhnlichen Menschen oder mit einem besonderen Zeichen wie einem Mal und ähnlichem);

4. außergewöhnliche Gaben und Taten (klüger als andere, und das möglichst schon in jüngsten Jahren, oder ein Kulturbringer, der dem Volk mit seinem Wissen half);

5. unnatürlicher Tod (jedenfalls nicht im Bett);

6. Wiederkehr nach dem Tod (oder wenigstens doch das Versprechen, eines Tages in einer bestimmten oder unbestimmten Zukunft zurückzukehren zu seinem Volk, das in diese Rückkehr messianische Erwartungen setzt).

Dieses Raster paßt genau auf den »weißen Gott« der Altamerikaner. Er ist von einer undefinierbar-fremden Abstammung, wie sein Bart und seine weiße Haut bekunden; das Land seiner Herkunft liegt in der Fremde, jenseits des großen Meeres; er verfügt über ein großes Wissen auf dem Gebiet der Astronomie und Medizin; er reist vor seinem Tod zurück an den Horizont und verspricht, eines Tages aus der Ferne zurückzukehren, und zwar im Jahr »Ce Acatl«[175].

Hier präsentiert sich eine ungewöhnlich stimmige Überlieferung einer geschichtlichen Begebenheit, nämlich der Ankunft eines bärtigen Weißen in Amerika, das heißt, es ergeben sich keine unerklärlichen Elemente oder gar Widersprüche: Die Abstammung des Seefahrers aus dem Osten ist eindeutig menschlich, die Herkunft ist nicht rätselhaft, sondern geographisch genau zu umschreiben mit den »Ländern, in denen die Weißen wohnen«; die Abreise hat weniger mit Heroentum als vielleicht mit Reiselust oder Heimweh zu tun; und das Versprechen, eines Tages wiederzukommen, sollte nicht messianische Erwartungen auslösen, sondern war eine freundliche Abschiedsformel an die Adresse der zurückbleibenden Indios.

Der »weiße Gott« war also vor seiner Vergöttlichung ein Seefahrer aus der Alten Welt, den die Indios aufgrund seines imponierenden Wissens als Heros verehrten; denn er brachte ihnen ein bis dahin in Altamerika unbekanntes Wissen über Astronomie und Medizin, das in altweltlichen Kulturen zum gehobenen Wissensstand gehörte.[176]

Die Tradition der Erzählungen über den »weißen Gott« überdauerte ungebrochen. Die Berichte auszuschmücken oder gar in ihrer Substanz zu verändern kam den Indios nicht in den Sinn. Zu sehr standen sie unter dem durch die Begegnung mit diesem »Gott« ausgelösten Kulturschock; zu sehr waren sie von den wirklichen Begebenheiten beeindruckt, als daß sie die Ankunft des weisen Weißen aus dem Osten mit phantastischen Elementen oder erfundenen Details ergänzen wollten. So war und blieb die Geschichte von der Ankunft des bärtigen Weißen in Amerika eine in sich stimmige, logische und, wie zu vermuten ist, auch korrekte Schilderung einer historischen Begebenheit.

Die bildlichen Darstellungen des »bärtigen, alten Weißen«, der es bei den Indios bis zum Status eines Gottes brachte, sind ebenso realistisch wie die literarischen Schilderungen und weichen niemals von dem Erscheinungsbild eines »Weißen« ab. Ein »weißer Gott« der präkolumbischen Amerikaner ist meist nicht nur an seiner Physiognomie, das heißt an seinem schmalen Schädel und den schmal geschnittenen Gesichtszügen zu erkennen, sondern häufig auch noch an seinem Bart, der für ein Indiogesicht untypisch ist.

Ein sehr anschauliches Beispiel für die Typologie des »weißen Gottes« ist eine spätklassische Terrakotta-Skulptur aus Veracruz, die auf einer enganliegenden Kappe mit Kinnband das Emblem der »Gefiederten Schlange« (Quetzalcoatl) trägt. Ohne jeden Zweifel muß dieses im übrigen sehr lebensechte Gesicht als europid bezeichnet werden. Die seltsam unamerikanisch anmutende Kappe unterstreicht diesen Eindruck noch zusätzlich. (Abb. 119)

In der Gestaltung sehr verschieden von dem vorgenannten Bildbeispiel sind zwei Terrakotta-Köpfe mit einem Kreuz-Symbol am Hut, das von Amerikanisten im allgemeinen mit dem »weißen Gott« Quetzalcoatl in Verbindung gebracht wird.[177] Die Schädelform ist in beiden Fällen ausgesprochen schmal und die Nase scharf geschnitten und groß. (Abb. 120, 121)

Zur Typologie des »weißen, alten Gottes« gehört gelegentlich auch das sehr faltige Gesicht mit einem zahnlosen oder doch fast zahnlosen Mund. Die beiden verbliebenen Eckzähne werden zu einer Art Wahrzeichen dieses Typs, der beispielsweise an der Pyramide von Copán in Honduras auf die Besucher herabsieht. (Abb. 122)

Eine Variation des Typus »alter Gott« wird meist in einer hockenden Stellung gezeigt. Auch sein faltiges Gesicht ist europid, und auch sein Gesicht hat einen Bart. (Abb. 123)

Schließlich soll auch noch die kleine Jade-Figurine erwähnt werden, die in dem berühmten Grab der Pyramide des Inschriften-Tempels von Palenque gefunden wurde. Dieses kleine Meisterwerk der Maya-Kunst mißt nur acht Zentimeter, zeigt aber dennoch deutlich die ethnischen Merkmale dieses für die Mayas so wichtigen Gottes. Auch er bestätigt unzweideutig: Der Gott, auf den sich die altamerikanische Volksfrömmigkeit fixierte und der eine entsprechend exponierte Stellung im Kreis des altamerikanischen Götterhimmels innehatte, ist ein Weißer und ist einstmals zu den Indios als ein Fremder gekommen. (Abb. 124)

Der Kreis schließt sich. Was zuvor im Kapitel über die Physiognomie der Maya-Herrscher und ihre Untertanen gesagt werden konnte, kann nun auch über Altamerikas Götter und Heroen gesagt werden: Die weißen Nicht-Amerikaner prägten das soziale, kulturelle und religiöse Leben der altamerikanischen Welt. Ihre Ankunft an den Küsten Amerikas wurde zu einem historischen Ereignis *sans égale,* einem Ereignis, nach dem die Uhren des Landes neu gestellt wurden.[178]

Der Moment der Ankunft wird zu einem Motiv, das natürlich auch von den Künstlern des Landes verarbeitet und entsprechend in Szene gesetzt wurde. Ein Steinmonument aus Guatemala legt beredtes Zeugnis ab von der Dramatik dieser historischen Ankunft des Fremden: Ein weißer Seefahrer läßt durch gebieterischen Gestus und allerlei Hoheitssymbole erkennen, daß seine Ankunft bedeutungsträchtig und er selbst zu Höherem ausersehen sei. Sein Schiff ist zwar nur schematisch dargestellt, doch das Wasser als Bedeutungsträger wird mit all seinen Wellen und Fischchen detailreich ins Bild gesetzt. (Abb. 125)

Es muß wohl nicht mehr betont werden, daß auch der Seefahrerheros dieser Ankunftsszene ein Bartträger ist – wie der »weiße Gott« der Präkonquista-Mythen. Der Künstler ergänzt die Bildkomposition – sicherheitshalber – um eine Glyphe, die fast so viel

Raum einnimmt wie das Gesicht des Heros. Diese Glyphe besteht nur aus zwei einfach übereinandergelegten, breiten Bändern, und selbst dem oberflächlichen Beobachter muß aufgrund der einprägsamen Schlichtheit dieser Glyphe auffallen, daß sie oft im Zusammenhang mit Herrscherdarstellungen erscheint. Die Bedeutung dieses Zeichens (Ka'at) wird mit »transverse« (überkreuzen, überqueren) angegeben[179] – wie es scheint ein durchaus passendes Emblem für den Atlantiküberquerer!

Die gleiche Glyphe trägt auch ein Schwimmer am Leib, der trotz eines korrekt ausgeführten Kraulstils noch Gelegenheit findet, ein Hoheitssymbol in der erhobenen Rechten emporzustrecken. Ein anderer Schwimmer trägt einen großen Vollbart und weist sich in Ermangelung anderer Hoheitssymbole wenigstens durch den Bart als ein Fremder aus. (Abb. 127, 128)

Daß es sich bei den Darstellungen von Schwimmern nicht etwa um Genredarstellungen handelt, sondern tatsächlich um Einzelmotive aus dem Ankunftsmythos, geht nicht nur aus dem Kontext, sondern auch aus dem kostbaren Material hervor, auf dem der Schwimmer dargestellt wird: Jade. Der Augenblick der Ankunft ist in der amerikanischen Geschichte Wendepunkt, Ausgangspunkt, erster Höhepunkt und Brennpunkt des Interesses – auch für die präkolumbischen Künstler. Im Licht dieses Interesses wird jedes Detail der legendären Ankunft der fremden Seefahrer bildwürdig – auch die letzten Augenblicke, bevor der fremde Seefahrer sein Schiff verläßt, um an Land zu schwimmen.

5 SCHRIFT UND SPRACHE

Im Zeitalter der Medien ist das Vertrauen in das Geschriebene groß – größer wohl noch als zu Zeiten des gelehrten Dr. Faustus, der sich seinerzeit ironisch über dieses Urvertrauen in das geschriebene Wort ausließ: »... denn was man schwarz auf weiß besitzt, kann man getrost nach Hause tragen«.[180] Und es gilt allenthalben noch heute der alte Grundsatz (des römischen Rechts): *Quod non est in actis non est in mundo.* Was nicht schriftlich vorliegt, existiert nicht für die Welt. Entsprechend drängend, ja provozierend wird die Frage nach *schriftlichen* Zeugnissen der altweltlichen Vorgänger des Kolumbus gestellt. Und diese Frage ist durchaus berechtigt, denn selbst wenn die Phönizier wohl nicht die Erfinder der Buchstabenschrift waren, so konnten sie doch schreiben.[181] Von ihnen auch schriftliche Zeugnisse zu verlangen ist daher nicht ganz unbillig.

Trotz der unbestrittenen Wichtigkeit von Spuren altweltlicher Schrift und Sprache im vorkolumbischen Amerika folgen die Ausführungen zu diesem Punkt des »kulturellen Indizienprozesses« erst in diesem Kapitel; denn Priorität gebührte den kulturgeschichtlichen Zusammenhängen, den historischen Fakten, dem geistigen Umfeld und den technischen Möglichkeiten der antiken Seefahrer. Erst vor dem Hintergrund eines kulturgeschichtlichen Gesamtbildes werden Erörterungen über linguistische Parallelen und Übereinstimmungen zwischen der Alten und der Neuen Welt sinnvoll, interessant und verständlich.

Ein erster Einstieg in die linguistische »Spurensuche« hatte sich bereits im Kapitel »Götter und Heroen« bei dem Namen des phönizischen Gottes Ba'al ergeben. Der Name Ba'al war im phönizischen Raum ursprünglich ein reines Appellativum und bezeichnete lediglich den jeweiligen (göttlichen) »Herrn«, unter dessen magischen Schutz ein Berg, ein Ort oder eine Person gestellt war. Später wurde Ba'al bei den Phöniziern zu einem der wichtigsten »Herren«, das heißt Götter. Wie zuvor schon erwähnt, kennen auch die Maya den Gott »Baal« und das Wort »baal« in der Bedeutung »Herr«.[182]

Zu den bekanntesten Personen und Orten, die unter den Schutz des Baal gestellt wurden, indem ihr Name dem des Baal angegliedert wurde, zählen wohl »Hanni-bal« und »Baal-bek«. Von den weniger bekannten Eigennamen sind einige für die hier durchgeführte Spurensuche von größerer Bedeutung. Hierzu ein kleiner Exkurs in die Geschichte des phönizischen Königshauses:

Zu den Königen von Tyros und Sidon, die sich unter den Schutz des Ba'al gestellt hatten, gehörten unter anderem Abibal, Eli-bal und Eth-bal. Letzterer benannte auch seine Tochter nach diesem Gott. Ihr Name ist Isa-bel (Ische-bel, Ise-bal oder Jese-bel).[183] »Ischa« ist die westsemitische Lautung des Wortes für »Frau«; die Königstochter war somit die »Frau (unter dem Schutz) des Ba'al«. Isabel machte Geschichte, weil sie Achab (Ahab oder Ahav), den mächtigen König von Israel (9. Jh. v. Chr.) heiratete und alsbald in dessen Reich die phönizische Religion propagierte. Ihre Tochter wiederum heiratete den König von Juda und bemühte sich darum, den phönizischen Kult auch in Juda zu verbreiten. Melissa, einer weiteren Frau aus dem Geschlecht derer zu Tyros, gelang auf andere Weise der sichere Weg in die Geschichtsbücher: Sie gründete an der nordafrikanischen Küste die Stadt Karthago, wohin sie vor ihren Verwandten von der Levantinischen Küste fliehen mußte.[184]

Warum dieser Exkurs in die Geschichte (oder Mythologie)? Es sollte gezeigt werden, daß Isa-bel in der phönizischen Geschichte eine bedeutende Rolle spielte und ihr Name für die Phönizier daher einen besonderen Klang hatte, den sie wohl auch in der Ferne nicht aus der Erinnerung verloren. Diese Vermutung bestätigt sich, wenn man dem Namen Isa-bel oder Ischa-bel auch im Maya-Gebiet begegnet. Ja, die Mayas kennen auch eine Ischa-bel. Der Maya-Gott Kinich *Ahau* hatte wie König *Ahav* aus Phönizien eine Ischa-bel in der Familie, nur schrieb die Maya-Prinzessin ihren Namen Ixchabel,[185] wobei zu erwähnen ist, daß ein mexikanisches »x« wie ein »sch« zu sprechen ist. Das Maya-Wort »Ix« (gesprochen: Isch) bezeichnet genau wie im Semitischen (Ischa!) die »Frau« oder das »Weibliche«! In seiner Zusammensetzung mit »bal« erhält der Maya-Name damit exakt dieselbe Bedeutung, wie sie der phönizische Mädchenname Isabel hat. Gerade durch die doppelte Übereinstimmung innerhalb des Kompositums kann dieser sprachliche Vergleich überzeugen.

Eine andere linguistische Parallele ist ebenso offensichtlich wie bisher offenbar unentdeckt: der Begriff *Chivim*. In der Geschichte der Maya wird häufig von den »Chivim« gesprochen, die »aus dem Osten« in das Maya-Gebiet kamen. Irwin schreibt im Zusammenhang mit diesen »Chivim«, man habe sie und ihr Land nicht identifizieren können.[186] Unser Vorschlag wäre, zunächst einmal festzuhalten, daß es sich bei der Nachsilbe »-im« um die klassische westsemitische Pluralbildung handelt. Und der Stamm der »Chivim« ist in der Geschichte der Levante des zweiten vorchristlichen Jahrtausends keineswegs unbekannt. Die »Chivim« oder »Chevither« werden in der Bibel verschiedentlich zusammen mit ihren Nachbarn erwähnt. So heißt es zum Beispiel im Buch »Exodus«: »Und Gott sprach zu Moses: Also sollst Du zu den Kindern Israel sagen ... der Herr, Euer Vater, ist mir erschienen, der Gott Abrahams, der Gott Isaaks und der Gott Jakobs und hat gesagt (...) Ich will Euch aus dem elenden Ägypten führen in das Land der Amoriter, Kanaaniter, Hethiter, Pharesither, *Chevither* und Jebusither, in das Land darin Milch und Honig fließt«.[187]

Die sprachliche Parallele macht auch inhaltlich Sinn: Die Chevither lebten in unmittelbarer Nachbarschaft zu den Phöniziern der levantinischen Küste und man fand vielleicht auch unter den international besetzten Mannschaften der phönizischen Schiffe Chevither. Jedenfalls scheint die Erwähnung der »Chevim« in den Maya-Texten die Vermutung durchaus zu rechtfertigen, daß auch dieses Volk eine Rolle in der präkolumbischen Geschichte Amerikas gespielt hat.

Und noch eine weitere sprachliche Übereinstimmung: Eine der Maya-Sprachen wird »Chol« genannt.[188] Es trifft sich nun, daß dieses Wort »Chol« zugleich das semitische Wort (»Kol«) für »Sprache« oder »Stimme« ist![189] Ein Zufall?

Die Liste der Wortgleichungen für die Sprachen der Semiten und Maya läßt sich fortsetzen. Hunderte von Worten sammelten allein die Sprachwissenschaftler

Arnold Leesberg[190] und Kurt Schildmann.[191] Ihren Sprachvergleich stützten sie für die semitischen Worte auf das Vokabular des Alten Testaments, wie es im Handwörterbuch von Julius Fürst[192] gesammelt ist. Für die Maya-Sprachen zogen sie vor allem Wortsammlungen des 18. und 19. Jahrhunderts heran, die weniger europäische Sprachelemente enthalten als die heute in der Maya-Region gesprochene Sprache.[193] Sie berücksichtigten die Lautverschiebungen sowie die Abwandlungen aufgrund der Sprachentwicklung in den letzten Jahrtausenden.

Für die folgende Tabelle wurden aus einer größeren Anzahl eine Reihe von Wortgleichungen ausgewählt, die eine etymologische Übereinstimmung zwischen dem Semitischen und den Maya-Sprachen nicht nur für Linguisten erkennbar macht. Trotzdem einiges aus dem ABC der Linguistik: Lautübergänge von -a- und -e- zu -o- und -u- sind üblich; dasselbe gilt für -b- und -p-, die beide zu -w- werden können. Auch -h- und -ch- sind lautgesetzlich verwandt. Anlaute und Endbuchstaben unterliegen erhöhtem »Verschleiß«. Semitische Sprachen kennen keine Vokale; einzig die Konsonanten zählen für den Sprachvergleich. Einige Maya-Dialekte kennen kein -r- und ersetzen es zum Beispiel bei Lehnworten durch ein -l-. Die Unterschiede zwischen den einzelnen Maya-Sprachen waren vor 3000–2000 Jahren weniger oder gar nicht existent. Sie werden daher bei der folgenden Gegenüberstellung von Semitisch und Maya nicht berücksichtigt. Gelegentlich ändert sich im Laufe der Zeit nicht nur die Schreibweise, sondern auch die Bedeutung eines Wortes. Ein modernes Beispiel aus dem europäischen Sprachraum: »Küken« und »chicken«.

Semitisch	Semitisch (gesprochen)	Maya (gesprochen)	Deutsch
ים	yam	yom	Meer, Welle/Schaum
עלם	alam	alam	jung, junger Mann/Sohn
כפה כפף	kafa	kop, kopa	biegen
שאג	scha'ag	chaak	brüllen/Donner
מוקש	mokesch	mok	Knoten
פימה	pimah	pim	fett/dick
אפה	apha	op'	kochen/backen
נחל	nachel	nahal	besitzen, gewinnen
חלל	chalal	holol, hol	Loch, durchlöchern
בית	bait	pat	Wohnung, bauen
אשה	ischa	isch	Frau, das Weibliche
אישה-חם	ischa-cham	isch ha'n	Schwiegermutter
חתן	chatan	ahatan	Ehepartner
זקן	saken	sukun	alter Mann/älterer Bruder
מכר	makar	makil (l=r)	Verwandter
בר	bar	bal (l=r)	Sohn
אני	ani	en, in	ich
את, אתה	at, ata	at	Du
קטן	katan	kutin	klein
שפל	schafal	tschapal	klein, niedrig
זבל	zbal	dzapal	Schmutz
שאן	scha'an	schaan	ruhen, langsam machen/dauern
תקע	taka	tak, tekal	schlagen, setzen
צלל	zalel	tsel	neigen, sinken
נכה	nacha	nakal	erschlagen/aufhören
סוג	tsug	tsuk	Gebiet
קוז	kuz	k'isch	Dorn
מלל	malel	malel	schlecht werden, welken
מק	mek	muk	Form, Hülse/zudecken
להט	lahat	lahasch	Flamme
חייל	chail	hail	Menge/Flüssigkeit, Wasser
פתח	patach	pat, potah	öffnen, durchdringen
אשק	aschak	aschik	zusammendrücken
שק	sak	schak	Netz, Korb
המה	hema	ham, am	Spinne
קמל	kamel	kimi	töten/tot
עש	osch	utsch, uch'	Motte/Laus

Schrift und Sprache

Semitisch	Semitisch (gesprochen)	Maya (gesprochen)	Deutsch
מתח	matah	mate	ausdehnen
לקק	lakak	lek'	lecken
כף	kaf	k'ab	Hand
בתול	batulu	bateel	Jüngling/Krieger
צל	zal	zal	häßlich
זבח	tsevach	dzabak	opfern/geben
בקר	bakar	wakax	Rindvieh
קול	kol	kal	Stimme, Sprache/Kehle
עול	ol	al	Last/schwer
שוק	schok	tschek'	Fuß, Unterschenkel/Schritt
אהב	ahab	ahau	Herr, Mächtiger/König
קשר	kashar	k'asch, kascha	Band, binden
יכול	yachol	yohel	tun können/wissen
פוח	puach	puh	blasen
פשח	paschach	p'asch	zerbrechen
פתת	patat	pet	brechen
אם	em	im	Brust/Mutter
קר	kar	kel (l=r)	kalt
ילל	yalel	yahil	sich beklagen
חופף	chofef	kap	zusammendrücken
שאל	schael	tschaol	beraten
חפה	chape	hepak, hep	bedecken
עמק	emek	em; emek	tief, Tal/herabsteigen
נבל	naval	mabal	verachten
צולל	zolel	zul	tauchen, naß werden
כפל	kefel	kapel	doppelt/zwei
מחק	machak	mahal	auslöschen, fehlen/notwendig sein
תקע	taka	takah, tak	festmachen
סוף	sof	sup, schupul	beenden
כסיל	ksil	kasal; k'as	verrückt
תקן	tikan, tachen	tek, tekan	gründen
תאל	tael	talel, tal	gehen/ankommen
ענק	enak, anak	hunak	groß/sehr viel
צחק	tsachek	tschetschak, tschek	lachen
שביב	shavev	tsabah, tsab	anzünden
הנה	hinah, hine	ina	hier

Semitisch	Semitisch (gesprochen)	Maya (gesprochen)	Deutsch
פיתוי	pata, pita	bayta	verführen/streicheln
עלה	alah	elah	aufsteigen
פה	pe, pi	pai	Mund/rufen
המם	hamam	hum, hom	Lärm
פתל	patel, pata	potol	öffnen, durchlöchern/zerbrechen
בקבוק	bakbuk	bakab, pokpuk	Gefäß
יחם	yacham	yaom	schwanger
שלה	schala	schul	abziehen/aufhören
פתאום	pitom	petom, pet	schnell/rund
בול	bul	bul	rund, Ball/spielen, würfeln
אבק	avak	abak	Ruß/Staub
חומה	choma	hom; ah-hom	Mauer, umgeben/Tal, Schlucht
פסח	pesach	paz, pezah	abreißen
עיצה	eitsah	its'at	Rat, weise
יונק	yunak	yune	Säugling/jung, klein
טוב	tov, tob	a-tob	gut/Güte
לקק	lakak	lek	lecken
צר	tsar	tsiri	Feind/böse
גיל	gil	kil	Zeitalter, Zeit
צואה	tso'ah	tsa'a	Kot
קדם	kadim	kitam	alt/früher
מלל	melel	mel	sprechen
ארוך	arok	rok	lang
לקק	lakak	lekab	lecken/Flamme
שכל	sakel	zakol	vorsichtig
שמאל	samal	schama	Norden
נהר	nahara	nohel (l=r)	Süden

Nicht allein die »kumulative Evidenz«, sondern auch die Wortgleichungen innerhalb geschlossener Wortgruppen widerlegen die Vermutung, es könne sich bei der so umfangreichen sprachlichen Vergleichbarkeit beziehungsweise Kongruenz um »Zufall« oder »Konvergenz« handeln.

Um keine Mißverständnisse aufkommen zu lassen: Es soll hier nicht behauptet werden, die Sprache der Mayas sei eine semitische Sprache gewesen. Als die »Fremden« in ihr Land kamen, mögen die Indios ob des überwältigenden Wissens und der langen Bärte der fremden Besucher zwar *sprachlos* gewesen sein. Ohne Sprache aber waren sie nicht. Lediglich einzelne Begriffe wurden von den Altamerikanern aus der Sprache der »Fremden« übernommen, so daß die Übereinstimmungen nur punktuell und partiell existent sind. Ähnliche sprachliche Verflechtung läßt und ließ sich zu allen Zeiten auch in anderen Sprachräumen feststellen.

Nach dieser Vielzahl von linguistischen »Spurenelementen« soll nun die Präsentation von größeren, zusammenhängenden Texten folgen. Altweltliche Texte aus präkolumbischer Zeit haben sich auf dem amerikanischen Kontinent in vergleichsweise großer Zahl gefunden. Vor allem im vorigen Jahrhundert, in dem die moderne Geschichtsschreibung geboren wurde und ein neues Interesse an alten Kulturen entstand, wurden als Ergebnis einer zum Teil gezielten Suche zahlreiche Felsinschriften auf amerikanischem Boden gefunden. Ein Großteil der Schriftfunde konnte zunächst noch nicht entziffert oder sinnvoll übersetzt werden, weil zu jener Zeit die alten Sprachen und Schriftzeichen noch nicht ausreichend erforscht waren. Man machte es sich daher einfach und erklärte die Schriftfunde als »falsch« oder »gefälscht«, gelegentlich auch als »natürliche, nicht von Menschenhand gefertigte Furchen im Stein«.

Eine Inschrift, die seit 1872 viel Aufsehen erregte und zu heftigen wissenschaftlichen Kontroversen führte, ist die sogenannte Paraíba-Inschrift aus Brasilien, die hier als erste aus der großen Reihe von altweltlichen Inschriften auf amerikanischem Boden genannt werden soll, weil auch sie den großen phönizischen Gott Ba'al erwähnt. Sie ist in einem althebräischen, dem Phönizischen verwandten Dialekt abgefaßt und in phönizischen Buchstaben geschrieben. Schrift und Sprache machen eine Datierung der Inschrift in das sechste vorchristliche Jahrhundert möglich.[194]

Drei Spezialisten für vorderorientalische Sprachen und Kryptographie, die Professoren Cyrus Gordon, Alf Mongé und Lienhard Delekat[195], erarbeiteten gemeinsam folgende Übersetzung der »Paraíba-Inschrift«:

»Wir sind Söhne Kanaans aus Sidon, der Stadt, in der ein Händler zum König gemacht wurde. Er schickte uns zu diesem entfernten Land, einem Land der Berge. Wir opferten den himmlischen Göttern und Göttinnen einen Jüngling im 19. Jahr von Hiram, unserem König, Abra. Wir segelten von Ezion Geber durch das Rote Meer und segelten mit zehn Schiffen. Wir waren zusammen auf See für zwei Jahre und segelten um Afrika herum. Dann wurden wir getrennt durch die Hand von Ba'al, und wir waren nicht mehr mit unseren Kameraden zusammen. So kamen wir hier an mit zwölf Männern und drei Frauen zu dieser unbewohnten Insel, weil zehn von uns starben. Abra! Mögen die himmlischen Götter und Göttinnen uns beschützen!«[196]

Ein Vergleich der Angaben in dieser Inschrift mit dem historischen Rahmen, in den die Ankunft der Phönizier in Brasilien zu setzen wäre, bestätigt zunächst einmal die Stimmigkeit des Textes. Die Zuordnung der verschiedenen Angaben zu den geschichtlichen Fakten ergibt keinerlei Widersprüche oder Ungereimtheiten. Die Seefahrer erwähnen ihren König Hiram. Phönizische Könige mit diesem Namen gab es im Laufe der Jahrhunderte zwar im ganzen drei, doch aufgrund des Schriftduktus und der sprachlichen Eigenart des Textes kommt nur Hiram III. in Frage, dessen 19. Regierungsjahr in das Jahr 532 v. Chr. fällt. Zu dieser Erkenntnis kam der amerikanische Sprachwissenschaftler Cyrus Gordon von der Brandeis-University, auf dessen Erkenntnisse im folgenden Bezug genommen wird.

Der erwähnte Hafen Ezion Geber am Golf von Akaba wurde von den Phöniziern zu jener Zeit regelmäßig angelaufen. König Salomon der Weise hatte den Phöniziern die Benutzung dieses Hafens auf seinem Territorium genehmigt, weil er sich von diesem Entgegenkommen politische und handelspolitische Vorteile versprach. Von Ezion Geber aus segelten die Phönizier in Richtung Indien und zu anderen östlichen Ländern.

Seit 540 v. Chr. aber muß dieser Hafen auch für die Amerikaroute seine große Bedeutung gewonnen haben; denn zu dieser Zeit hatte Karthago die Meerenge von Gibraltar für seine Feinde und Konkurrenten gesperrt. Zu den Konkurrenten Karthagos zählten nun auch dessen Mutterstädte Sidon und Tyros, die gerade in jenen Jahren wegen ernster kriegerischer Auseinandersetzungen mit mächtigen Feinden nicht die Kraft hatten, die Tochterstadt in Schach zu halten. Wollten die Sidonier nun ihre gewohnten und für sie lebensnotwendigen Handelsfahrten zu den »Fernen Inseln« unternehmen, so blieb ihnen nur der Weg vom Golf von Akaba um die Südspitze Afrikas. Der Endpunkt einer Atlantiküberquerung auf dieser Route lag natürlich südlicher als bei der Strecke Gibraltar-Mittelamerika. Eine Landung der Schiffe an der weit nach Westen vorgewölbten Küste Brasiliens (zum Beispiel Paraíba, wo die Inschrift gefunden wurde) ist aufgrund der im Südatlantik vorherrschenden Winde und Strömungen fast unausweichlich, zumindest aber nicht unwahrscheinlich.

Auch die Angaben zur Zeitdauer der Seereise sind durchaus stimmig und realistisch. Von den antiken Geschichtsschreibern wissen wir, daß zum Beispiel für die Hin- und Rückfahrt nach Indien drei Jahre veranschlagt wurden.[197] Auch als Pharao Necho an der Wende vom siebten zum sechsten vorchristlichen Jahrhundert den Phöniziern den Auftrag gab, Afrika zu umsegeln, damit sie diese Route auskundschafteten, trafen die erfolgreichen Seefahrer erst nach zwei langen Jahren wieder an ihrem Ausgangspunkt ein.[198]

Und die Bibel schreibt: »Hiram sandte seine Knechte im Schiff, die gute Schiffsleute und auf den Meeren erfahren waren, mit den Knechten Salomons. Und sie kamen gegen Ophir und holten daselbst vierhundertundzwanzig Zentner Goldes und brachten es dem König Salomon.«[199] »Denn das Meeresschiff des Königs, das auf dem Meer mit dem Schiff Hirams fuhr, kam in drei Jahren einmal und brachte Gold …«[200]

Eine Zeitdauer von zwei Jahren für die Passage von Ezion Geber nach Brasilien dürfte daher durchaus der Realität damaliger Zeiten entsprochen haben. Die Erwähnung der Opferung eines jungen Mannes aus der Schiffsbesatzung ist ebenfalls nicht ungewöhnlich, denn Menschenopfer waren damals gang und gäbe. Cyrus Gordon verweist in diesem Zusammenhang darauf, daß auch der alttestamentliche Jonas von seinen Kameraden über Bord geworfen wurde, damit durch dieses Opfer der Sturm besänftigt würde.[201] Jonas überlebte im Bauch eines Wals. So erfuhren wir von seinem Schicksal. Sein Leidensgefährte (und Zeitgenosse) aus Sidon ist ebenfalls nicht vergessen, denn die

»Paraíba-Inschrift« legt Zeugnis ab von seiner Existenz.

Die Parallele zum Schicksal des biblischen Jonas ergibt sich noch in einer anderen Hinsicht, für die hier ausnahmsweise einmal das *Epitheton ornans* »hochinteressant« verwendet werden soll: Die Rede ist vom Kryptogramm. Mit diesem Begriff bezeichnet man die kunstvolle Verschlüsselung eines Textes, einer Nachricht oder eines Berichtes innerhalb eines normalen Klartextes. Kryptogramme und kryptographische Schreibweisen waren einst typisch für die Anrufung der Götter und für Texte mit bedeutungsvollem religiösem Inhalt.

Kryptogramme waren auch die große Leidenschaft der Gebildeten im Vorderen Orient. Bevor im einzelnen darauf eingegangen wird, soll zunächst die verschlüsselte und von Cyrus Gordon entschlüsselte Botschaft der »Paraíba-Inschrift« wiedergegeben werden: »Wir wurden vom Tod errettet – vertraue nur auf Jahwe!«[202]

Damit gibt sich der Schreiber als Jude und Jahwe-Anhänger zu erkennen, der dem Gott Ba'al und allen Göttern und Göttinnen des phönizischen Pantheon in der von ihm verfaßten Inschrift nur ein Lippenbekenntnis brachte.

Auch Jonas war einst unter seinen heidnischen Kameraden der einzige Anhänger Jahwes an Bord eines Schiffes, dessen Mannschaft, wie keineswegs selten, aus verschiedenen ethnischen und religiösen Gruppen zusammengesetzt war. Herodot berichtet im fünften vorchristlichen Jahrhundert von der Flotte der Achämeniden, die sowohl aus Phöniziern als auch aus Juden bestand.[203] Und schon zur Zeit der Erbauung des jüdischen Tempels in Jerusalem im 10. Jahrhundert v. Chr. ist die freundschaftliche oder geschäftsmäßige Zusammenarbeit zwischen Phöniziern und Juden aktenkundig geworden, wie die zuvor genannte Bibelstelle beweist.

Daß der jüdische Schreiber der »Paraíba-Inschrift« es dennoch vorzog, seinen Glauben an Jahwe nicht allzusehr publik werden zu lassen oder ihn, wenn möglich, sogar geheimzuhalten, ist trotzdem vielleicht verständlich. Ganz unerwähnt wollte der jüdische Verfasser der Weihinschrift den eigenen Gott allerdings nicht lassen. So nutzte er seine Kenntnis der kunstgerechten Fertigung von Kryptogrammen, um in einem verschlüsselten Text seinen wahren Glauben zu bekennen.

Das Kryptogramm indes lediglich als einen kunstvoll verschlüsselten Text zu definieren hieße, einem solchen komplexen Gebilde nicht gerecht zu werden. Es waren oft äußerst kompliziert strukturierte Denkrätsel, gefertigt für die und durch die geistige Elite vorchristlicher Jahrtausende. König Salomon und sein phönizischer Nachbar, König Hiram, sollen ihre geistigen Kräfte in einem Wettstreit um die richtigen Lösungen derartiger Rätsel gemessen haben. Der römische Geschichtsschreiber Josephus versucht darüber mit einer gewissen Unparteilichkeit zu berichten und urteilt anschließend, daß »Salomon der Weise nicht immer gewonnen« habe.[204]

In den alttestamentlichen Sprüchen Salomons findet sich die Bewertungsgrundlage, nach der sich die Bildung eines Menschen bemißt: »Er muß die Worte und die Rätsel der Gelehrten verstehen!«[205] Und gleich an mehreren Stellen des Alten Testaments werden ausführlich die verschiedensten Wortspiele mit (frommem) Hintersinn zum Gegenstand der (frommen)

74 Kolossalkopf der Olmeken-Kultur (1200–800 v. Chr.)
    (San Lorenzo/Mexiko)

75 Kolossalkopf der Olmeken-Kultur
    (San Lorenzo/Mexiko)

76 Olmekische Figurine mit mongolider Physiognomie
    (La Venta)

77 Olmekische Kultszene mit Stelen und 16 Männern mit deformierten Köpfen

78 Vorderorientalische Kultszene mit Stelen (13. Jh. v. Chr.)

79 Jademaske mit europiden Gesichtszügen (Palenque/Mexiko)

80 Totenmaske aus Goldblech (Peru)

81 Totenmaske aus Goldblech (Phönizien)

77

78

79

80

81

82 Tonfigur eines Schreibers (Chiapas/Mexiko)

83 Phönizische Münze aus Biblos; 340 v. Chr.

84 Amulett mit Kopf des phönizischen Zwerggottes Bes

85 Sandsteinfigur des bärtigen Zwerggottes Bes (Phönizien)

86 Zwerggott Bes mit Bartmähne und Tierfell auf der Schulter (Phönizien)

87 Zwerg mit üppigem Bart und Tierfell auf der Schulter (Guatemala)

88 Kopf eines Gnomen mit üppigem Bart (Guerrero/Mexiko)

89 Maske des Dämons Humbaba mit vielen Falten und Stirnmal (Ur)

90 Maske des Dämons Humbaba mit Gedärmfalten (Babylon)

91 Maske mit vielen Falten und Stirnmal (Mittelmeerraum)

92 Maske mit vielen Falten, ohne Stirnmal (Mittelmeerraum)

93 Maske mit tiefen Falten und Stirnmal (Tlapacoya/Mexiko)

94 Maske mit vielen Falten (Chiapas/Mexiko)

89 90

91 92

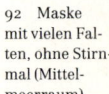

93 94 95

95 Maske mit vielen Falten (Kolumbien)

96 Kopf mit tiefen Falten und Stirnmal (Oaxaca/Mexiko)

96

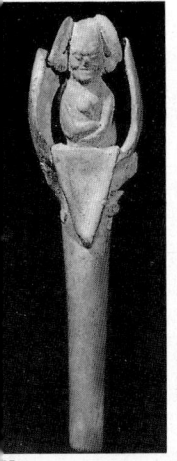

97 Gott in der Blume (Lotus) (Jaina/Mexiko)

98 Horus in der Lotosblume (Nimrud)

99 Stele mit Horus mit Zwerggott Bes und Krokodilen

100 Altweltlicher Gott Ptah-Pateco mit Reptil

101 Altamerikanischer Gott mit Reptil (Veracruz)

102 Gott mit Reptil (Mexiko)

103 Verwachsener Gott Ptah-Pateco (Karthago)

104 Verwachsener (Gott); (Olmeken-Region, Mexiko)

105 Hochgestreckte Hand mit Armreif und Rosette (Assyrien)

106 Hochgestreckte Hand mit Armreif (Karthago)

107 Hochgestreckte Hand mit Armreif (Chalcatzingo/Mexiko)

108 Sphinx (weibliches Wesen mit Flügeln und Löwenkörper) (Zypern)

109 Weibliches Wesen mit Flügeln und Tierkörper (Ecuador)

110 Falkengott (Horus) mit doppeltem Flügelpaar (Vorderer Orient)

111 Vogelmensch mit doppeltem Flügelpaar (Villahermosa/Mexiko)

112 Statuette mit hohem, symmetrisch gegliedertem Kopfputz (Cadiz)

113 Hoher, symmetrisch gegliederter Kopfputz (Vorderer Orient)

114 Hoher, symmetrisch gegliederter Kopfputz (Guerrero/Mexiko)

115 St. Martin und der Bettler; Gemälde des 16. Jh. (Mexiko)

116 Steinkopf (El Ba'ul/Guatemala)

117 Bärtige Gestalt mit Stirnmal (Mesoamerika)

118 Maya-Gott mit Stirnmal

119 Bärtiger »weißer Gott ›Gefiederte Schlange‹« (Veracruz)

Handlung. So stellt Simson der Starke den Philistern die komplizierte »Frage«: »Speise ging aus vom Fresser und Süßigkeit vom Starken«.[206] Den Philistern gelingt es durch eine List, die Lösung herauszufinden, und sie geben nun ihrerseits eine Antwort in verschlüsselter Form: »Was ist süßer als Honig? Was ist stärker als der Löwe?« Auch wenn es unglaublich klingt, so ist es doch wahr: Erst im 20. Jahrhundert gelang es Semitisten, dieses Denkrätsel erneut zu lösen.[207]

Schon im Gilgamesch-Epos findet sich ein ähnliches Spiel mit dem Doppelsinn von Worten. Der Held Utnapishtim teilt den Menschen mit, daß sie eine »Flut von kibati« zu erwarten haben, was große Freude auslöst, denn »kibati« heißt »Weizen«. Die Freude dauerte allerdings nur bis zu dem Tag, an dem eine Flut von Katastrophen über das Volk hereinbrach – denn »kibati« heißt auch Unglück![208]

Als letztes Beispiel für das Bemühen um ein kunstvolles Arrangement von Texten sei Psalm 119 genannt, dessen Strophen so abgefaßt sind, daß die ersten Buchstaben der Strophenfolge in alphabetischer Reihenfolge vorkommen.[209]

In Zeiten, da die Kunst des Schreibens nur von wenigen Auserwählten beherrscht wurde, galt die Schrift als etwas Heiliges. Die Manipulation mit Buchstaben und Sätzen war eine ernsthaft und ehrfürchtig betriebene Wissenschaft, die in speziellen Schulen an junge Eleven vermittelt wurde, wie einige Schreibtäfelchen mit simplen Kryptogrammübungen aus jenen Tagen belegen.[210]

Der Unterrichtsstoff muß sehr umfangreich gewesen sein, denn die Möglichkeiten, einen Klartext mit einer verschlüsselten Nachricht zu unterlegen, waren schon immer zahlreich. Die populärste und wohl auch die am einfachsten zu bewerkstelligende Methode war die sogenannte A-T-B-a-S-Kryptographie. Dabei tauscht man A, den ersten Buchstaben des hebräischen Alphabets, gegen T, den letzten Buchstaben des Alphabets, und B, den zweiten Buchstaben des Alphabets, gegen S (oder Sch), den zweitletzten Buchstaben des Alphabets, und so fort.[211]

Eine andere gebräuchliche Methode der Textverschlüsselung war das acrostisch-telistische Prinzip, bei dem die Anfangs- und Endbuchstaben einer Zeile senkrecht gelesen ein Wort oder einen Satz ergeben. Dieser intensiven Beschäftigung mit Buchstaben lag eine tiefe Ehrfurcht vor der magischen Kraft der Lettern zugrunde. Das nordische Wort »Rune« (enthalten in »raunen«, »heimlich zuflüstern«) läßt die ehemals magisch-geheimnisvolle Bedeutung des Schriftzeichens deutlich werden.

Und in der Kabbala, der jüdischen Geheimlehre, hat die Mystik der Zahlen und Buchstaben auch heute noch ihre Gültigkeit. Die Kabbalisten ordnen jedem Buchstaben eine Zahl zu, mit deren Hilfe sie die in der Heiligen Schrift verborgene göttliche Ordnung errechnen.[212]

Neben dem Esoterischen hatte die Kryptographie oft auch einen recht praktischen Anwendungsbereich. So war zum Beispiel das antike »skytale« eine originelle und effektive Methode der Verschlüsselung von Texten, deren Inhalt nur zwischen zwei Personen ausgetauscht werden sollte. Absender und Empfänger besaßen einen gleichdicken Stab, um den ein langer Streifen Papier mit einer Geheimbotschaft gewickelt wurde. Nach dem Abwickeln, das heißt ohne »skytale«, enthielt der Text auf dem Papierstreifen nur eine ungeordnete Menge von Buchstaben.²¹³

Bei noch schwierigeren Verschlüsselungen lieferten die gelehrten Schreiber den Schlüssel in Form eines »Mnemonic« dazu; doch auch diese Gedächtnisstütze war verschlüsselt und nur einem elitären Kreis von Gebildeten verständlich. Ein wirklich komplexes Netz von Subtilität, Raffinesse und elitärem Denken!

Das Kryptogramm der »Paraíba-Inschrift« wurde von dem gelehrten Schreiber auf folgende Weise konstruiert: Der Text ist in acht Zeilen aufgeteilt, deren Länge sehr unterschiedlich ist, wobei das Zeilenende nicht vom Sinn des Textes bestimmt wird (sondern eben durch den Aufbau des Kryptogramms). Der Anfangsbuchstabe einer jeden Zeile steht – wie im Hebräischen üblich – auch für eine Zahl. Mit Hilfe dieser Zahl zählt man sowohl vom Zeilenanfang (akrostisch) als auch vom Zeilenende (telistisch) zwei Buchstaben (pro Zeile) aus (z.B. Anfangsbuchstabe N der Zeile steht für 14; der 14. Buchstabe vom Zeilenanfang und der 14. Buchstabe, vom Zeilenende aus gezählt, wären M und B.) Diese 3 × 2 Buchstaben kann man – im Fall der »Paraíba-Inschrift« – nun nicht einfach der Reihe nach lesen, da sie wiederum verschlüsselt wurden: Statt der Reihenfolge 1-2-3-4-5-6-7-8 hat der Schreiber sowohl für die 8 akrostisch als auch für die 8 telistisch ermittelten Buchstaben die Reihenfolge 1-2-8-3-7-5-4-6 gewählt. In dieser Reihenfolge gelesen, ergeben die 16 Konsonanten (Vokale schrieb man bekanntlich nicht): »Wir wurden vom Tod errettet – Vertraue nur auf Jahwe!«

Die Ausführlichkeit, mit der hier das Kryptogramm und seine Verwendung behandelt werden, dient nicht dazu, die Ingenuität unserer gelehrten Vorfahren zu preisen. Der folgende Text wird vielmehr deutlich machen, inwiefern das Kryptogramm als Ariadnefaden dienen kann, der aus dem Labyrinth bisheriger Lehrmeinungen über die autochthone präkolumbische Entwicklung Amerikas herausführt zur klaren Erkenntnis von Einflüssen aus der Alten Welt.

Die Kunst des Kryptogramms war jahrhundertelang verschüttet.[214] Auch ein Großteil der grammatikalischen Formen und des Vokabulars der »Paraíba-Inschrift« waren seit deren Entstehung in Vergessenheit geraten und bei der Wiederentdeckung der Inschrift im 19. Jahrhundert von den Fachleuten der Einfachheit halber als »falsches Hebräisch« bezeichnet worden. Das »falsche Hebräisch« galt dann gleichzeitig als weiterer Beweis für die Annahme, daß die gesamte »Paraíba-Inschrift« eine Fälschung sei. Denn als »Fälschung« führte sie über neunzig Jahre ein Schattendasein – bis Cyrus Gordon 1968 den Text in die Hand bekam, ihn erneut analysierte und dabei herausfand, daß dem Klartext ein Kryptogramm eingewoben war. Diese Entdeckung war wahrhaftig eine Sensation, denn sie beweist, daß die »Paraíba-Inschrift« nur zu einer Zeit entstanden sein kann, in der solche Kryptogramme gebräuchlich und bekannt waren.

Auch die Kritik an dem vermeintlich »falschen Hebräisch« läßt sich inzwischen aufgrund neuer Forschungsergebnisse im Feld der altorientalischen Sprachen nicht mehr aufrechterhalten. 1928 gelang beispielsweise die Entzifferung der Ugarit-Sprache, für die Cyrus Gordon 1942 die erste Grammatik herausgab.[215] Heute ist jede einzelne der grammatikalischen Formen und das gesamte Vokabular des »Paraíba-Textes« bekannt, und zwar aus altweltlichen Texten aus eben jenem Jahrhundert – dem 6. Jahrhundert v. Chr. –, dem auch die »Paraíba-Inschrift« entstammt.

Wenn sich ein antiker Text erst viele Jahrzehnte nach seiner Entdeckung entziffern läßt, ist das als ein Hinweis auf seine Authentizität zu werten. Wenn der Klartext zudem noch ein Kryptogramm enthält, dessen Anfertigung zur Zeit der Entdeckung des antiken Textes selbst in Fachkreisen eine vergessene Kunst war, so ist eine Fälschung wohl ausgeschlossen. Wäre die »Paraíba-Inschrift« mit ihren erst jüngst bekanntgewordenen linguistischen Formen tatsächlich im vorigen Jahrhundert gefälscht worden, so hätte der Fälscher das Wissen um die altsemitische Etymologie und Grammatik sowie um die Fertigung eines Kryptogramms heimlich und eigenständig erworben haben müssen, und zwar lange bevor die Fachgelehrten zu den entsprechenden Kenntnissen gelangten. Er hätte den Stein im brasilianischen Paraíba unbeobachtet mit seiner kunstvollen Inschrift versehen, um danach mehr als 90 Jahre zu warten, bis der erste Gelehrte sein Werk entdecken beziehungsweise verstehen würde. Eine derartige Entstehungsgeschichte der »Paraíba-Inschrift« dürfte wohl niemand für wahrscheinlich halten.

Niemand? So einfach gibt die Fachwelt ihre alten, liebgewordenen Positionen nicht auf. Als 1968 ein Symposium der *Society for American Archaeology* zum Thema präkolumbische Atlantiküberquerungen zu Ende ging, konnten sich die Wissenschaftler letztlich nicht dazu durchringen, die Echtheit der »Paraíba-Inschrift« – und damit mögliche Vorgänger des Kolumbus – anzuerkennen, und zwar, weil ihnen die Umstände des Fundes allzuwenig vertrauenswürdig erschienen.

In diesem Punkt war ihre Skepsis allerdings verständlich: 1872 erhielt das Historische Institut von Rio de Janeiro eine Abschrift der »Paraíba-Inschrift« zugeschickt. Absender war ein Senhor Joaquim Alves da Costa, der diesen Text, wie er schrieb, von einem Stein auf seinem Grundstück in Pouso Alto in Paraíba kopiert hatte. So weit, so gut. Nur hat man leider weder den Absender des Briefes noch seinen Wohnort, geschweige denn besagten Stein jemals gefunden! Diese in der Tat merkwürdigen Umstände beflügelten die Fachleute verständlicherweise nicht gerade, ein positives Votum für den Inschrifttext abzugeben. Epigraphiker, Linguisten und Semitisten aus Amerika und Europa gingen mit sich zu Rate, und immer lautete das Urteil: »Fälschung.«[216]

Als Cyrus Gordon und Alf Mongé die »Paraíba-Inschrift« in den sechziger Jahren erneut in das Licht der Öffentlichkeit brachten, indem sie deren Abschrift auf der Basis des neuen linguistischen Forschungsstands noch einmal sehr sorgfältig analysierten, und trotz der seltsamen Fundumstände gar keine andere Möglichkeit sahen, als sie für echt zu erklären, war der Zorn der Öffentlichkeit groß. Ausgerechnet 1968 mußte das passieren? Ausgerechnet 1968 erbrachte Gordon den Nachweis, daß Brasilien schon mindestens zweitausend Jahre früher als bisher angenommen entdeckt worden war. Gordon wurde beschuldigt, die Feierlichkeiten anläßlich des 500. Geburtstages Pedro Alvarez Cabrals[217], des »Entdeckers von Brasilien«, zu stören oder, schlimmer noch, ihrer *raison d'être* zu berauben. Man fürchtete um die Ehre des Helden Cabral.

Eine kleine Randbemerkung zu Cabrals Entdeckungsreise: Cabral hatte seine Entdeckungsfahrt – wie schon geschrieben – keineswegs geplant, sondern landete zufällig an den Küsten Brasiliens. Sein Schiff war vor der Küste Afrikas vom Kurs abgekommen und landete – unvorhergesehen und unbeabsichtigt – nahe dem Platz an der Küste Brasiliens, an dem auch der Verfasser der »Paraíba-Inschrift« an Land gegangen sein müssen. So hat auch Cabral dazu beigetragen, dem damals 2000 Jahre alten Bericht der Sidonier über ihre Landung am Paraíba zusätzliche Glaubwürdigkeit zu geben.

Es ist erstaunlich, daß Skepsis, Zweifel und Ablehnung gegenüber präkolumbischen Inschriftenfunden auf amerikanischem Boden auch dann laut werden, wenn die Umstände vom wissenschaftlichen Standpunkt aus als einwandfrei anzusehen sind. Ein Beispiel hierfür aus einem verwandten Bereich ist die nordamerikanische sogenannte »Bat-Creek-Inschrift«. Sie wurde 1880 *in situ* in einem unbeschädigten Grabungsgebiet in Loudon County, Tennessee, gefunden und von Spezialisten des höchst angesehenen Smithonian Institute, Washington, D.C., ausgegraben.[218]

Es muß vielleicht auch hier noch einmal erwähnt werden, daß altweltliche Spuren natürlich nicht nur in Mesoamerika, dem Ort der ersten Begegnung zwischen Ost und West, gefunden wurden, sondern auch in Südamerika, mit dem Mesoamerika einen regen Kulturaustausch pflegte. Aber auch in Nordamerika lassen sich – wie etwa die »Bat-Creek-Inschrift« zeigt – altweltliche Spuren finden.

Die »Bat-Creek-Inschrift« besteht aus fünf hebräischen Buchstaben, die in einen Stein gehauen sind. Der Schrifttypus ist charakteristisch für das erste nachchristliche Jahrhundert. Die fünf Konsonanten lauten »LYHWD«, was von Spezialisten der altsemitischen Sprache mit »für die Judäer« übersetzt wurde.[219] (Abb. 129)

Die Tatsache, daß dieser Stein *in situ* gefunden wurde und eine sinnvolle Inschrift trägt, deren Schrifttypus in das 1. Jahrhundert n. Chr. zu datieren ist, lassen Zweifel an der Echtheit dieses Inschriftenfundes kaum zu. Und doch wird die Echtheit von einigen angezweifelt. Zweifler und Kritiker bleiben unverdrossen ihrer Überzeugung treu, daß präkolumbische Atlantiküberquerungen nicht stattgefunden haben. Entsprechend halten sie alle Beweise für optische Täuschungen. Es sollte aber jeder wenigstens ausnahmsweise einmal das Experiment wagen, die nachfolgenden Berichte über Inschriftenfunde unvoreingenommen und objektiv zu lesen, denn jeder einzelne dieser Funde straft den Satz Lügen »daß nicht sein kann, was nicht sein darf«. Zu viele Inschriften hat man gefunden, zu logisch ist ihr Inhalt, zu korrekt sind die Fundzusammenhänge und zu überzeugend ist die geographische Lage der Inschriftensteine, als daß man diese Funde alle als Fälschungen abtun könnte.

In Südamerika fanden sich zahlreiche weitere Inschriften auf Felsen, die unter anderem von dem Harvard-Professor Barry Fell untersucht wurden.[220] Auf seine wissenschaftliche Forschungsarbeit wird hier wiederholt Bezug genommen. Ein weiterer Spezialist für altamerikanische Inschriftenfunde ist Erik Reinert, ebenfalls Sprachwissenschaftler der Harvard-Universität. Er bereiste vor einigen Jahren weite Teile von Paraguay, um seine Kenntnisse der alten Indiosprachen zu vervollkommnen.[221] Auf Felswänden fand er Inschriften, die er trotz seiner umfassenden Sprachkenntnisse nicht zu deuten vermochte. Barry Fell, wie sein Kollege Reinert an der Erforschung der jüngsten

Inschriftenfunde in Nordamerika maßgebend beteiligt, erkannte, daß es sich bei der Inschrift aus Paraguay um iberische Schriftzeichen aus der Zeit zwischen 500 und 300 v. Chr. handelte.[222] Um diese Zeit war die Iberische Halbinsel ein internationaler Handelsplatz, auf dem die phönizischen und jüdischen Levantiner, die punischen Karthager, die indogermanischen Kelten und die Iberer[223] zusammenarbeiteten. Die Kaufleute aus den phönizischen Städten und der punischen Tochterstadt Karthago bereisten Spanien, um in Cádiz und Tartessos an der Atlantikküste ihre Ware einzukaufen und umzuschlagen. Sie brachten ihre semitische Sprache mit nach Spanien, wo diese im Laufe der Jahrhunderte von vielen Bewohnern der Iberischen Halbinsel übernommen wurde. Daraus entstand die iberisch-punische Sprache, die meist in »iberischen« Buchstaben, einer Variation der phönizischen Schrift, geschrieben wurde. Die Inschrift in Paraguay ist in eben dieser iberisch-punischen Sprache abgefaßt. Die Schrift aber bestand nicht nur aus iberischen Buchstaben, sondern zum Teil auch aus Ogham, der Schrift der Kelten.[224] (Abb. 130)

Wegen dieser sensationellen Entdeckung muß an dieser Stelle wenigstens kurz auf die Kelten eingegangen werden. Sie waren bekanntlich ein indogermanischer Stamm von großer Dynamik, der in den Jahrhunderten vor der Zeitenwende fast ganz Europa bis zum Vorderen Orient durchzog und ansässig wurde, wo immer die eingesessenen Völker den Zuwanderern keinen energischen Widerstand entgegensetzen konnten. Seit dem sechsten vorchristlichen Jahrhundert siedelten die Kelten auch in Spanien und taten sich dort unter anderem durch ihre Leistungen in der Metallverarbeitung hervor.[225]

Aber auch als Seefahrer haben die Kelten von sich reden gemacht. Caesar berichtet in seinem Werk *De Bello Gallico*[226] ausführlich von den Schwierigkeiten der Römer, die weit überlegenen keltischen Schiffe zu besiegen – und das in einer Zeit, in der die Kelten schon lange nicht mehr auf der Höhe ihrer Macht standen![227]

Die keltische Ogham-Schrift war bis 1712 nur aus Irland bekannt. Dann entdeckte der gelehrte Puritaner Cotton Mather[228] im amerikanischen Staat Massachusetts die ersten Ogham-Inschriften. Er schickte sie an die Royal Society of London, um von den Gelehrten des Mutterlandes Aufschluß über diesen höchst seltsamen amerikanischen Fund zu erhalten. Aber alles, was die Londoner Epigraphiker in dieser Angelegenheit unternahmen, war eine sorgfältige Eintragung in die »Transactions« der Society aus dem Jahr 1712.[229] Erst 1784, siebzig Jahre nach dem Ogham-Fund in Neu-England, gelang es in Irland einem Colonel mit Namen Charles Vallencey, die Schrift zu entziffern. Daraus ist *nolens volens* zu schließen, daß die ersten Ogham-Funde in Amerika keine Fälschungen sein können; denn sinnvolle Texte – und als solche haben sie sich inzwischen erwiesen – hätten logischerweise nur in einer Schrift gefälscht worden sein können, die bereits bekannt gewesen beziehungsweise entziffert worden war.

Als besagte Paraguay-Inschrift gefunden wurde, war die Oghamschrift natürlich seit langem entziffert. Dennoch bot diese Inschrift den Wissenschaftlern eine Überraschung: Sie enthält nämlich keine Vokale, die sonst in der Oghamschrift stets mitgeschrieben wurden! Die Vermutung lag nahe, daß hier eine Beeinflussung durch das Semitische vorlag, in dem die Vokale grundsätzlich nicht geschrieben werden. Diese Deutung drängte sich auch deshalb auf, weil die Paraguay-Inschrift neben den Ogham-Lettern auch iberische Lettern aufweist, so daß eine doppelte Spur zur Iberischen Halbinsel als ihrem Ursprungsland zu führen schien.

Da man bis dahin noch nie einer Oghamschrift ohne Vokale begegnet war, begannen die Sprachforscher der Harvard-Universität, auf spanischem Boden gezielt und systematisch nach einer solchen Oghamschrift zu suchen – und wurden 1975 tatsächlich fündig. Später fanden sich dann auch in Nordamerika verschiedene Ogham-Inschriften, in denen die Vokale fortgelassen waren – also Spuren der durch die Phönizier beeinflußten Kelten von der Iberischen Halbinsel. Damit war eine neue Brücke zwischen der Alten und der Neuen Welt geschlagen, und der Kreis der altweltlichen Seefahrer hatte sich um die keltischen Seefahrer erweitert.[230]

Soviel zum historischen Rahmen der Paraguay-Inschrift. Jetzt zu ihrem Wortlaut: »Diese Inschrift wurde von Seeleuten aus Gadeth [Cádiz] geschrieben, die auf Erkundungsfahrt sind.«[231] Mit Erkundungsfahrt ist hier wohl nicht die Atlantiküberquerung gemeint, denn diese war zwischen 500 und 300 v. Chr. schon eher Routine. Vielmehr bezieht sich der Schreiber vermutlich auf eine Exkursion ins Landesinnere von Paraguay: Die Inschrift wurde etwa 1000 Kilometer von der Atlantikküste entfernt gefunden.

Um hierher zu gelangen, mußten die altweltlichen Besucher durchaus nicht zu Fuß wandern! Die breiten, schiffbaren Flüsse machten es ihnen möglich, notfalls sogar an Bord ihrer Atlantikschiffe ins Landesinnere zu segeln oder zu rudern.[232] Zu Fuß oder per Schiff – eine Pioniertat war es allemal, so weit ins Land vorzudringen. Und es ist nur eine ganz menschliche Reaktion, wenn die Seefahrer ihre große Leistung mit einer Inschrift im Felsen zu verewigen suchten. An verschiedenen Felswänden Südamerikas findet sich aus präkolumbischer Zeit ein einzelnes großes Zeichen, das Jacques de Mahieu, der in seiner – im übrigen sehr umstrittenen – wissenschaftlichen Arbeit fast ausschließlich auf die Atlantiküberquerungen der Wikinger fixiert ist, als »den Dreizack des Neptun, allerdings ohne den Griff« bezeichnet.[233] Tatsächlich entspricht dieses Zeichen formal dem hebräischen Buchstaben »shin« beziehungsweise »sin«, der von Juden auch heute noch symbolisch für das Wort »Gott« geschrieben wird.[234] Es kann sich bei diesem Einzelzeichen somit um eine Anrufung Gottes handeln.

Auch der Kelte Gwynn hatte offenbar das Bedürfnis, seinen Namen der Nachwelt durch eine Felsinschrift zu überliefern, nachdem er dem Lauf des Arkansas-Flusses weit ins Landesinnere gefolgt war. Um seine Heldentat auch möglichst vielen staunenden Nachgeborenen kundzutun, schrieb er seinen Namen »Gwynn« nicht nur in keltischer Oghamschrift, sondern auch in iberisch-punischer Schrift.[235] (Abb. 131)

Der keltische Name Gwynn ist mit »weiß« zu übersetzen, und so benutzte Gwynn auch in der Fremdsprache das punisch-iberische Wort für »weiß«: »paya-a«.[236]

Die Zweisprachigkeit verleiht der kleinen Inschrift für die Erforschung der geschichtlichen Zusammenhänge hohen wissenschaftlichen Wert. Sie macht deutlich: Der Kelte Gwynn hatte im 5. Jahrhundert v. Chr. Kontakt mit der Iberischen Halbinsel; er beherrschte die Sprache der Phönizier beziehungsweise Punier, und er war in der einen oder anderen Weise an deren transatlantischen Handelsfahrten beteiligt. Diese winzige Inschrift illustriert, resümiert und korrigiert ein ganzes Kapitel der Geschichte und der Kulturgeschichte zweier Welten.

Inschriften, in denen zwei verschiedene Schriften und zwei verschiedene Sprachen verwendet werden, sind für die Epigraphiker ein Geschenk des Himmels. Champollion gelang es 1822, mit Hilfe des zweisprachigen Rosette-Steins die ägyptischen Hieroglyphen zu entziffern.[237] Ein schwieriges Stück Arbeit! Noch schwieriger allerdings scheint es für die Epigraphiker zu sein, ihren altamerikanischen Inschriftenfunden – auch wenn diese zweisprachig abgefaßt und *in situ* gefunden wurden – den Gütestempel »echt« zu erkämpfen.

Außer der Felsinschrift des Kelten Gwynn fand sich in Oklahoma noch ein weiterer zweisprachiger Text. Er steht auf einem Grabstein und verbindet wiederum die Ogham-Schrift der Kelten mit dem Iberisch der Punier. Der Text besteht aus den iberischen Buchstaben »h«-»l«-»l« und den Ogham-Buchstaben »h«-»g«. Barry Fell übersetzt diese Buchstabenfolge mit: »Hier ruht Haga« und »Haga«. – »Haga« oder »Aga« ist ein semitisches Wort für »Führer«, »Anführer« und heute noch im Arabischen gebräuchlich.[238]

Wem derartige Inschriften zu simpel und aussageschwach sind, der sollte seine Aufmerksamkeit im folgenden auf die anspruchsvolle, dreisprachige Kalender-Stele von Davenport/Iowa richten, deren Text teils in Iberisch-Punisch, teils auch in Libysch und teils in

Ägyptisch abgefaßt ist.[239] Wichtig für unsere Argumentation ist zunächst einmal, daß weder die libysche[240] noch die iberisch-punische Sprache entziffert waren, als diese Kalender-Stele im Jahr 1874 gefunden wurde. Wie man heute weiß, stehen die drei sprachlich verschiedenen Inschriftenteile in einem logischen Bezug zueinander. Sie müssen folglich gleichzeitig verfaßt worden sein – und zwar zu einer Zeit, als alle drei Sprachen bekannt waren und gesprochen wurden. Die Kalender-Stele galt fast hundert Jahre lang als eine Fälschung. Erst im letzten Jahrzehnt gestanden ihr einige Wissenschaftler den gebührenden Ehrenplatz unter jenen altamerikanischen Funden zu, die von transatlantischen Kontakten vor Kolumbus zeugen.

Auch inhaltlich macht die Kalender-Stele höchst interessante Aussagen: In allen drei Sprachen geht es übereinstimmend um den astronomischen Kalender, und speziell um das Neujahrsfest. Der Text der Inschrift lautet in der Übersetzung durch Barry Fell wie folgt: »An den Pfeiler befestigt den Spiegel in der Weise, daß das Sonnenlicht von ihm auf den ›Stein der Observation‹ reflektiert werde. Der Neujahrstag wird gefeiert, wenn die Sonne das Sternbild des Widders erreicht ... Zu dieser Zeit der Equinoxien haltet das Fest des Neujahrs und die religiösen Riten des Neujahrsfestes.«[241]

Diesen Hinweisen auf das Neujahrsfest entspricht die bildliche Darstellung in der Mitte der drei ringförmig angeordneten Inschriften. Es ist eine Szene des Neujahrsfestes, in der eine Menschenkette im Kreis ein hohes Schilfbündel umtanzt, das von mehreren Ringen zusammengehalten wird.[242] (Abb. 132)

Die Deutung dieser Szene macht trotz ihrer Komplexität und trotz der durch Alter und grobe Ausführung bedingten Undeutlichkeit keine Schwierigkeiten; denn sehr ähnliche Szenen sind aus ägyptischen Kultdarstellungen bekannt. Adolf Erman fand in einem Grab der 18. Dynastie in Theben eine fast identische Szene aus dem Osiris-Kult.[243] Die Kalender-Stele von Davenport vermittelt also nicht nur durch ihre Dreisprachigkeit, sondern auch durch die Darstellung einer spezifisch ägyptischen Kultveranstaltung einen Einblick in die Mobilität der polyglotten Seefahrer, Priester und Kosmologen des Alten Orients – und überdies in die Internationalität der Crews auf der Atlantikroute.

Weitaus verbreiteter als der altweltliche Osiris-Kult war in der Neuen Welt der Kult des großen phönizischen Gottes Ba'al. An verschiedenen Kultplätzen der nordamerikanischen Ostküste findet man seinen Namen, tief eingeschnitten in Steine der Megalithbauten Neu-Englands. Barry Fell hat sich in der Entzifferung dieser Inschriften große Verdienste erworben. Seine Vermutung allerdings, die Megalithbauten müßten wegen ihrer keltischen Ogham-Inschriften auch von Kelten errichtet worden sein, kann nicht überzeugen. Es müssen also nicht die Kelten gewesen sein. Überall basierte der Kult auf einem erstaunlich hohen astronomischen Wissen, das durch die spezifische Art der Ausrichtung dieser Bauten und durch ihren Verwendungszweck unter Beweis gestellt wird.[244] Da aber die Indianer nicht den Anspruch erheben, Bauherren der Megalithbauten zu sein, werden diese gigantischen Bauten immer noch häufig den »Mayflower people« des 17. Jahrhunderts zugeschrieben. Die ungewöhnlich großen astronomischen Kenntnisse, die in die Baupläne der Megalithbauten eingegangen sind, führen heute allerdings immer mehr zu kritischem Überdenken dieser Annahme, denn schließlich haben die ersten europäischen Siedler vor ihrer Übersiedlung nach Amerika nichts von dieser Leidenschaft für gigantische Steinbauten und deren astronomische Bedeutung erkennen lassen.

Sind nicht die Kelten, nicht die Indianer und nicht die europäischen Siedler des 17. Jahrhunderts die Erbauer der Megalithbauten – wer ist es dann? Antworten auf diese Frage – zum Beispiel durch die Radiokarbon-Datierung – sind zwar noch widersprüchlich, aber dennoch genau genug, um zu bestätigen, daß die Schöpfer der Megalithbauten und die geistigen Väter der Kosmologie wie der Astronomiekulte älter sind als alle unsere geschichtlichen Vorfahren.

Parallelen auf den Gebieten der Megalithe und der Astronomie sollten nicht ohne weiteres zur Unterstützung der These dieses Buches herangezogen werden; denn es ist nicht auszuschließen, daß sie auf die Zeit der vorgeschichtlichen Einwanderungen über die Beringstraße zurückgehen. Trotzdem ist man versucht, auffällige Übereinstimmungen mit den Besuchen der altweltlichen Seefahrer in der Neuen Welt zu erklären – vor allem dann, wenn es sich um Details der Astronomie handelt, die zum kleinen Einmaleins der antiken Seefahrt gehörten. Die Rede ist von den Sternbildern des Großen Bären und des Kleinen Bären, die auch bei den Lateinern diesen Namen trugen *(Ursa Maior* und *Ursa Minor)*. Bei den nordamerikanischen Algonkin-Indianern hießen diese Sternbilder *Paukunnawaw,* was zu übersetzen ist mit »Großer Bär«![245] Diese verblüffende Übereinstimmung in der Benennung von Sternbildern, die eigentlich keinerlei Ähnlichkeit mit einem Bären haben, wird hier quasi wertfrei und nicht als Teil unserer Argumentationskette erwähnt.

120 Alter (Gott) mit Kreuzsymbol am Hut (Veracruz)

121 Europider (Gott) mit Kreuzsymbol auf der Stirn (Veracruz)

122 Steinkopf (»alter Gott«) (Copan/Guatemala)

123 Bärtiger »alter Gott« (Mesoamerika)

124 Bärtiger »alter Gott« (Palenque/Mexiko)

125 Seefahrer auf den Wellen; olmekische Stele

126 Schwimmer mit Hoheitssymbolen; olmekische Jade

127 Schwimmer mit Bart auf Steinfries (Oaxaca/Mexiko)

128 Schwimmer auf Steinrelief (Monte Alban/Mexiko)

125

126

127

128

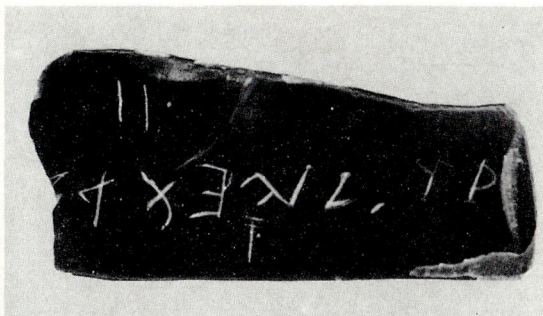

129 »Bat-Creek-Inschrift« in hebräischen Buchstaben (Tennessee/USA)

130 Iberisch-punische Inschrift (Paraguay)

131 Zweisprachige Inschrift (Keltisch und Punisch) (Oklahoma/USA)

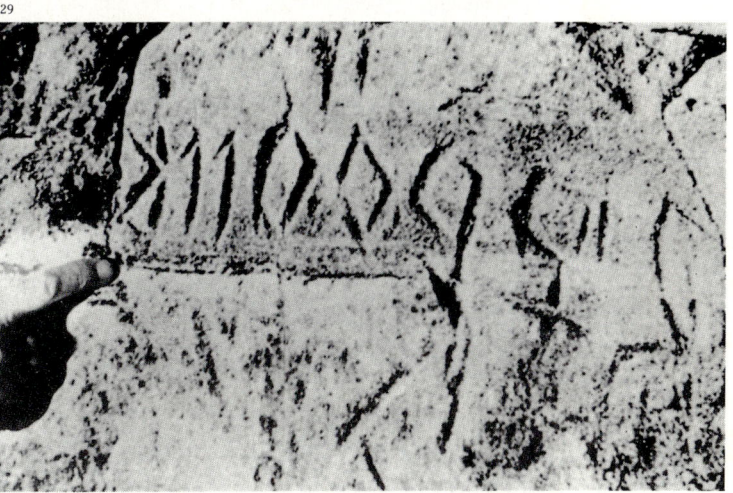

132 Dreisprachige »Davenport-Kalender-Stele« (Davenport/Iowa, USA)

133 Inschrift in keltischer Ogham-Schrift (Vermont/USA)

134 Iberische Felsinschrift (Rhode Island/USA)

132

133

134

Laut	Tunesischer und libyscher Schrifttypus	Schrifttypus der libyschen Siedler in Iowa	Schrifttypus der libyschen Pazifikfahrer (Alt-Maori)
b	⊙, ⊡	⊡	⊡
g	V, ∧	V	⌐
d	⊏	⊨	⊏
w	∥	∥	∥
z	⊓, —	/⊓/	—
ṭ	⊓, ⤳	⌒	⊓
k	⇑		↓, ↡, ⇑
l	=, ∥		=, ∥
m	⊔	∪	∪
n	|	|	|
r	O, D, □, ◁	O	O, □
š	⋏⋏	⋏⋏	
A,	·, ◁	·	·,)
t	×, +	×	×, +

135 Libysche Schriftzeichen aus Nordafrika und Nordamerika

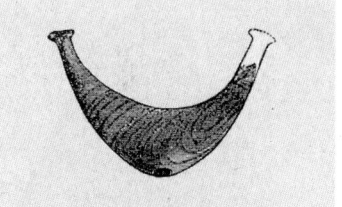

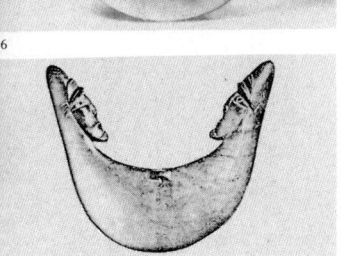

136 Brustschmuck von den Osterinseln

137 Brustschmuck aus Nordamerika

138 Brustschmuck aus Ägypten mit Kopf des Gottes Ra

139 Ägyptische Hieroglyphen und Micmac-Hieroglyphen

Bedeutung	Micmac	Alt-Ägyptisch		Bedeutung	Micmac	Alt-Ägyptisch
Name				Männer		
Berge				Widder, Schaf		
Metall				Mund		
Silber				gehen, Bewegung		
Gold				fließend		
Stein				werden		
Sand, Staub				und, auch		
Meer, See				außerhalb, von		
Fluß				sie, ihnen, ihre		
gleich sein wie, ähneln				ich, mich, mein		
Idole				du, dich, dir		

140 Steintafel mit libyscher Schrift und Elefant (Ecuador)

141 Stele mit dem Bild eines Elefanten (Karthago)

Bedeutung	Micmac	Alt-Ägyptisch	Bedeutung	Micmac	Alt-Ägyptisch
Rohr, Gras			heute, jetzt		
bewahren			Wasser, Regen		
Grußformel			Wohnung, Heiligtum		
Glanz, Ruhm			Erde, Unterwelt		
Felsspalte			Himmel		
nicht			zu Asche verbrennen		
ein Opfer darbringen			Feuer		
zittern, Beben			herumhüpfen, springen		
herbeieilen			Verfehlungen, Sünden		
voll, ganz			Frucht		

142

143

142 Symbol »Hand mit Auge« auf einer altamerikanischen Vase

143 Symbol »Hand mit einbeschriebenem Auge« (Vorderer Orient)

144 Tragbarer Altar (als Amulett) (Mittelmeerregion)

145 »Seefahrer« mit tragbarem Altar (Campeche/Mexiko)

146 Kultbild einer Raubkatze (Chavin/Peru)

147 Kultbild einer Raubkatze (Byblos/Syrien, Phönizien)

Anders steht die Sache mit dem Gott Ba'al. Sein Name läuft wie ein roter Faden durch die präkolumbische Geschichte Altamerikas. Auch wenn die Wände der Megalithbauten, auf denen sein Name eingeritzt steht, noch nicht mit seinem Segen erbaut worden sein müssen, sind sie doch in einer späteren Phase ihrer Existenz zu einem Ort der Ba'al-Verehrung geworden; diese Verehrung scheint schon früh ein fester Bestandteil des altamerikanischen Kults gewesen zu sein.

Mystery Hill in New Hampshire trägt seinen Namen nicht zu Unrecht: Hier fand man vor einigen Jahren auf den Wänden der Megalithbauten verschiedene »mysteriöse« Inschriften. Inzwischen haben sie sich zum Teil als Widmungen an den Gott Ba'al entziffern lassen. James Whittall, anerkannter Experte für die bronzezeitliche Archäologie der Iberischen Halbinsel, fand in einer Steinkammer auf Mystery Hill, die einstmals der Beobachtung der Wintersonnwende diente, das erste Beweisstück für den Ba'al-Kult in Neu-England. Auf einer kleinen dreieckigen Steintafel stehen in iberisch-punischen Buchstaben die Worte: »An den Gott Ba'al der Kanaaniter dieses als Widmung.«[246] Aus dieser Inschrift geht nicht hervor, welche Rolle Ba'al für seine Anhänger spielte. Aber die meisten anderen Inschriften, die seinen Namen erwähnen, sprechen von Ba'al als dem »Sonnengott«.

Auf dem Türsturz eines Megalithtempels in Vermont (Neu-England) wurden die Oghambuchstaben »d«-»g« und »b«-»l« entdeckt, was Barry Fell mit »Dego Bel«, »Tempel des Bal« übersetzt.[247] Interessant ist, daß die beiden phönizischen Buchstaben »b« und »l« (für Ba'al) leicht verformt geschrieben wurden, so daß sie die Umrisse eines Auges suggerieren. Der

Grund für diese Schreibweise ist wohl folgender: Auch wer nicht schreiben und lesen konnte, erkannte durch diese Verformung der Buchstaben, daß es sich bei der Inschrift um das Auge handelte. Und das Auge, soviel wußte jeder, war ein Symbol für den Sonnengott Ba'al und wurde noch von Goethe unter Bezug auf Empedokles als »sonnenhaft« besungen.[248] Unsere Interpretation des Auges bleibt nicht im Bereich der Spekulation: Im Inneren desselben Tempels findet sich die in Stein geschlagene Bestätigung unserer Vermutung, daß nämlich das Auge als Symbol des Ba'al zu verstehen ist. Die Inschrift lautet: »Achtet Bel, er ist das Auge der Sonne!«[249] (Abb. 133)

So scheint der phönizische Schutzgott Baal auf dem neuen Kontinent zu einem Sonnengott avanciert zu sein, was letztlich für uns unerheblich ist, denn wir verfolgen nicht seine Karriere, sondern seine Spur.

Schildmann macht im übrigen darauf aufmerksam, daß der Sonnengott Apollo etymologisch verwandt ist mit Ba'al. Das semitische Wort »ba'al« leitet er her von »a-bal« (»sehr stark«) beziehungsweise von dem indogermanischen Wort »balos« mit demselben Sinn.[250] Apollo wäre damit nicht nur außergriechischen Ursprungs, sondern hätte auch dieselbe göttliche Funktion wie der altamerikanische Sonnengott Ba'al, dessen Auge die Megalithtempel ziert.

Das Auge ist nicht das einzige Symbol des Sonnenkults. Auch das viergeteilte Quadrat und das Rosetten-Rad, seltsam leiterartige Formen und schachbrettartige Felder wurden im Zusammenhang mit dem Sonnenkult verwendet – in der Alten genau wie in der Neuen Welt! Jedes einzelne dieser Zeichen ist zwar nicht wirklich unverwechselbar und daher für sich allein auch nicht beweiskräftig; doch lassen sich alle vier Symbolformen im selben Fundzusammenhang und dazu noch in beiden Kulturkreisen in Verbindung mit dem Sonnenkult nachweisen, dann ergibt sich daraus schließlich doch ein Hinweis auf Kontakte zwischen beiden Welten, die diese Symbole für ihren Sonnenkult erdachten und benutzten.

Allen, die sich einen regen Schiffsverkehr auf dem Atlantik vor dem Jahr 1492 nicht recht vorstellen können, wird eine Inschrift an einem phönizischen Handelsplatz in Nordamerika vielleicht einen Schritt weiterhelfen. Dort fand man eine keltisch-iberische Ogham-Inschrift, die als »Umschlagplatz für die Schiffe der Phönizier« gelesen wurde.[251] Diese Deutung scheint vielleicht etwas kühn und spekulativ, aber in jedem Fall enthält die Inschrift die Buchstabenfolge »f«-»n«-»k«, was als *feniki* (Phönizier) zu lesen ist.[252] Und das allein ist schon wertvoll genug.

Aber ist die Existenz eines Umschlagplatzes für phönizische Waren wirklich so unglaubhaft? Wer bezweifelt, die Alten hätten ihren Seehandel derart gut organisieren können, daß sogar feste Routen und Landeplätze existierten, sollte zur Kenntnis nehmen, daß uns aus vorchristlicher Zeit Dokumente erhalten geblieben sind, die von detailliert ausgearbeiteten Handelsverträgen, Geschäftsvereinbarungen, Terminabsprachen und Preisregelungen berichten. Die Verträge wurden zum Teil auf Metallplatten oder Tontafeln geschrieben und könnten noch heute als Vorlage für wohldurchdachte Handelsverträge dienen. Kein Punkt wurde dem Zufall überlassen, kein Punkt war zu unbedeutend, als daß er nicht in den Vertrag aufgenommen wurde: Die Route des Handelsschiffes wurde im voraus abgesprochen; das Anlaufen ausländischer Häfen wurde dem Unternehmer (sprich dem Schiffseigner) besonders vergütet; Unglücksfälle wie etwa der Verlust der Ware gingen zu Lasten des Unternehmers. Das alles zeigt, daß der frühen Handelsschiffahrt auch der Begriff Risiko kein Fremdwort war. Die Atlantiküberquerung war nur eines von vielen möglichen Risiken, auf die man sich einzulassen hatte, wenn man am Handel verdienen wollte. Und verdienen konnte man an den Waren vom amerikanischen Kontinent sicher nicht schlecht. Tierfelle und -häute, edle Hölzer und edle Metalle waren nur einige der begehrten Handelsgüter, die sich auf den Märkten der Alten Welt gut absetzen ließen.

In der Metallverarbeitung hatten sich vor allem die iberischen Tartassier einen Namen gemacht.[253] Das in der Bibel im Zusammenhang mit der Metallverarbeitung erwähnte Tarschisch ist sicher mit dem spanischen Tartessos identisch, was aus der geographischen Beschreibung und der etymologischen Übereinstimmung zu schließen ist. Es ist daher kaum vorstellbar, daß der internationale Handelsverkehr zwischen der Iberischen Halbinsel und den Ländern jenseits des Atlantik ohne die Tartassier abgewickelt worden wäre.

Die Suche nach ihren Spuren auf dem amerikanischen Kontinent führt denn auch zum Erfolg: Auf Rhode Island in der Nähe von New York findet sich tief in den Felsen geschnitten zunächst einmal der Umriß eines Schiffes; darunter erkennt man – nicht mehr allzu deutlich – eine Reihe von Tartessos-Lettern, die Barry Fell folgendermaßen übersetzt: »Dieser Felsen kündet von den Seefahrern aus Tartessos.«[254] (Abb. 134)

Die Inschrift wurde bereits 1780 entdeckt und dokumentiert. Danach gerieten Inschrift und Felsen in

Vergessenheit, bis William J. Miller sie wiederentdeckte und zum zweitenmal kopierte. Dazwischen waren fast hundert Jahre vergangen – und noch immer war die Inschrift der Tartassier nicht entzifferbar. Das spricht für ihre Authentizität. Denn Inschriften, die man entdeckte und korrekt dokumentierte, lange bevor man sie auch entziffern und inhaltlich verstehen konnte, können, um es noch einmal zu betonen, nicht als Fälschungen abgetan werden.

Als letzte Gruppe der schriftlichen Spuren altweltlicher Seefahrer in Amerika sollen nun noch die libyschen Inschriften erwähnt werden. Die libysche Sprache ist ein nordafrikanischer Mischdialekt, dessen Entzifferung Barry Fell 1973 mit Hilfe einer zweisprachigen Inschriftentafel (Libysch und Ägyptisch) gelang.[255] Die meisten der heute bekannten libyschen Texte aus Altamerika wurden bereits vor 1973 gefunden, so daß auch bei dieser Inschriftengruppe die Versuchung für die Fachleute groß war, die scheinbar unsinnigen Zeichen als Fälschung zu bezeichnen.[256] (Abb. 135)

Erst mit der Entzifferung des Libyschen wurde es möglich, die zweisprachige Tafel sinnvoll zu lesen. Dabei wurde festgestellt, daß der ägyptische Teil der Inschrift mit dem libyschen inhaltlich korrespondiert: »Die Schiffsbesatzung von Oberägypten fertigte diese Stele anläßlich ihrer Expedition«, lautet die ägyptische Seite der Steintafel. Und die libysche Seite berichtet: »Dieses Schiff kommt aus den ägyptischen Landen.« Damit kann die Inschrift einer Periode zugeordnet werden, in der libysche Könige auf dem ägyptischen Thron saßen (945–715 v. Chr.) und libysche Schiffe auf große Fahrt gingen.

Einer von vielen Hinweisen auf die nautischen Fähigkeiten und die ausgedehnten Schiffsreisen der Libyer sei hier am Rande erwähnt: Es ist die weltweite Verbreitung der unverwechselbar gestalteten Pektorale, eines Brustschmucks mit flacher, mondsichelförmiger Mittelpartie und spitz zulaufenden Enden, die einen kleinen figürlichen Schmuck als Abschluß haben (zum Beispiel einen bärtigen Kopf mit konisch-spitzem, hohem Hut). Diese Pektorale finden sich nicht nur in Nordafrika, sondern auch im Polynesischen Raum und auf den entlegenen Osterinseln – und dahin gelangte man von Nordafrika aus wohl auch nicht leichter als nach Amerika! (Abb. 136–138)

Lange bevor Champollion 1822 die ägyptischen Hieroglyphen entzifferte, tauchten in Nordamerika Hieroglyphen auf, deren Ähnlichkeit zu den ägyptischen sich anhand einer Tabelle demonstrieren läßt.[257] Die Hieroglyphen sind den christlichen Texten entnommen, die Abbé Maillard 1738 für seine frisch konvertierten Schäfchen, die Algonkin-Indianer Neu-Englands, in deren sogenannten Micmac-Hieroglyphen notierte. Von diesen Texten ist der kürzeste das »Vaterunser«, und der längste umfaßt sage und schreibe 450 Seiten! (Abb. 139)

Die offizielle Lehrmeinung zur Entstehung dieser umfangreichen Texte der Algonkin-Indianer ist zu keiner Zeit überzeugend gewesen; dennoch ist sie bis heute weitgehend unangefochten. Abbé Maillard, so heißt es, habe die »Micmac-Hieroglyphen« für seine Indianer »erfunden«, weil diese die Ideogramme der Bilderschrift leichter erlernten als die lateinischen Buchstaben. Diese Erklärung mag zwar für manchen einleuchtend erscheinen, ist aber dennoch falsch. Wie wäre dann zu erklären, daß die »Micmac-Hieroglyphen« in unzähligen Fällen vergleichbar und sehr häufig sogar identisch sind mit den ägyptischen Hieroglyphen? Nein, Abbé Maillard kann die ägyptischen »Micmac-Hieroglyphen« weder erdacht noch gekannt oder beherrscht haben – denn zu seinen Lebzeiten beherrschte noch niemand die ägyptischen Hieroglyphen, die erst 1822 entziffert wurden.

Die Micmac-Indianer sind nur einer von vielen Stämmen, die zur großen Familie der Algonkin-Indianer gehören. Ein anderer dieser Stämme nennt sich Wabanaki, was zu übersetzen ist mit »Die Männer aus dem Osten«. Ihre Sprache (nicht ihre Schrift) läßt eine auffallende Verwandtschaft mit dem Keltischen erkennen. Das gilt vor allem für die Namen der Flüsse und Berge in ihrem Gebiet. Die Algonkin benutzten diese Namen als Fremdworte, deren Bedeutung sie nur ungefähr angeben konnten.

Den keltischen Flußnamen »Amoskeag« verstanden die Algonkin als »Der Fluß mit den kleinen Fischen«, wahrscheinlich, weil ihnen diese Übersetzung einstmals von den Kelten genannt worden ist. Anders ließe sich nicht erklären, weshalb die Indianer diesem nichtindianischen Namen dieselbe Bedeutung geben, die er im Keltischen tatsächlich hat. Das Wort »Amoskeag« läßt sich unschwer auf das keltische Wort »Ammo-iasgag« zurückführen, wobei »ammo« für »Fluß« und »iasgag« für »kleine Fische« steht.[258] J. Almus Russell hat 1972 eine große Anzahl von Beispielen zusammengetragen, von denen nur noch zwei weitere zitiert werden sollen: »Piscataqua« (keltisch: »Fluß mit weißen Steinen«) und »Semineal« (keltisch: »Staub des Felsens«).

Jedes der Beispiele belegt eindrucksvoll die keltische Präsenz in dieser nordamerikanischen Region.

Die keltischen Namen der Flüsse und Berge überlebten die Jahrhunderte, weil hier – wie wohl überall – Flüsse und Berge als etwas Heiliges galten. Ehrfurcht und Traditionsbewußtsein machten ihre Namen zu etwas Bedeutungshaftem, das nicht mit jeder neuen Einwanderungswelle umbenannt wurde.

Nicht nur die Wabanaki-Sprache der Algonkin im heutigen Neu-England und Kanada läßt Spuren altweltlicher Sprachen erkennen, auch die Sprache des Zuni-Stammes in Neu-Mexiko enthält altweltliche Elemente. Wie Fell feststellt, ist sie etymologisch eindeutig mit nordafrikanischen Dialekten verwandt, die allerdings seit der Kolonisierung durch christliche Einwanderer nur noch schwer aufzuzeigen sind, da die Zahl der Zuni so stark zurückgegangen ist, daß heute nur noch einige hundert von ihren Nachkommen leben. Auch die Sprache der Zuni ist verkümmert. Zur Zeit zählen die Linguisten nur noch 1200 Worte, die außerdem zu einem sehr großen Teil bereits Lehnworte aus europäischen Sprachen sind. Dennoch: Die etymologische Verwandtschaft zwischen einer Reihe von Zuni-Worten und dem nordafrikanischen Vokabular ist nachweisbar.[259]

Nach diesem Blick auf sprachliche Ähnlichkeiten soll auf eine verblüffende bildliche Darstellung hingewiesen werden – nämlich auf das Bild eines Elefanten! Elefanten gibt und gab es bekanntlich nicht auf dem amerikanischen Kontinent. Jede Art von Erwähnung oder Darstellung dieses Tieres in Amerika muß daher von außen inspiriert worden sein. Oft sind deshalb gerade Abbildungen von Elefanten zum Gegenstand heftigster Kontroversen geworden – und meist stellte sich heraus, daß es sich bei dem Streitobjekt gar nicht um einen Elefanten handelte.

Das ist bei dem hier genannten Fall anders: Auf einer dreieckigen Votivtafel, die in den siebziger Jahren dieses Jahrhunderts im ecuadorianischen Cuenca gefunden wurde, erscheint unter dem Bild eines Elefanten dessen Name in libyscher Schrift, und außerdem folgender Text: »Der Elefant trägt die Erde über den Wassern und läßt sie beben.«[260] (Abb. 140)

Die Buchstaben »a«-»b«-»y« stehen sowohl im Ägyptischen als auch im Libyschen für das Wort »Elefant«. Mit dem drolligen, etwas unbeholfen dargestellten Tier ist also unzweifelhaft ein Elefant gemeint.[261]

Die Schriftzeichen auf der »Elefanten-Tafel« machen eine Datierung in das 3. Jahrhundert v. Chr. möglich. Ungefähr gleichzeitig entstanden auch in Karthago Stelen, die neben einer Inschrift einen Elefanten zeigen. Der Elefant war also auch im Mutterland von bildwürdiger Bedeutung. (Abb. 141)

Elefanten spielten seit etwa 300 v. Chr., der Entstehungszeit der beiden hier genannten Elefantendarstellungen, eine wichtige Rolle in kriegerischen Auseinandersetzungen der Mittelmeeranrainer. Alexander der Große hatte die Tiere bei einem Feldzug in Indien als wirkungsvolle Ergänzung der Streitwagen und Soldaten kennen- und schätzengelernt.[262] Für Karthago, in dessen Hinterland ein schier unerschöpflicher Nachschub an dieser neuen »Waffe« zur Verfügung stand, wurde der Elefant bald sogar wichtiger als der Streitwagen.[263] Der Elefant wurde von den Karthagern nicht nur in Nordafrika eingesetzt, sondern auch auf der Insel Sizilien, in Spanien und, wie alle Schulbücher ausführlich berichten, sogar in den schneebedeckten Alpen – was Hannibals Tiere allerdings nicht gut überstanden haben sollen.

Als Rom dem Kriegsgegner Karthago nach den Punischen Kriegen 146 v. Chr. die Friedensbedingungen diktierte, legte es Wert darauf, auch die gefährliche Waffe Elefant in den Händen der Karthager unschädlich zu machen: Dem Verlierer wurde verboten, diese Tiere zu halten oder zu fangen.[264]

Bei der großen Bedeutung, die die Elefanten damals hatten, ist es nicht verwunderlich, daß sie auch zum Bildmotiv wurden. »Der Elefant ... läßt die Erde erbeben ...« Vielleicht war es nicht nur die Erde, sondern auch die Herzen der Menschen, die dieses Tier erbeben ließ. Jedenfalls hielt man es offenbar für richtig, das Bild des Elefanten auf Votivtafeln und Grabsteinen zu verewigen. Und einige dieser Elefantenbilder gelangten, wie sich zeigte, sogar bis nach Südamerika – samt Inschrift.

Noch einmal zurück zu den linguistischen Vergleichen zwischen altweltlichen und neuweltlichen Sprachen. Zu Beginn dieses Jahrhunderts wurde die Sprache der nordamerikanischen Pima-Indianer im Auftrag des U.S. Bureau of Ethnology von dem Ethnologen Frank Russell erforscht. Der lange Text ihres »Liedes von der Schöpfung«[265] war in jenen Jahren dem weisen Magier des Stammes noch so geläufig, daß er ihn rezitieren und diktieren konnte. Dieser Magier wird von seinen Stammesgenossen als »makai« bezeichnet, ein Wort, das etymologisch mit dem semitischen Wort »magi« (Magier) verwandt ist.

Eine tabellarische Übersicht zeigt zahlreiche weitere Übereinstimmungen zwischen dem Pima-Vokabular und dem Semitischen, von denen hier einige prägnante Beispiele aufgeführt seien:

Himmel/Luft: *howa* (Pima) und *hawa* (Semitisch);

Mond: *mar* (Pima) und *amar* (Semitisch);

Sintflut: *rso* (Pima) und *rusub* (Semitisch);

Barry Fell bezeichnet die Pima-Sprache als eine Art »Pidgin-Punisch« und führt eine gewisse Primitivität der Pima-Sprache darauf zurück, daß die Indianer diese Sprache von Menschen übernahmen, die ihrerseits das semitische Punisch nur als Fremdsprache erlernt hatten.[266] Vielleicht war es eine Art Esperanto, mit dessen Hilfe die internationalen Handelsgeschäfte abgewickelt wurden? Aber selbst ein primitives Punisch aus dem Mund eines Pima-Indianers klingt wie Musik in den Ohren der Spurensucher!

Die Erforschung altamerikanischer Sprachen läßt noch zahlreiche Fragen offen. Viele Beiträge zu diesem komplexen Wissensgebiet bringen oft nur vorläufige Ergebnisse und haben ihre Bedeutung vor allem als konstruktive Denkanstöße für weitere Forschungsarbeit. Eine der vielen unerledigten Forschungsaufgaben ist die Deutung der Lehmziegel von Comalcalco (Mexiko), auf denen Hunderte von Zeichen, Zeichnungen, Markierungen oder Inschriften zu sehen – und noch zu entziffern – sind.

Trotz der großen Zahl offener Fragen gibt es Fortschritte in der Erforschung der altamerikanischen Geschichte. Und so dunkel, daß man die Spuren altweltlicher Besucher in Altamerika nicht sehen könnte, ist es schon lange nicht mehr.

6 KULT UND KOSMOLOGIE

Die Faszination, die Menschen aller Zeiten und aller Kulturen beim Schauspiel des Kosmos empfunden haben und noch empfinden, ist wohl Teil der menschlichen Natur und so alt wie das Lachen und Weinen der Menschen.

Das Studium des Sternenhimmels hatte für unsere Vorfahren eine ähnliche Bedeutung wie für unsere Zeitgenossen das tägliche Studium von Wetterbericht, Terminkalender, Fernsehprogramm, Lottoergebnissen und Tageshoroskop.

Der Rhythmus der Jahreszeiten bestimmte seit jeher das Leben der Menschen. Die zyklisch wiederkehrenden Bewegungen am Firmament waren Orientierungshilfen – zunächst für die Jäger und Sammler auf ihren Wanderungen, später für die seßhaften Bauern im Jahresrhythmus der Landwirtschaft. Die Sterne waren einst das Äquivalent der Taschenuhr, mit der Meister Henlein eines Tages der Himmelsuhr Konkurrenz machte. Für das Interesse am Sternenhimmel bedurfte es wahrlich keines transatlantischen Gelehrtenaustausches, damit die Auseinandersetzung mit dem kosmischen Geschehen Internationalität erlangte. Dennoch ist es im Rahmen des hier durchgeführten kulturgeschichtlichen Vergleichs von Bedeutung, daß die Kenntnisse in der Astronomie und die Perfektion der Kalenderberechnungen in den frühen Hochkulturen des Vorderen Orients und Mesoamerikas auf einem vergleichbaren, auf einem gleichhohen Stand waren.

Wann der Mensch begann, die Berechenbarkeit in der Bewegung der Gestirne zu erkennen, wird wohl nie mit Bestimmtheit gesagt werden können. Sicher ist nur, daß die Erkenntnis von der Berechenbarkeit der Planetenbahnen und der endlos wiederkehrenden Zyklen den Menschen nicht so sehr mit Genugtuung und Stolz als vielmehr mit einem Gefühl der Ohnmacht und der Ehrfurcht vor der kosmischen Ordnung erfüllte. Im selben Maß, wie der menschliche Geist Triumphe feiern konnte in der Berechnung astronomischer Gesetze, mußte er sich seine eigene Bedeutungslosigkeit eingestehen. All seine genialen Berechnungen des Sternenhimmels konnten dem Menschen sein eigenes Schicksal doch nicht berechenbar machen. Er sah sich eingespannt in die kosmischen Zusammenhänge und ihre Gesetzmäßigkeiten, die er weder verstehen noch ändern konnte. Furcht und Ehrfurcht, die Ammen der Religion, standen an der Wiege der Kulturen, als die Kosmologie den religiösen Kult gebar.

Es ist schwer zu unterscheiden, ob die unzweifelhaft vorhandenen ost-westlichen Übereinstimmungen der kosmischen Kulte und Kalenderberechnungen auf einen Kontakt beziehungsweise einen geistigen Austausch zwischen Ost und West zurückgehen oder ob die Übereinstimmungen in der Natur der Sache begründet liegen.

Kosmische Kulte wie das Streben der Menschen zu den Sternen, zu den Göttern sind weltweit verbreitet. Sind deshalb aber die Übereinstimmungen dieser Kulte ohne Aussagekraft oder ohne Bedeutung für unsere Spurensuche? Durchaus nicht, denn es lassen sich spezifische Ausprägungen aufzeigen, die ohne einen

Kontakt zwischen den beiden Hemisphären nicht erklärbar sind.

Bei aller naturbedingten Übereinstimmung der astronomischen Berechnungen zeigt die Umsetzung der Erkenntnisse in das Medium des Bildlichen doch stets eine sehr spezifische Formulierung, differiert je nach Kulturkreis und weist bei den einzelnen Völkern Unterschiede auf. Die Umsetzung muß unterschiedlich sein, denn die Kultbilder sind der Fingerabdruck eines Volkes und eine spezifische Ausprägung seiner Vorstellungs- und Erfahrungswelt. Sind auffällige Übereinstimmungen der Kultbilder festzustellen, so können sie nur auf einen Austausch, nicht aber auf Konvergenz zurückzuführen sein.

Ein Beispiel aus einer späteren Zeit ist das Bild des gekreuzigten Christus. Ein Christusbild aus dem Lateinamerika des 20. Jahrhunderts unterscheidet sich in vielem von einem Christusbild des Mittelalters in Mitteleuropa. Und dennoch ist das christliche Kreuzsymbol in allen Ländern und allen Jahrhunderten gleich. An diesem Kreuz wird ein Kultraum als ein christlicher Kultraum erkannt.

Das gleiche gilt nun auch für den Sonnenkult, der überall an seinen Symbolen erkennbar ist. Eines dieser Sonnensymbole ist die *Rotula*. An diesem Sonnenrad ist ein Kultplatz als ein dem Sonnengott geweihter Ort zu erkennen. Die Rotula wurde in vielen Ländern als kultisches Wahrzeichen verwendet – auch in Altamerika!

Die spektakuläre Beweiskraft der formalen Übereinstimmung läßt sich nicht etwa dadurch relativieren, daß man dem Sonnenrad die »Unverwechselbarkeit« abspräche. Zwar handelt es sich bei diesem Radsymbol nicht gerade um eine außergewöhnliche Form, doch seine Aussagefähigkeit innerhalb unserer Thematik erhöht sich dadurch, daß die Rotula oft zusammen mit anderen Sonnensymbolen auftaucht. Zwar ist jedes dieser Symbole für sich wiederum nicht unverwechselbar, aber in ihrer Summierung und im Verbund mit dem Sonnenkult und seinen Bauten verdienen sie jede Aufmerksamkeit. Zu diesen Sonnensymbolen, die zusammen mit der Rotula in beiden Teilen der Erde gebräuchlich sind, zählen das viergeteilte Quadrat, das gitterförmig aufgeteilte Rechteck und die »Sprossenleiter«.[266a]

Die Einhaltung der kultischen Festtage zu Ehren der Planetengötter war ohne einen astronomischen Kalender nicht denkbar. Versäumnisse in der Ehrenbezeugung für die Götter hätten verheerende Folgen für die Menschheit gehabt – so jedenfalls glaubten es einst die Sonnen- und Mondanbeter sowie die Verehrer der Venus und anderer Planetengötter. Diese auf Furcht beruhende Ehrfurcht vor den himmlischen Göttern führte zu enormen Anstrengungen und Bemühungen um die korrekte Berechnung der Planetenzyklen. Je genauer die mathematische Vorausberechnung für das Auftauchen eines bestimmten Planeten an einem bestimmten Punkt am Firmament, desto besser, frommer und wohlgefälliger der Dienst an der Planetengottheit.

Das Ergebnis dieser frommen Bemühungen war schließlich ein außerordentlich genauer Kalender. Er wurde in Ost und West gleichermaßen zu einem Element der Orientierung, Fixierung und Strukturierung der Gemeinschaft sowie zu einer geistigen Herausforderung an die Gelehrten. Aus der Vergleichbarkeit der Kalenderkonzepte sogleich aber einen Beweis für transatlantische Kontakte herzuleiten wäre nicht ohne weiteres richtig, in jedem Fall nicht zwingend.

Es gibt jedoch Parallelen in Details der kosmologischen Berechnungen, die in geradezu spektakulärem Maße übereinstimmen. Als Beispiel sei hier zunächst die Übereinstimmung in der Zeitrechnung der Juden und der Mayas genannt. Irgendwann in seiner Geschichte entschloß sich jedes Volk einmal, nach einem eigenen Kalender zu rechnen und zu leben. Es bedurfte einer Entscheidung für ein Kalendersystem und einer Entscheidung für ein Anfangsdatum. Als »Stunde Null« wird bei den Christen die Geburt Christi angenommen, bei den Griechen war es die erste Olympiade (776 v. Chr.), bei den Römern die Gründung Roms (753 v. Chr.), bei den Moslems die Wanderung ihres Propheten von Mekka nach Medina (722 n. Chr.) und bei den Juden die »Erschaffung der Erde« im vierten vorchristlichen Jahrtausend (3761 v. Chr.). Auch für die Mayas gilt die Erschaffung der Erde als Beginn der Zeit, und auch für sie fällt das Datum in das vierte vorchristliche Jahrtausend![267] Ein Zufall?

Bei dieser bemerkenswerten Übereinstimmung gewinnt die Frage ganz besondere Bedeutung, wann dieses Kalendersystem zum erstenmal von den Mayas verwendet wurde, beziehungsweise wann die Mayas nach dieser Zeitrechnung zu rechnen begannen. Die mathematischen Untersuchungen der beiden großen Maya-Forscher Spinden und Morley geben hierauf deutliche Antworten: Spinden datiert diesen Anfang aufgrund der besonderen Merkmale (»tell-tale-marks«) der Monats- und Jahres-Hieroglyphen zwischen 580 v. Chr. und 613 v. Chr.[268] Morley kam mit Hilfe der Zyklen im chronologischen Kalendersystem der Mayas auf das Jahr Baktun 7-7.0.0.0.0, was unserem Jahr 353 v. Chr. entspräche.[269] Beide setzen somit für die Einführung der Maya-Zeitrechnung mehr oder weniger übereinstimmend genau die Zeitspanne an, in der auch eine Fülle anderer Indizien ohnehin auf intensive Kontakte zwischen Semiten und Indios hindeutet.

Amerikanisten fragen sich, wie es zu dem plötzlichen Vorhandensein des höchst perfekten und komplexen Kalenders in Mesoamerika kam, von dem keinerlei Vorstufen bekannt sind. Woher kam dieser Kalender? »Er ist in einer Art Geniestreich erdacht worden«, lassen uns die Anti-Diffusionisten wissen. Aber gerade Berechnungen und astronomische Beobachtungen, wie sie dem Maya-Kalender zugrunde liegen, sind ohne jahrhundertelange Vorstufen nicht denkbar. Wie sollen Olmeken und Mayas ohne das zeitraubende Erstellen von astronomischen Tabellen, ohne technische Hilfsmittel und ohne geistige Vorbilder oder Lehrmeister ihr grandioses Meisterwerk der Astronomie erarbeitet haben?

Wäre es nicht möglich, entgegen den Anti-Diffusionisten, daß alle Vorstufen des komplizierten Kalendersystems auf vergänglichem Material, zum Beispiel auf Holz, notiert wurden, das heute nicht mehr erhalten ist? Wäre es nicht möglich, daß erst die »Endfassung« der astronomischen Berechnung auf Tontafeln und Kalenderstelen notiert wurde?[270] Wir können das Gegenteil dieser These von der Vergänglichkeit der frühesten astronomischen Notizen natürlich nicht beweisen. Überzeugender aber wäre in jedem Fall die Annahme, daß die Kalenderrechnung der Altamerikaner ihre Frühphase außerhalb des amerikanischen Kontinents durchlief.

Dennoch besteht kein Zweifel daran, daß ein Großteil der altamerikanischen Kalenderberechnungen einen autochthonen Charakter und eine ganz eigene Prägung aufweist. Vor allem die unterschiedliche Auffassung vom Zeitbegriff ist hierfür ein Beweis: Das Phänomen der personifizierten Tage und anderer Zeiteinheiten im Maya-Kalender ist im Vorderen Orient unbekannt. Die individualisierten Tagesgottheiten zum Beispiel tragen in der Vorstellung der Mayas ihr Bündel Zeit durch die Zeitspanne, die ihnen zugemessen ist, und übergeben es dann an den nachfolgenden Tag.[271] Jeder personifizierte Tag hat eine positive oder eine negative Konnotation, die von den Priester-Astronomen in die Weissagungen einbezogen werden.

Die Priester-Astronomen der Mayas hatten es schwerer als ihre Kollegen in anderen Kulturkreisen, denn für ihre Weissagungen mußten sie nicht nur einen, sondern drei verschiedene Zeitzyklen berücksichtigen. Der erste Zyklus entsprach in etwa unserem Sonnenjahr, war allerdings in 18 mal 20 Tage eingeteilt. Zum Vergleich: Die Babylonier teilten das Jahr in 3 mal 120 Tage. Die restlichen fünf Tage wurden – in beiden Kulturkreisen – als gesonderte Einheit gesehen. Der zweite Zyklus mit 260 Tagen war in 13 mal 20 Tage eingeteilt und galt als Ritualkalender. Der dritte Zyklus schließlich lief in einem Rhythmus von 584 Tagen ab.

Diese Zeitzyklen drehten sich in der Art von verschieden großen Zahnrädern unterschiedlich schnell gegeneinander. Bevor zum Beispiel der erste Tag des Sonnenjahres mit dem ersten Tag des Kultjahres wieder aufeinandertraf, verging eine Zeitspanne von 52 Jahren, die bei den Mayas die Bedeutung einer Kalenderrunde eines »Jahrhunderts« hatte.

Bei aller Verschiedenheit der Konzepte lassen sich in einzelnen Details, vor allem in der symbolisch-grafischen Darstellung des Kosmologiekults, durchaus transatlantische Übereinstimmungen aufzeigen. So zum Beispiel bei dem schon genannten Handsymbol und der Zahl 4,5 als Kennzahl des Planeten Merkur.[272] Die hochgestreckte Hand mit ihren vier langen Fingern und einem halben, nämlich dem kürzeren Daumen, erschien als ein geeignetes Symbol dieser Kennzahl – und damit auch des Planeten und Gottes Merkur. Die Funktion des Merkur als Schutzgott der Händler und Kaufleute ergab sich aus der Schnelligkeit, mit der dieser sonnennächste Planet die Sonne umkreist: Dieselbe Schnelligkeit sollte Merkur auch seinen Schutzbefohlenen auf ihren Handelsfahrten ermöglichen.

Das Handsymbol gilt heute noch in den Ländern des Vorderen Orients und anderen arabischen Ländern als Glücksbringer, inzwischen unter der Bezeichnung »Hand der Fatima«.

Auf das Symbol der hochgestreckten Hand mit Armreif und Rosette wurde bereits im Kapitel über Götter und Heroen hingewiesen. Sein Ursprung liegt in den oben erläuterten kosmologischen Berechnungen zum Sternbild des Merkur, die bereits im alten Babylon durchgeführt wurden. Wie Altamerika zu dem Symbol der hochgestreckten Hand kam, weiß man nicht. Berechnungen, wie sie die Babylonier zur Umlaufzeit des Merkur anstellten, sind aus der Neuen Welt nicht bekannt. Es ist daher wohl berechtigt zu vermuten, daß die Idee und das Motiv der Merkurhand durch die altweltlichen Seefahrer nach Altamerika gelangte, die Merkur als dem Gott der Seefahrer besondere Verehrung entgegenbrachten. Immerhin deuten Dimension und Plazierung des Handsymbols in manchen Fällen, zum Beispiel an der hohen Felswand im mexikanischen Chalcatzingo, auf eine außergewöhnliche und keinesfalls nur dekorative Funktion des Handsymbols hin.

Ein faszinierendes Indiz für präkolumbische Atlantiküberquerungen ist eine erweiterte Fassung des Handsymbols, bei der der Handfläche ein Auge einbeschrieben ist. Dieses Symbol, das man noch heute in arabischen Ländern findet, ist auch aus Altamerika bekannt. Willey kommentiert dieses altamerikanische Symbol lakonisch mit den Worten: »black ware jar with hand-and-eye-decorations; Moundville/Alabama«[273] – als ob es sich bei dieser Dekoration um etwas durchaus Alltägliches handelte! (Abb. 142, 143)

Kurt Schildmann wies darauf hin, daß dieses Doppelsymbol nicht etwa eine unsinnige Klitterung von zwei unterschiedlichen Symbolen ist, sondern daß es sich dabei vielmehr um ein uraltes Jahressymbol handelt. Das Auge symbolisierte die Sonne – das wurde im Zusammenhang mit dem Ba'al-Kult bereits erwähnt.[274] Die Sonne wiederum galt – und gilt heute noch – als ein Synonym für das Jahr, wobei das Jahr – in beiden Hemisphären – 360 Tage hatte. Die restlichen fünf Tage wurden ebenfalls in beiden Hemisphären jeweils als gesonderter Block an das 360-Tage-Jahr angehängt. Sollte nun aber auf das ganze Jahr von 365 Tagen Bezug genommen werden, so zeigten die Babylonier das Symbol »Hand mit Auge« – also ein Jahr plus fünf Tage.

Daß sich dieses Symbol auch in Altamerika nachweisen läßt, ist eine eindrucksvolle und keine zufällige Parallele und sicher kein Zufall. Dafür sind die Elemente, aus denen es besteht, allzu heterogen. Eine offene Hand mit einem eingefügten Auge ist kein Motiv, das einem Künstler so ohne weiteres in den Sinn kommt. Es ist daher als sicher anzunehmen, daß dem altamerikanischen Künstler die sinnhafte Bedeutung aus der astronomischen Tradition seines Volkes bekannt war – oder daß er Vorbilder aus der Alten Welt zu Gesicht bekommen hat.

Ein weiteres kosmologisches Symbol mit transatlantischer Verbreitung ist der sechszackige Stern. Er taucht zunächst in Babylon und später im Wappen des israelitischen Königs David auf und wird heute als Davidsstern bezeichnet.[276] Obgleich es sich bei diesem Stern sicher nicht um eine originelle geometrische Form handelt, ist doch die Anordnung ihrer beiden gleichseitigen, ineinander verwobenen Dreiecke wiederum nicht so alltäglich, als daß diesem Zeichen gar keine Beachtung geschenkt werden sollte, zumal, wenn der Sinnzusammenhang, in dem es erscheint, in Ost und West vergleichbar ist.

Die in diesem Buch gezeigte Darstellung ist eine Stele der klassischen Maya-Zeit aus dem mexikanischen Campeche, die offensichtlich einen leibhaftigen Seefahrer der Alten Welt darstellt. Um einen Seefahrer muß es sich handeln, weil der Kopfputz des Mannes die Form eines Schiffes hat. Die Kopfbedeckung zeigt in Aufsicht die spitz zulaufende Bug- und Heckpartie eines Schiffes, dessen seitliche Steuerruder sowie die beiden Masten. Der Schiffsbug am Bildrand der Stele ist im übrigen eine zusätzliche Bestätigung dieser Deutung. (Abb. 145)

Daß es sich um einen altweltlichen Seefahrer handelt, ist in diesem Fall weniger an der Physiognomie als vielmehr an dem Kultgerät zu erkennen, das der Seefahrer in der Hand hält. Die Form entspricht verblüffend genau dem Typ des tragbaren Votivaltars, wie er im Vorderen Orient weit verbreitet war. Seine langgestreckte Form ist durch geriefelte Querteile am oberen, mittleren und (nicht mehr ganz erhaltenen) unteren Rand gegliedert und hat am oberen Ende einen Tragegriff. Dieses Kultgerät war im Vorderen Orient so wichtig und populär, daß es sogar in Miniaturnachbildungen existierte und von den Gläubigen als Amulett verwendet wurde. Aus dem fünften vorchristlichen Jahrhundert ist zum Beispiel ein solcher vorderorientalischer Votivaltar erhalten, der nur drei Zentimeter mißt und in allen Details dem tragbaren Kultgerät des Seefahrers auf der Maya-Stele gleicht. (Abb. 144)

Das Bild eines tragbaren Votivaltars in der Hand eines levantinischen Seefahrers, der den Göttern vielleicht mit einem Rauchopfer für seine geglückte Atlantiküberquerung danken will, ist ein Mosaiksteinchen, das sich mühelos in das kulturgeschichtliche Gesamtbild einpassen läßt.

Um nun auf den sechszackigen Stern zurückzukommen: Der altweltliche Seefahrer der Campeche-Stele trägt einen Davidsstern! Auf seinem tellergroßen Ohrschmuck erscheint die auffallend große Ausführung des Sechszacks über einer Wasserglyphe, also über Wellen! Das ganze Emblem wird gerahmt von einem Schiffstau, das vor allem bei den Phöniziern ein beliebtes Schmuckmotiv war.[277] Die Hinweise auf die Seefahrt sind also vielfältig. Auch der sechszackige Stern ist hier in diesen Kontext eingebunden: Er wird in der Literatur als Venussymbol oder Neujahrsglyphe bezeichnet. Da der Planet Venus als Morgenstern im Osten aufgeht, wird er in der altamerikanischen Mythologie mit dem »weißen Gott« assoziiert, der ebenfalls aus dem Osten kam.[278]

Es drängt sich die Vermutung auf, bei dem Seefahrer der Campeche-Stele könne es sich um einen bedeutenden, vielleicht als Held oder Gott verehrten Seefahrer aus dem Osten handeln. Denn daß die Stele nicht einen beliebigen Seemann abbildet, bedarf keiner besonderen Betonung. Ein Leichtmatrose jedenfalls wäre kaum bildwürdig gewesen.

Es gibt auch einen konkreten Hinweis auf den exponierten Status des Seefahrers: die bedeutungsvoll plazierte Glyphe zu Füßen der Figur. Dasselbe dreibogige Zeichen erscheint unter anderem auch über dem Haupt eines Gottes auf einer Stele aus Santa Lucia Cotzumalhuapa (Guatemala) und auf einem Tempelfries aus Monte Albán – dort nicht neben einem Seefahrer, sondern neben einem Schwimmer.[279] Es scheint somit keineswegs abwegig, auf der Campeche-Stele die Darstellung der historischen Ankunft eines altweltlichen Seefahrers zu sehen, der es später im Reich der Indios zu hohen Ehren, zum Status eines »weißen Gottes« brachte.

Zurück zur reinen Zahlensymbolik: Zunächst sei da die Zahl 20 genannt, die den Mayas als Grundbaustein jedweder Berechnung diente. Die Mayas rechneten also mit dem Vigesimalsystem, während wir das Dezimalsystem benutzen. Zur Verdeutlichung und zum besseren Verständnis: Einer Sequenz im Dezimalsystem wie zum Beispiel »1-10-100-1000« entspricht bei den Mayas die Folge »1-20-400-8000«. Das mag uns zunächst fremd und typisch altamerikanisch erscheinen, doch war und ist das Vigesimalsystem auch in der Alten Welt bekannt. Sumerer und Phönizier zum Beispiel verwendeten das Vigesimalsystem und auch das heutige Französisch, wenn es die 80 als 4 mal 20 (quatre vingt) benennt.[280]

Die 20 war bei den Mayas außerdem die Basis der Kalendereinteilung im Ritualjahr, das sich in 20 mal 13 unterteilte. Aus der besonderen Bedeutung der 20 ergibt sich auch eine besondere Bedeutung der Zahl 400 (20 mal 20). Geschrieben wurde die 400 mit einem einfachen Punkt und einer Muschel, dem Kennzeichen für den Abschluß der Zwanzigerzählung.

Auch die Hebräer gaben der Zahl 400 eine besondere Bedeutung: Im hebräischen Alphabet bildet die 400 den Schlußpunkt, in der jeder Buchstabe auch einen Zahlenwert hatte. »Aleph« (a), »Bet« (b) und »Gimmel« (g) stehen als erste Buchstaben des Alphabets für die Zahlen 1, 2 und 3; über die Zehner- und Hunderterzahlen erreicht der Zahlenwert des letzten Buchstabens im hebräischen Alphabet den Wert 400. Auch hier stellt also die 400 den Schlußpunkt dar – eine erwähnenswerte, da höchst ausgefallene Parallele zum Zahlensystem der Mayas!

Jede Kultur hat ihre bestimmten Zahlen, die sie als magisch oder bedeutungsvoll, als gute oder schlechte Zeichen ansieht. Und diese Zahlen sind – überraschend oder nicht – überall die gleichen! Beginnen sollte man mit der 13, der heute noch allenthalben eine besondere Aufmerksamkeit gewidmet wird. Einige Hotels leugnen sogar, daß ihr Haus eine 13. Etage hat, und einem Hotelzimmer die Nummer 13 zu geben hieße, es fast immer leerstehen zu haben. Diese besondere Bedeutung der Zahl 13 geht mit Sicherheit auf alte astrale Berechnungen zurück, in denen die Zahl 12 die traditionelle Einheit und die 13 entsprechend als außerhalb dieser Einheit gesehen wurde.[281]

Im Unterschied zu unserer heutigen Vorstellung von der 13 als einer Unglückszahl schätzen einige wenige Kulturen diese Zahl gerade umgekehrt als Glücksbringer. Und wen wundert es noch: Bei diesen (wenigen) Völkern handelt es sich unter anderem um die Semiten und die Mayas. Dreizehn mal zwanzig Tage hatte das Kultjahr, und die Dreizehn war Basis der astrologischen Berechnungen zum Beispiel der kultischen Wahrsager. Ferner stellten sich die Maya den Himmel in dreizehn verschiedenen Ebenen vor. Dies sind nur einige Beispiele für die positive Sonderstellung der Zahl 13.

Aus dem Alten Testament las man dreizehn Eigenschaften Gottes heraus; und dreizehn himmlische Quellen, dreizehn Tore der Gnade sowie dreizehn Ströme von Balsam erwarten den Frommen im Paradies.[282]

Bleiben wir noch bei dem Vergleich der frühen Texte: Von der Schöpfung der Erde wird in den altamerikanischen Mythen berichtet, sie sei bereits dreimal – oder vier-, oder fünfmal – erfolgt. Nach jeder Schöpfung, so heißt es, sei die Erde durch eine Sintflut zerstört worden.[283]

In der ehrwürdigen Chronik *Popol Vuh* wird erzählt, daß am Anfang nur das Wasser existiert habe; dann seien Pflanzen und Tiere erschaffen und schließlich aus Lehm der Mensch kreiert worden. Das kommt uns bekannt vor! Aber die Freude über diese Parallelen in existentiellen Fragen des menschlichen Ursprungs ist kurz, denn schon gleich danach wird im *Popol Vuh* ergänzt, die Lehm-Version habe den altamerikanischen Göttern nicht zugesagt, so daß ein neuer Versuch mit dem Grundstoff Holz unternommen werden mußte.[284] Warum die Götter danach ihre Versuche abbrachen, ist nicht überliefert.

Die mythologischen Berichte aus beiden Welten bieten noch verschiedene andere, erstaunliche Parallelen. So beginnt auch in Altamerika die Schöpfungsgeschichte mit dem Hinweis, daß es am Anfang nur Wasser auf der Erde gegeben habe. Und auch in Altamerika wird die Geschichte von der Sprachverwirrung erzählt, die sich, wie in der Bibel, anläßlich eines ehrgeizigen Bauprojekts unserer Vorväter ereignet haben soll: Sie wollten einen Turm bauen, der den Himmel erreichte. Der katholische Bischof Nuñez de la Vega[285] notierte im 17. Jahrhundert diese altamerikanische Version des Turmbaus von Babel nach den Erzählungen der Indios. Es würde keinen rechten Sinn ergeben anzunehmen, daß er diese Erzählungen willentlich und wissentlich verfremdete, um ihnen eine Ähnlichkeit zu den Berichten aus der Bibel zu geben, obgleich gerade dies von den Gegnern der Diffusionisten behauptet wird.

Auch die Schlange, die für unsere Ausweisung aus dem Garten Eden mitverantwortlich und deshalb aus der paradiesischen Erinnerung der Menschen in der Alten Welt nicht fortzudenken ist, spielt im alten Amerika eine wichtige Rolle: Sie wird zum Gott beziehungsweise Namenspatron der Götter Quetzalcoatl, Kukulkán und Kukumatz.[286]

Die Gottheit »Gefiederte Schlange«, jener »weiße Gott aus dem Osten«, hatte den Indios unter anderem auch Kenntnisse der Medizin gebracht. Auch in der Neuen Welt gibt es somit den Bezug zwischen den Begriffen »Schlange«–»Gott«–»Heilkunst«. In der Alten Welt war und ist die Schlange zusammen mit dem Äskulapstab das Sinnbild der Medizin und das Erkennungszeichen der Apotheken. Letztlich ist das Heilen auf allen Ebenen (Etymologie, Theologie, Mythologie) mit dem Göttlichen verbunden. Die Sinneinheit der Begriffe »heilen«, »Heiland« und »heilig« ist nur allzu bekannt. Daß aber die altweltliche Assoziation von

»Gott«, »Heilen« und »Schlange« in genau derselben Weise auch in Altamerika üblich war, ist doch erwähnenswert.

Neben der Schlange nehmen im Kult der Alten und der Neuen Welt etliche andere Tiere eine mythische Stellung ein. Eine besonders wichtige Rolle spielte in den Kulten des Vorderen Orients die Raubkatze – und noch bedeutender war ihre Rolle in Altamerika. Vor allem bei den frühen Olmeken muß man von einem regelrechten Katzenkult sprechen, deren religiöse Rituale sich alle auf den vergöttlichten Jaguar konzentrieren. Und auch in der zeitgleichen Chavín-Kultur (9.–4. Jh. v. Chr.) Südamerikas spielen Katzen im Kult eine bedeutende Rolle.

In der Alten Welt wird die Katze beziehungsweise Raubkatze bereits in altbabylonischer und altägyptischer Zeit in kultischem Zusammenhang erwähnt und gilt in beiden Kulturen als heiliges Tier. Im kretisch-mykenischen Kulturkreis finden sich Darstellungen von heiligen Katzen sogar als Grabmalereien. Auch die Darstellung einer phönizischen Raubkatze des 6. Jahrhunderts v. Chr. spiegelt eher die kultische Bedeutung der Katze als die Tierliebe der Phönizier wider. (Abb. 146, 147)

Aus dem großen Tierreich wählten die Alten in Ost und West in auffallender Übereinstimmung auch die Fledermaus als Symboltier. Vielfältig und phantastisch waren die Attribute und die Wunderkraft, die die alten Kulturvölker des Vorderen Orients der Fledermaus zuschrieben. Im europäischen Volksglauben hielt sich noch fast bis in unsere Zeit der Glaube an deren magische Kraft, die man sich unter anderem dadurch zunutze machte, daß man zum Schutz gegen böse Geister

Fledermäuse an die Stalltüren nagelte. Die Fledermausgläubigkeit der Neuen Welt ist zum Beispiel daran abzulesen, daß in der klassischen Maya-Periode ein Gott in Fledermausgestalt verehrt wurde und eine der Sprachgruppen im Maya-Gebiet den Namen »tzotzil« trug, was mit »Fledermaus« zu übersetzen ist.[287]

Warum wurde gerade die Fledermaus zu beiden Seiten des Atlantik in einen Sonderstatus erhoben? Die Wahrscheinlichkeit, daß dies bei der Vielzahl der Tiere in beiden Kulturkreisen unabhängig voneinander geschah, ist doch sehr gering. So bliebe wieder einmal nur eine einzige Erklärung: transatlantischer Kulturaustausch.

An zwei weitere, bereits erwähnte Parallelen aus dem Reich der Fabeltiere – Sphinx und Vogelmensch – sei hier nur noch einmal kurz erinnert.

Nach dieser umfangreichen Präsentation von Tiersymbolen des altweltlichen und des altamerikanischen Kults gilt nun unser Augenmerk dem eigentlichen Kult und den Kulthandlungen.

Religiöse Kulthandlungen pflegten die Menschen des Altertums mit einer uns kaum nachvollziehbaren Hingabe auszuführen. Bei den Altamerikanern sind die kultischen Handlungen oft sogar exzessiv betrieben worden: Herzen wurden aus lebenden Körpern geschnitten; die Altamerikaner unterwarfen sich einem monatelangen Fasten und ekstatischen Ritualen, weil ihre Religion es von ihnen forderte. Das wirft zwangsläufig die Frage auf, inwieweit diese ja doch oft selbstzerstörerischen Kulthandlungen durch Rauschmittel initiiert, ermöglicht oder doch wenigstens erträglich gemacht wurden.

Wir wissen, daß sowohl im Vorderen Orient und in

Ägypten als auch im präkolumbischen Mittelamerika Halluzinogene bei Kulthandlungen verwendet wurden, ja, daß der Verzehr von berauschenden Pilzen in beiden Kulturkreisen populär und nahezu ein eigenständiger Kult war.[288] Der Pilz selbst wurde zum Kultobjekt aufgewertet, nachgebildet und an exponierter Stelle zur Schau gestellt. In Gräbern fand man sogar Steine in Pilzform als Grabbeigaben. Sie hatten in Mittelamerika eine Höhe von ungefähr 40 Zentimetern und standen auf einem Dreifuß. Einige sind im American Museum of Natural History (New York) ausgestellt und laden zu einem Vergleich mit Darstellungen entsprechender Objekte aus der Alten Welt ein. (Abb. 148, 149)

Die steinernen Pilze aus Ost und West sind sicher nicht zufällig in ihrer Grundform einem Phallus ähnlich.[289] In beiden Kulturkreisen gleichen sich die Phallusnachbildungen auch in ihren additiven Details: Sie sind in identischer Weise durch figürlichen Schmuck oder Gesichter verziert beziehungsweise verfremdet. Diese auffallenden Übereinstimmungen im Pilzkult könnten auf eine kulturelle Beeinflussung der Neuen Welt hindeuten.

Schriftliche Aufzeichnungen der Kultpraktiken mit Halluzinogenen sind äußerst selten, da die Priester ihr esoterisches Wissen niemandem anvertrauten und mit niemandem teilten. Das gilt für die Priester der Alten Welt genauso wie für die Opferpriester der Mayas, von denen man vermutet, daß sie bei ihren kultischen Weissagungen unter dem Einfluß von Rauschmitteln standen.

John Allegro verfaßte eine Abhandlung über den orientalischen Kult mit halluzinogenen Pilzen *(amanita muscaria)*. Seine Nachzeichnung der Praktiken und Hintergründe des Kults führte ihn schließlich zu der Einsicht, die christliche Religion sei aus dem Pilzkult hervorgegangen.[290] Mit dieser Auslegung der Geheimlehre um den Pilzkult hat der Wissenschaftler Allegro in den siebziger Jahren Stürme der Entrüstung ausgelöst. Zum Glück ist der christliche Aspekt des Pilzkults für unser Thema irrelevant, so daß eine Stellungnahme hierzu durch die simple Feststellung ersetzt werden kann, daß die Bedeutung der Rauschmittel im religiösen Kult nicht unterschätzt werden darf – und daß sie in beiden Welten anzutreffen ist.

Zu den ungewöhnlichen, nicht selbstverständlichen Praktiken bei der Ausübung des religiösen Kults gehört wohl unbestritten die Beschneidung. Die jüdische Überlieferung berichtet, daß die Beschneidung zum erstenmal in Phönizien durchgeführt wurde, und zwar vom höchsten Gott El, der diesen Akt an sich selbst vornahm.[291]

Die Vorhaut des Penis – aus welchem Grund auch immer –zu beschneiden ist ein ausgefallener Einfall, und es ist schwer vorstellbar, daß Menschen zweier Kontinente unabhängig voneinander hierauf verfielen. Tatsache ist aber, daß die Beschneidung auch in Altamerika bekannt war und unter anderem in der peruanischen Moche-Kultur und von einigen nordamerikanischen Indianern praktiziert wurde.[292]

Mit dem Phänomen der Übereinstimmungen im Brauchtum der Semiten und der Altamerikaner haben sich schon viele Autoren beschäftigt. Einige boten als einzig logische Erklärung die »Verlorenen Stämme Israels« an, deren Verbleib nach dem Exil von 722 v. Chr. unbekannt ist – und die folglich auch in Amerika gesucht werden können.[293]

Als erster machte im 17. Jahrhundert der gelehrte Puritaner Cotton Mather die Royal Society in London auf die erstaunliche Duplizität der Bräuche bei Semiten und den Indianern Neu-Englands aufmerksam. Und schon bald danach stand für viele fest: Bei den nordamerikanischen Indianern handelt es sich um die Nachfahren der »Verlorenen Stämme Israels«. Die Diskussion über diese Spekulation nahm immer wieder den Charakter heftiger Streitgespräche an und ist letztlich bis heute zu keinem Ende gekommen.[294]

Zu den seltsamen Bräuchen, die in unserem Zusammenhang interessieren, gehört gewiß auch die künstliche Schädeldeformation, die unter einem anderen Aspekt bereits im Kapitel über »Physiologie und Physiognomie« betrachtet wurde. Den Schädel von Neugeborenen in eine unnatürlich langgestreckte Form zu zwingen ist eine absonderliche Idee, von der man meinen sollte, daß sie höchstens einmal erdacht werden konnte. Aber auch die Schädeldeformierung wurde in beiden Hemisphären praktiziert! So wie die Tatsache nicht angezweifelt wird, daß die Mayas diesen Brauch von den Olmeken übernahmen, sollte auch die Möglichkeit in Betracht gezogen werden, daß zwischen den Anhängern dieses Brauchs in Amerika und dem Rest der Welt eine Beziehung bestanden hat.

Religiöse Rituale waren in allen Kulturen auch an äußere Formen gebunden. Diese Äußerlichkeiten mochten zwar über den eigentlichen Kern der Religion wenig aussagen, als Erscheinungsform des Kults besaßen sie jedoch große Bedeutung. Ob der Kopf eines Priesters kahl war oder einen Kopfputz trug, ob das Gewand lang oder kurz, schwarz oder weiß war – all das war in den Augen der Anhänger eines Kults keine Nebensächlichkeit. Entsprechend blieben diese Äußerlichkeiten oft jahrhundertelang unverändert.

Die Phönizier nahmen ihren Kult auf ihre Reisen mit und praktizierten ihn auch an fremden Gestaden. Daß sie dabei auch die äußeren Formen beibehielten, sollte angesichts der Bedeutung dieser Paraphernalien für den Kult nicht überraschen. Es lohnt sich also, in Mittelamerika nach Merkmalen altweltlicher Priester zu suchen – nach dem kahlgeschorenen Kopf etwa, der bei den Phöniziern und Puniern (zum Beispiel aus Cádiz)[295] ebenso üblich war wie bei den frühen Olmeken Altamerikas.[296]

Die Rasur hatte für manche Mittelmeervölker in vorchristlicher Zeit eine kultische Bedeutung, wie schon Homer in seiner Ilias berichtet. Entsprechend war die Ausfertigung der Rasurmesser besonders kunstvoll. Auch bei den Olmeken und Mayas war die Rasur vermutlich eine heilige, kultische Handlung. Erinnert sei noch einmal an die Prozedur, die Maya-Mütter an ihren Knaben vornahmen: Sie zupften ihnen mit Pinzetten die (spärlichen) Barthaare aus. Eine derartige Tortur wird ein Mensch wohl nur aus kultischen Gründen auf sich nehmen oder über sich ergehen lassen. (Abb. 150)

Das nächste Beispiel muß zur Gruppe der »harten« Beweise gerechnet werden und wird auch bei überzeugten Anti-Diffusionisten zumindest eine gewisse Verblüffung oder Ratlosigkeit hervorrufen. Gemeint sind hier die Gebetsriemen *(Tefillin)*[297], die sich der fromme Jude auch heute noch beim Gebet um den Arm legt. Die Art und Weise, in der die meist ledernen Riemen um den Arm zu wickeln sind, ist mit minutiöser Genauigkeit festgelegt: Linkshänder wählen hierfür den rechten Arm, Rechtshänder den linken. Am Oberarm wird der Riemen zusammengebunden, dann siebenmal um den Unterarm und schließlich um die Hand gewickelt. (Abb. 152)

Genau dieser Vorgang ist nun auf einer Maya-Stele aus Veracruz zu erkennen: Ein Maya trägt an dem erhobenen Arm einen Riemen, der siebenmal um den Unterarm und anschließend um die Hand gewickelt ist. Die Literatur hat sich schon mit dieser Darstellung befaßt und sie dahingehend kommentiert, daß es sich um einen Ballspieler handeln müsse; denn auch die Teilnehmer an den rituellen Ballspielen in Mittelamerika hätten den Arm in ähnlicher Weise umwickelt. Ja, in ähnlicher Weise. Aber eben nicht in dieser ganz speziellen Weise, die charakteristisch ist für die jüdischen Gebetsriemen! (Abb. 151)

Auch der Weihrauchkult, der bereits im Alten Testament als ein »alter Brauch« erwähnt wird, hat seine Spuren im alten Amerika hinterlassen. Weihrauch war ein wichtiger Bestandteil im altorientalischen Kult. Bei Opferhandlungen, Mysterien und im Totenkult war er unerläßlich. Auf den sogenannten »Weihrauchstraßen« des Altertums wurde das begehrte Räucherwerk vom Weihrauchland auf der Arabischen Halbinsel bis zu den Ländern der levantinischen Küste transportiert, wobei die Handelsrouten machtpolitisch eine bedeutende Rolle spielten. Weihrauch war für die Menschen von derartiger Wichtigkeit, daß sie zu vielerlei Zugeständnissen auch politischer Art bereit waren, um in den Besitz von Weihrauch zu gelangen.

Es entspräche also ganz ihrer Gewohnheit, wenn die frühen Seefahrer nach einer geglückten Atlantiküberquerung auch an der fremden Küste ihren Göttern ein Rauchopfer dargebracht hätten; Requisiten und Ingredienzien für diesen Opferkult waren ja leicht genug zu transportieren. Und auch wenn es nicht so leicht gewesen wäre, hätten es die Götter von ihren Schützlingen verlangt. In der Bibel wird ausdrücklich ein Weihrauchopfer für jeden Morgen und eines für jeden Abend vorgeschrieben.[298] So überrascht es denn nicht, wenn man die kleinen Weihrauchgefäße überall dort findet, wo die Reisenden aus der Levante mit ihren Schiffen landeten – zum Beispiel in Amerika!

Im Maya-Gebiet des heutigen Guatemala wurde ein Kultgerät gefunden, das in seiner Form einem altweltlichen Weihrauchgefäß sehr genau entspricht. Auch im Kapitel über die Physiognomie und Physiologie wurde bereits ein altamerikanisches Weihrauchgefäß erwähnt, das an seinem oberen Rand Köpfe mit Bärten und nichtmongolider Physiognomie trägt. Damit stimmen bei diesem Kultgerät nicht nur Form und Verwendungszweck, sondern auch stilistische und physiognomische Merkmale der Weihrauchgefäße mit altweltlichen Vorbildern überein. Die Gestaltung des Weihrauchgefäßes läßt im übrigen vermuten, daß dieses kleine Kultgerät nicht von Indiohand gefertigt wurde, sondern von phönizischen Seefahrern an Bord ihrer Schiffe in die Neue Welt gebracht wurde. (Abb. 153, 154)

Nach den Ausführungen zum Kultgerät nun ein Wort zum geistigen Gehalt des vorkolumbischen Kults: Die alten Chroniken geben recht detailliert Aufschluß über moralphilosophische und ethische, religiöse und eschatologische Vorstellungen des altamerikanischen Volkes. Begriffe wie »Reue«, »Vergebung«, »Beichte«, »Taufe« und »Nächstenliebe« waren den Indios ebenso bekannt wie den Menschen der Alten Welt, genauer gesagt: den Christen.[299]

Die Anklänge an die christliche Lehre fallen vor allem in der Lehre des »Weißen Gottes« aus Tula auf, das um 960 n. Chr. gegründet wurde. Um diese Zeit hatte in den Ländern, welche die Indios als »östlich« bezeichnen würden, das Christentum fast seine heutige Verbreitung – und es wurde auch in entlegeneren Gebieten missioniert.

In diesem Zusammenhang sollte auch der Heilige Brendan erwähnt werden, der heute als Schutzpatron der Seefahrer verehrt wird. Er berichtete im 6. Jahrhundert n. Chr. von einer Expedition, die er in seinem kleinen Schiff bis an die Küsten eines »fernen Landes an den Küsten des Westmeeres« gemacht haben will. Damit müsse »Amerika« gemeint gewesen sein, glauben die einen. Die anderen versuchen, in Brendans Berichten die fromme Legende vom Seemannsgarn zu trennen, um so präzisere Anhaltspunkte für die Seefahrten des unternehmungslustigen Kirchenmannes zu erhalten. Aber das ist ein schwieriges Unterfangen – schwieriger jedenfalls, als die Geschichten von den Entdeckungsfahrten der Wikinger zu den Küsten Nordamerikas auf ihren Wahrheitsgehalt hin zu untersuchen. Denn vielfältig läßt sich nachweisen, daß die Wikinger zwischen dem 9. und dem 11. Jahrhundert neben den meisten der nordeuropäischen Küsten auch die nordamerikanische Küste anliefen.[300]

Die Wikinger gehörten zwar mit zu den letzten Europäern, die sich dem Christentum anschlossen, aber um das Jahr 1000 können auch sie als Überbringer christlicher Lehre im Land der Indios in Betracht kommen.

Mittelamerika zu erreichen war diesen Menschen sicher kein Problem. Ihre Schiffe jedenfalls waren recht leistungsfähig und fast so gut wie einst die der Phönizier. Um das Jahr 1000, so sagt man, verließ der »weiße Gott« Quetzalcoatl – und mit ihm ein Teil seines Tolteken-Volkes – die Stadt Tula. Zu dieser Zeit hatte die ehemals blühende Maya-Kultur im tausend Kilometer entfernten Yucatán ihren Tiefpunkt erreicht. Dann aber erschien dort eine größere Gruppe von Einwanderern, in denen allgemein die Tolteken gesehen werden. In der Folgezeit erlebte die Maya-Kultur eine Renaissance.[301] Der Gott dieser neuen Maya-Epoche hieß in der Sprache der yukatekischen Mayas »Kukulkan« – eine wörtliche Übersetzung des Toltekenwortes »Quetzalcoatl« (»gefiederte Schlange«).

Dieser Periode der altamerikanischen Geschichte entstammen auch die Chroniken, deren Texte zumindest gewisse Rückschlüsse auf die geistigen, kulturellen und geschichtlichen Hintergründe der Maya-Zeit zulassen. Auffallend ist nun, daß nicht nur die Bücher der Tolteken in Tula, sondern auch die Bücher der späten Maya in Yucatán Parallelen zur christlichen Lehre erkennen lassen. Ob hieraus wirklich eine Beeinflussung durch eingewanderte Christen hergeleitet werden kann, ist schwer zu entscheiden. Letztlich sind Vorstellungen von Sünde und Gnade, von Beichte und Buße nicht allein christliches Gedankengut. Als wirkliche Beweise werden moraltheologische, ethische und religiöse Begriffe nicht dienen können. So soll denn dieser Aspekt der transatlantischen Übereinstimmungen nicht weiter verfolgt werden, wenngleich die Parallelen allemal erwähnenswert sind.

Dieselbe Zurückhaltung sollte auch bei dem großen Themenkomplex geübt werden, bei dem es um die Bemühungen des Menschen geht, seine Götter gnädig zu stimmen. Fasten, Beten, Opfern, Enthaltsamkeit, rituelle Waschungen, Wallfahrten und Kasteiungen – all das ist der verängstigten Kreatur an jedem Platz der Erde und zu allen Zeiten eingefallen, um dem Himmel ein wohlgefälliges Lächeln abzuringen. Um der Strafe des Himmels zu entgehen oder den Zorn der Götter zu besänftigen, hat der Mensch notgedrungen immer zu denselben Mitteln gegriffen. Die *Conditio humana* ist unter jedem Himmel gleich, und die Sehnsucht nach Aussöhnung mit dem Himmel ist offenbar ein Teil der menschlichen Natur. Gleichzeitig sind die Möglichkeiten, dem Himmel zu gefallen, begrenzt – und deshalb überall die gleichen. Wen wundert es, wenn hier Parallelen aufgezeigt werden können!

War auch die Hingabe an ihren jeweiligen Kult bei allen Völkern mehr oder weniger gleich stark ausgeprägt, so sind doch, Gott sei Dank, nicht alle Völker auf die Idee verfallen, im Rahmen des religiösen Kults Menschen oder gar Kinder zu opfern. Das Menschenopfer bleibt eine Ausnahme. Phönizier und Mesoamerikaner aber kannten beide das Ritual des Menschen- und speziell des Kinderopfers. Das mag noch als ein Zufall erscheinen, bis wir unseren Blick auf die Praktiken dieser kultischen Opferhandlung werfen: Beide Völker vollzogen die Opferung des Menschen unter anderem dadurch, daß sie ihn von der Höhe des Tempels beziehungsweise der Pyramide in die Tiefe warfen![302]

Nach dieser Einstimmung auf die Todesthematik soll nun, am Ende dieses Kapitels über »Kult und Kosmologie«, das Crescendo folgen: Nahezu alle wesentlichen

Rituale und Praktiken im Totenkult der Neuen Welt erscheinen wie Plagiate aus der Alten Welt. Die Übereinstimmungen zwischen den beiden Hemisphären sind im Totenkult noch auffälliger als in allen anderen Lebensbereichen. Es ist bekannt, welche fundamentale Bedeutung die Bestattungsriten für unsere Vorväter hatten. Antigone bestattet ihren toten Bruder Polyneikes, obgleich König Kreon es bei Androhung der Todesstrafe untersagt hat. Sie riskiert die Strafe, weil die Alternative noch schrecklicher wäre als der eigene Tod. Einen Toten nicht in der richtigen Weise zu bestatten war eine so fürchterliche Strafe für den Verstorbenen, daß keine Bestrafung des Lebenden im Diesseits härter sein konnte.

Die Bedeutung der Bestattungszeremonie wird höchst eindrucksvoll auch durch die Prunkbauten über den Gräbern einiger auserwählter Toter dokumentiert. Wenn an ein Weiterleben nach dem Tod geglaubt wurde, dann scheuten die Hinterbliebenen keine Kosten und Mühen, um den großen Toten mit allem Notwendigen zu versorgen, dessen er im Jenseits bedurfte. Es kann nicht überraschen, daß diese Notwendigkeiten in Ost und West einander sehr genau entsprachen, weil schließlich die Bedürfnisse der Toten vermeintlich überall dieselben waren: schöne Mädchen, treue Sklaven, gutes Essen und reichlich Schmuck und andere Kostbarkeiten. Ja, die Grabbeigaben in Altamerika waren nach genau demselben Schema zusammengestellt wie in der Alten Welt.

Das allein muß nichts beweisen. Was aber sehr wohl für einen Kulturimport sprechen kann, sind die goldenen Totenmasken, die sowohl in Phönizien als auch in Südamerika gefunden wurden. Diese kostbaren Masken aus getriebenem Goldblech wurden hochgestellten Toten auf das Gesicht gelegt. In der Art der Fertigung und Gestaltung dieser Totenmasken zeigen sich nun eindrucksvolle Gemeinsamkeiten: In beiden Teilen der Erde waren die Augenhöhlen der Maske geschlossen und die Gesichtszüge der Maske europid – eine schmal geschnittene Nase, vergleichsweise schmale Lippen und eine schmale Gesichtsform. Im Fall der peruanischen Maske ist somit der Typus des Toten als »fremd« zu bezeichnen. Ähnliche Beobachtungen lassen sich auch an Totenmasken aus anderen Materialien machen. (Abb. 155, 156)

Es zeigt sich damit, daß die Fremden aus dem Vorderen Orient ihre Grabriten jenseits des Atlantik beibehielten und ihre Toten in derselben Weise bestatteten wie in ihrer alten Heimat. Die Totenmaske aus Goldblech war daher für die vornehmen Toten beider Hemisphären obligatorisch.

Genau wie die Verwendung der Totenmaske aus einer ganz bestimmten Jenseitsvorstellung hervorgeht, so ist auch der Brauch, den Toten zu mumifizieren, eine Ausdrucksform eschatologischer Vorstellungen und religiöser Erwartungen eines Lebens nach dem Tod. Die Mumifizierung ist eine durchaus originelle Erfindung, die sich für einen Kulturvergleich vortrefflich eignet.

Es scheint einst eine mitreißende Idee gewesen zu sein, die Toten aufwendig und zeitraubend zu konservieren, um sie dann als Mumie zu bestatten. Im Vorderen Orient war es schon früh ein ehernes Gesetz, vornehme Tote zu mumifizieren – und in Altamerika ebenfalls.

Das Prozedere der Mumifizierung verdient hier Beachtung, weil die Übereinstimmungen diesseits und jenseits des Atlantik groß sind: Dem Toten wurden in

Ägypten die Eingeweide und das Gehirn entnommen, die man dann in großen Gefäßen chemisch präparierte, um sie danach gesondert zu bestatten. Die leere Bauchhöhle und die leere Schädelhöhle wurden mit Gewürzen und Wein ausgewaschen. »Darauf füllen sie den Leib mit unvermischten, zerstoßenen Myrrhen und anderen wohlriechenden Spezereien, wobei nur Weihrauch ausgenommen ist«, berichtet Herodot.[303] Danach wurde der Körper siebzig Tage lang in Natronsalz gelegt, dann getrocknet und schließlich in Tuchbahnen gewickelt.[304]

Der antike Geschichtsschreiber Diodorus Siculus macht detaillierte Angaben zu den verschiedenen Preisklassen des Einbalsamierens.[305] Die königlichen Mumien in Ägypten wurden selbstverständlich aufwendiger präpariert als zum Beispiel diejenigen der wenigen phönizischen Kaufleute, die sich überhaupt eine solche Bestattung leisten konnten. Qualitätsunterschiede in der Bestattung gibt es also nicht erst heute – und nicht nur in der Alten Welt. In Peru wurden die königlichen Gräber mit den sicher sehr aufwendig präparierten Mumien meist schon vor langer Zeit ausgeraubt, so daß man über die verfeinerte Form der Mumifizierung in Südamerika kaum gültige Aussagen machen kann. Eine erfreuliche Ausnahme ist das Herrschergrab von Sipán/Peru, das 1988 intakt aufgefunden wurde.[306] Die Standardausführung der Mumifizierung hingegen ist für Altamerika vielhundertmal belegt, da Grabräuber die Mumien der ärmeren Durchschnittsbürger unergiebig fanden und folglich ruhen ließen. Das gilt vor allem für die vielen Mumienbündel, die durch das trockene Klima konserviert wurden und keine Kostbarkeiten enthielten.

Die größte Anzahl von Mumien innerhalb eines

Fundortes in Südamerika wurde übrigens auf der Paracas-Halbinsel (Peru) gefunden und der Paracas-Kultur zugeordnet, die ihre Blütezeit zwischen 900 und 200 v. Chr. erlebte – genau wie die phönizischen Städte Tyros, Sidon und Karthago. Und viele der peruanischen Mumien haben dort helle Haare und ein »fremdes« Aussehen. Wie eine bittere Pille muß den Anti-Diffusionisten die Perle schmecken, die man in Ost und West den Verstorbenen in den Mund legte. Bei den Mayas war es eine Perle aus Jade, das ihnen so kostbar war wie Gold.[307] Goldstücke wurden auch den Toten der Alten Welt in den Mund gelegt! Wir wissen, daß dieses Goldstück bei den Griechen als Fährgeld für Charon gedacht war, der die Verstorbenen über den Styx in das Reich der Toten fuhr. Bei den Mayas gibt uns keine Überlieferung Aufschluß über dieses Detail des Totenkults. Daß aber auch sie ihren Toten ein kostbares Kleinod in den Mund legten, spricht eine eigene, klare Sprache.

7 KUNST UND BAUKUNST

Die Kunst war in allen alten Kulturen nicht von der Religion zu trennen. Sie war die bildliche Umsetzung religiöser Vorstellungen und kultischer Konzepte; damit ist sie eingebunden in die Thematik der vorhergehenden Kapitel. Ist es deshalb weniger erstaunlich, wenn die nachgewiesenen transatlantischen Vergleichbarkeiten auf den Gebieten von Kult und Religion auch auf dem Gebiet der Kunst ablesbar sind? Nein! Das künstlerische Schaffen ist Ausdruck der schöpferischen Begabung, die in jedem Volk ihre ganz spezifische, unverwechselbare Ausprägung findet. Wenn diese schöpferische Begabung diesseits und jenseits des Weltmeeres Übereinstimmungen im künstlerischen Schaffen zeigt, so ist das – über inhaltliche Parallelen in Kult und Religion hinaus – ein weiterer überzeugender Hinweis auf Kontakte zwischen den Kontinenten.

Das Schema der frühen Entwicklungsstufen ist sicher in allen Kulturen gleich: Die ersten Schritte unternahm der Mensch aus der Notwendigkeit zu überleben. Er war gezwungen, Hilfsmittel und Werkzeuge zu erdenken, mit denen sich Tiere erjagen, die Erträge des Bodens erwirtschaften und steigern, später planen und organisieren sowie schließlich berechnen ließen.

Die Wege trennen sich erst am Punkt der schöpferischen Gestaltung. Da diese ein Sproß der Phantasie ist, hat die Kunst so viele verschiedene Ausformungen, wie die Phantasie sie hervorzubringen vermag. Übereinstimmungen in komplexen bildnerischen Formen der künstlerischen Gestaltung sind somit nur dann denkbar, wenn ein Vorbild übernommen oder verarbeitet wurde. Es kommt also darauf an, unverwechselbare Ausprägungen des künstlerischen Schaffens beider Hemisphären miteinander zu vergleichen und gegebenenfalls »Plagiate« auszumachen.

Manche Übereinstimmungen liegen in der Natur der Sache und bleiben entsprechend unerwähnt: Um ein gottgefälliges Werk zu schaffen, entschieden sich die Künstler der frühen Kulturen wohl überall für prunkvolle Materialien und eine aufwendige Ausführung, für gewaltige Dimensionen oder gelegentlich auch für erlesene Miniaturen. Parallelen auf diesem Gebiet weisen nicht unbedingt auf Übernahmen hin. Die Art und Weise jedoch, wie frommes Streben, geistiger Inhalt und ästhetisches Empfinden in einem Kunstwerk verschmelzen, hat in beiden Welten trotz der unzähligen denkbaren Möglichkeiten auffallend viele Übereinstimmungen, die nicht als zufällig bezeichnet und nicht mit der Patentlösung »Konvergenz« erklärt werden können. Es gibt sie in großer Zahl, und auf sie richten wir unser Augenmerk.

Die fremden Seefahrer trafen bei ihrer Ankunft in Mittelamerika weder auf einen menschenleeren noch auf einen kulturlosen Raum. Auch hatten die Indios zum Zeitpunkt der Ankunft der ersten Fremden bereits eine eigene Kunst entwickelt, so daß das importierte Kulturgut lediglich eine Umprägung des Vorhandenen bewirkte. Diese Umprägung wird dabei mehr im Formalen als im Inhaltlichen erfolgt sein, denn die Fremden haben ihre Kunst sicher eher als geistiges Gepäck denn als materielles Reisegut in die Neue Welt bringen können.

Altweltliche Vorlagen, durch welche sich die Indios zu eigenen »orientalischen« Kreationen hätten inspirieren lassen können, waren deshalb sicher rar. Das gilt im übrigen auch für die Zeit nach der Eroberung Amerikas durch die Spanier. Als die Indios die ersten christlichen Kunstwerke Amerikas nach mündlichen Instruktionen der christlichen Neueinwanderer fertigten, entsprach das Ergebnis inhaltlich korrekt den geistigen Vorgaben aus der Alten Welt, war aber bildnerisch so stark verfremdet, daß es mit den entsprechenden abendländischen Schöpfungen oft kaum etwas gemein hatte.[308]

Die Phönizier sind nicht gerade für ihre künstlerische Schöpfungskraft bekannt, ja, sie werden allenthalben als die großen Eklektiker bezeichnet, die sich ihre Anregungen für das eigene künstlerische Schaffen von jenseits ihrer Grenzen holten. Ägypten lieferte ihnen zahlreiche Vorbilder, aber sie übernahmen auch Anregungen aus anderen mediterranen Ländern. George Contenau, ein gründlicher Kenner der phönizischen Kultur, resümiert: »Les Phéniciens n'ont aucune originalité. Les Phéniciens n'ont été que les intermédiaires.« (»Die Phönizier besitzen keine Originalität. Die Phönizier waren nur Mittler.«)[309] Wenn also die ansonsten so hochbegabten phönizischen Seefahrer als Künstler keine Originalität zeigten und ihre Rolle lediglich die eines Vermittlers oder Rezipienten war, dann wird auch in Altamerika ihr Streben nicht auf die Durchsetzung altweltlicher Kunstvorstellungen gerichtet gewesen sein. Nur da, wo die künstlerische Gestaltung funktionell und logisch untrennbar mit ihrem Kult verbunden war, dürfte man heute noch Spuren der phönizischen Kunst vermuten. So sollte man meinen!

Aber da überrascht die Maya-Kunst mit einem ganz und gar unfunktionalen, nutzlosen Schmuckelement, das mit Fug und Recht als ein Plagiat aus der Alten Welt bezeichnet werden darf: die Lotosblume *(nymphaea alba)*. Die Lotosblume ist aus der Reihe der floralen Muster das beliebteste Schmuckmotiv – und zwar in beiden Hemisphären! In der Alten Welt spielte sie vor allem in der ägyptischen, der assyrischen und der indischen Welt eine Rolle; in der Neuen Welt sind es die Mayas, die diese Pflanze als Schmuckmotiv verwenden.[310]

Von den altweltlichen Kulturen weiß man, daß ihnen die Lotosblume als heilig galt und daß sie auch als Symbol der Schönheit, der Reinheit und des ewigen Lebens angesehen wurde. Von den Mayas weiß man nicht, was ihnen die Lotosblume bedeutete. Der Kontext aber, in dem die Blume in Darstellungen erscheint, macht auch für Altamerika eine sehr ähnliche, ja identische Bedeutung wahrscheinlich. Die Art und Weise, wie die Lotosblume zum Beispiel in den Wandgemälden von Bonampak (Guatemala) in das Herrscher- und Götterbild integriert und exponiert plaziert wird, macht die Bedeutung der Lotosblume auch für diesen Kulturkreis erkennbar. (Abb. 158)

Das Smithsonian Institute in Washington, letzte Instanz für Fragen der amerikanischen Ethnologie und Anthropologie, veröffentlichte 1953 eine von Robert Rands verfaßte ausführliche Studie zur Ikonographie und Allegorie der Lotosblume, in der die Darstellungen beider Hemisphären miteinander verglichen werden.[311] »*Truly remarkable parallels ... must be admitted to occur ...*«: (»Wirklich erstaunliche Parallelen müssen zugegeben werden«), lautete die Quintessenz dieser Forschungsarbeit.

Daß es sich bei der Blume der Mayas tatsächlich um eine See- und nicht um eine Teerose handelt, läßt sich aus einem Detail der Bildkomposition entnehmen, das häufig zusammen mit der Lotosblume dargestellt wird: Ein Fisch »nibbelt« an der Pflanze, wie Rands es ausdrückt![312] Folglich muß es sich in der Tat um eine Wasserpflanze handeln! Es ist im übrigen nicht so, daß die Maya-Künstler alle nur erdenklichen Pflanzen der mesoamerikanischen Flora in ihre Bildkompositionen aufgenommen hätten. Wäre es so, dann brauchten wir uns über das Erscheinen der Seerose nicht zu wundern. Nein, die Lotosblume kann als die einzige Blume bezeichnet werden, die in der Maya-Kunst eine Rolle gespielt hat – sofern der heutige Wissensstand eine solch abschließende Feststellung überhaupt zuläßt.[313]

Wissenschaftler, die sich mit der Maya-Blume befaßt haben, stimmen überein, daß es sich bei der Pflanze um eine *nymphaea alba* handelt, obgleich die Darstellungen der Seerose meist alles andere als realistisch sind.[314] Die altamerikanischen Künstler verfremdeten und verformten die Pflanze oft zu groteskem Rankenwerk, Arabesken und phantastischen Schmuckmotiven. Und auch die altweltlichen Künstler stellten die Lotosblume meist in phantastischen Verfremdungen dar. Aber selbst in der verfremdeten Form ähneln sich die Lotosblumen noch in beiden Hemisphären.

Warum hat gerade die Lotosblume die Phantasie der Künstler in Ost und West so beschäftigt? Warum nicht statt dessen die Palme im Osten und der Kaktus im Westen? Wieso kommt es zu dieser Kongruenz des Motivs? Einen Zufall ziehen jedenfalls selbst die Vertreter der Konvergenztheorie nicht in Betracht. Heine-

Geldern und Ekholm[315] suchen die Erklärung in dem meist nicht so heftig geleugneten Trans-Pazifik-Verkehr zwischen Asien und Altamerika.

Das klingt zunächst gar nicht so unwahrscheinlich, denn in Asien war die Seerose in der Tat außerordentlich populär. Aber es gibt einen Beweis für die ägyptisch-phönizische Herkunft der Maya-Blume, nämlich das Krokodil. Dieses Tier wird in altamerikanischen Darstellungen häufig zusammen mit der Seerose dargestellt. Das Krokodil war in Ägypten bekanntlich ein heiliges Tier, nicht aber in Asien. Auch in Altamerika werden verschiedene Gottheiten mit dem Krokodil assoziiert.

»Imix« zum Beispiel, der Erdgott der Mayas, wird als Krokodilmensch dargestellt, den stilisierte Lotosblüten umranken[316]: zwei typisch ägyptische Motive, vereint in der Darstellung einer Maya-Gottheit! (Abb. 159)

Nach dem ätherisch-schönen Lotossinnbild nun ein Beweisstück von eher profaner Natur: die Kordel beziehungsweise das Schiffstau. Unter den zahlreichen Schmuckmotiven in Ost und West ist dieser simple Gebrauchsgegenstand vergleichsweise häufig als Dekoration zu finden. Seit der Zeit der Hethiter erscheint die gedrehte Kordel als kunstvolle Verzierung von Tonwaren, Münzen, Sarkophagen und Monumenten.[317] Durch die Hyksos kam das Motiv im zweiten Jahrtausend nach Ägypten. Auch die Phönizier übernahmen die Idee, diesem Motiv einen Platz in der Kunst einzuräumen, zumal sie als Seefahrer zu einem Schiffstau eine besondere Beziehung hatten. Eines der frühesten Beispiele, in dem die profane Kordel bereits zu einem Symbolmotiv aufgewertet ist, wurde bereits im Zusammenhang mit der Darstellung der Lotosblüte erwähnt: der Sarkophag des Ahiram aus dem 13. vorchristlichen Jahrhundert, auf dem die stilisierte Pflanze zusammen mit der Kordel einen friesartigen Abschluß der Reliefdarstellung bildet. (Abb. 157)

In der Maya-Kunst taucht das Schiffstau beispielsweise auf der bereits erwähnten Seefahrer-Stele von Campeche als Umrandung des großen Ohrrings auf, der neben der Wasserglyphe auch den sechszackigen Stern zeigt.[318] Gerade die Tatsache, daß die Kordel dort in einen Kontext mit dem Bild eines altweltlichen Seefahrers gesetzt wird, unterstreicht, daß die Mayas dieses Schmuckmotiv mit Sicherheit von Fremden übernommen haben.

Auch der Held auf einem zweieinhalb Meter hohen Steinrelief aus Guatemala trägt bedeutungsvoll eine schwere Kordel, die von den Maya-Künstlern – weit über ihre funktionale Bedeutung hinaus – akzentuiert wurde. Auch hier scheint durch den symbolischen Verweis auf »Wasser« und »Schiff« der Bezug zur Ankunft der großen Seefahrer aus dem Osten gegeben. (Abb. 161)

In der Darstellung eines alten Mexikaners von europidem Typus erscheint die Kordel als Dekoration am Hut. Hier wie in so vielen anderen Fällen kennen wir mangels schriftlicher Überlieferung die Aussage der Darstellung nicht; und so vergleichen wir – notgedrungen – nicht die inhaltlichen, sondern lediglich die bildnerischen Parallelen – und die jedenfalls sprechen eine eindeutige Sprache.

Bei der nächsten Parallele handelt es sich wiederum um ein Schmuckmotiv. Aber diesmal ist es nicht profan wie das Schiffstau, sondern exquisit – ein »Schmuck der Vornehmen«, wie Hanns Prem es nennt.³¹⁹ Es ist ein Schmuckstück in T-Form, ein verfremdetes Antoniuskreuz *(croce ansata)*. Die Abbildungen 160 und 162 zeigen eine in Ost und West verblüffende Kongruenz der Schmuckform. (Abb. 160, 162)

Ungewöhnlicher ist die Form von kleinen Kupferplatten, die – wie Barry Fell schreibt – sowohl im Mittelmeerraum als auch in Nordamerika gefunden wurden.³²⁰ Sie könnten formal, wenn man einen Vergleich suchen müßte, mit den Umrissen einer Tierhaut beschrieben werden. Dieser Vergleich bietet sich schon deshalb an, weil möglicherweise tatsächlich ein inhaltlicher Bezug zu Tierfellen bestanden hat, die für die seefahrenden Händler damals wohl zu den wichtigsten Handelsgütern zählten. Auch hier muß wieder der rein formale Vergleich der Form genügen, der in diesem Fall durch eine ungewöhnlich genaue Kongruenz provoziert wird. (Abb. 163, 164)

Und nun zum Motiv des Lebensbaums. Bereits die Babylonier und Assyrer, später die Perser und Inder sahen im Baum das Symbol des Lebens, der Lebenskraft und des Fortbestehens der Menschheit. Der Baum als mythisches Symbol des menschlichen Lebens wird auch in Verbindung gesetzt zum Weltenbaum und, im Christentum, zum Baum des Kreuzes.

Und die Altamerikaner? Kennen auch sie die symbolische Bedeutung des Baumes? Ja! Das mexikanische Wort für Kreuz lautet »tonacaquahuitl«, was so viel heißt wie »Baum des Lebens« und damit eine auffallende Übereinstimmung mit der altweltlichen Vorstellung vom Kreuz als dem Symbol des Lebens und des Fortbestehens zeigt.³²¹ Olmeken, Mayas, Tolteken und zuletzt die Azteken verwendeten das Kreuz als Symbol für ihre Götter. Da das Kreuzsymbol aber nicht als unverwechselbar und originell gelten kann, soll hier nicht weiter darauf eingegangen werden.

Aber die Altamerikaner kannten auch das spezifisch ausgeprägte Symbol des Lebensbaumes. Die Darstellung auf einem Maya-Relief zeigt eine in jeglicher Beziehung aufschlußreiche Szene, deren formalen (und darum wohl auch inhaltlichen) Mittelpunkt ein Lebensbaum bildet. Der Baum hat zwölf Wurzeln, von denen die sieben linken als lebend und die fünf rechten als verdorrt gekennzeichnet sind. Ob diese Lesart zu einem Vergleich mit den zwölf Stämmen Israels berechtigt, mag dahingestellt sein. Ohne Zweifel bietet die Szene unter diesem Lebensbaum jedoch einen hochinteressanten Aufschluß über das Nebeneinander zweier verschiedener ethnischer Gruppen. Links des Baumstammes erkennt man einen Priester, über die Flamme eines Weihrauchgefäßes von vorderorientalischer Form gebeugt. Der Priester selbst trägt einen Vollbart, und sein hoher, konisch-spitzer Hut entspricht der Form eines vorderorientalischen Priesterhuts.[322] (Abb. 165, 166)

Das Gegenüber des »semitischen Priesters« zur Rechten des Lebensbaumes (über den verdorrten Wurzeln) sitzt ebenfalls vor einem Weihrauchgefäß, unterscheidet sich aber in Physiognomie, Kleidung und Kopfputz: Es ist ein Indio. Die Szene zeigt also zwei in Typus und Habitus verschiedene Priester vor einem Weihrauchgefäß im vorderorientalischen Stil bei einer gemeinsamen Kulthandlung.

Auch ein symbolischer beziehungsweise bildlicher Verweis auf das Wasser, das verbindende Element zwischen Ost und West, fehlt in dieser bedeutungsvollen Szene nicht. Am unteren Bildrand werden unter dem Lebensbaum die Wellen sichtbar, über die einst der Fremde in das Land der Indios gekommen war.

Geistige Anleihen der Altamerikaner bei der Ikonographie der altweltlichen Kunst lassen sich überzeugend, das heißt *optisch* überzeugend, auch an anderen originellen Details oder Kompositionsformen nachweisen. Eine derartige ikonographische Besonderheit ist sicher das Motiv des »Huckepack-Tragens«.

In der Kunst der Alten Welt ist das Motiv mit unterschiedlichem Sinngehalt belegt. Äneas, Stammvater der Römer, trägt seinen alten Vater auf seinen Schultern aus dem brennenden Troja und wird damit zum Sinnbild der Sohnesliebe. Christophorus trägt den Christusknaben auf seinen Schultern über den Fluß und wird damit zum Sinnbild des Nothelfers. Der Blinde trägt den Lahmen auf den Schultern, und zusammen werden sie zum Sinnbild des *mutuum auxilium,* der gegenseitigen Hilfe. Der Prophet des Alten Testaments trägt den Evangelisten des Neuen Testaments auf den Schultern, und zusammen versinnbildlichen sie die Kontinuität der biblischen Überlieferung.

Die westafrikanische Kunst kennt das Motiv ebenfalls: Die mythologische Geschichte hinter diesem Motiv erzählt von zwei Brüdern auf der Suche nach einem Land, in dem sie siedeln wollen! Der auf den Schultern getragene Bruder hat einen besseren Überblick und entdeckt dieses Land folglich als erster.[323] Welche Koinzidenz! Auch die altamerikanische Kunst kennt dieses Motiv des Huckepack-Tragens. Daß es auch den Künstlern der Neuen Welt darum ging, mit dieser ungewöhnlichen Kompositionsform etwas Bedeutungsvolles auszudrücken, geht zunächst einmal aus dem monumentalen Format einer Skulptur hervor, die hier als Beispiel genannt werden soll. Zweieinhalb Meter ragen die beiden männlichen Figuren empor. Der Träger macht einen eher gedrungenen Eindruck, während der Getragene kerzengerade und würdevoll auf den Schultern des anderen sitzt. Natürlich wäre es ideal, wenn die Altamerikanisten eine überzeugende Deutung dieses Motivs anbieten könnten. »Sieger und Besiegter« nennt Alcina Franch als mögliche Deutung.[324] (Abb. 168)

So bleibt uns nur die vage, gleichwohl wichtige Feststellung, daß die Komposition zumindest formal ihre Entsprechung in der Alten Welt hat. Es verwundert wohl nicht, daß die Physiognomie der beiden Männer eindeutig europid ist und ihre Kopfbedeckung wieder aus dem kleinen, konisch-spitzen Hut besteht, der bereits in verschiedenen anderen Darstellungen des semitischen Typus aufgefallen war.

Ist die Darstellung eines Kopfes mit zwei Gesichtern originell oder nicht? Der doppelgesichtige Janus ist uns so vertraut, daß wir seinen Namen sogar in unseren Sprachgebrauch integriert haben.[325] Aber diese Vertrautheit mit dem Doppelgesichtigen sollte uns nicht den Blick für seine Originalität, seine Unverwechselbarkeit trüben. Für uns ist es jedenfalls durchaus von Bedeutung, daß auch in Altamerika ein Doppelgesichtiger auftaucht, zumal ein besonders eindrucksvoller »Janus« bezeichnenderweise aus eben jener Übergangsphase zwischen der Olmeken- und der Maya-Zeit stammt, für die in so besonders reichem Maße ostwestliche Übereinstimmungen festgestellt werden konnten. Der Doppelkopf wurde im Kapitel über die Physiognomie als eine geistreiche Visualisierung der Typengegensätze in Altamerika bereits erwähnt. Hier kann dazu ergänzt werden, daß die Polarität der beiden Kopfhälften sich mit dem altweltlichen Konzept des Januskopfes durchaus vergleichen läßt. (Abb. 69, 70)

Nach dem intellektuell zu erfassenden Janus-Konzept nun zum Handgreiflichen, zu Griffen an Gebrauchsgegenständen. In Ost und West verwendete man einst viel Mühe auf die Gestaltung von Griffen für Lampen, Gefäße und Spiegel. Eine aufwendige Gestaltung ist meist Ausdruck dafür, daß für unsere Vorväter so mancher alltägliche Handgriff als eine »heilige« Handlung galt, die bedacht und ehrfürchtig ausgeführt werden mußte. Da war es denn nur verständlich, wenn diese Gegenstände des täglichen Gebrauchs auch würdig gestaltet wurden.

Aber zu einer würdigen Gestaltung führen viele Wege. Wurden von Künstlern zu beiden Seiten des Atlantik dieselben Wege beschritten, so darf getrost unterstellt werden, daß es sich in Altamerika um Imitationen östlicher Vorbilder handelte. Eine Übereinstimmung, die auffällig und wohl kaum zufällig ist, lassen zum Beispiel die Griffe von Tiegelchen erkennen. Identisch ist dabei nicht nur die langgestreckte Rechteckform der Tiegel, sondern auch ihr Griff, der jeweils von einer menschlichen Figur gebildet wird. (Abb. 169, 170)

Eine ebenso große Ähnlichkeit lassen einige Lampengriffe erkennen, die in beiden Teilen der Erde so gestaltet wurden, daß eine geschlossene Hand den einen Teil und eine menschliche Figur den anderen Teil des Lampengriffs bildet. Diese Kombination von Funktionalität und figuralem Schmuck ist immerhin ungewöhnlich genug, um in unserer Fahndung nach auffälligen Parallelen erwähnt zu werden.

Dasselbe gilt auch für die unzähligen Gefäße in

Menschen- oder Tiergestalt. Anthropomorphe und zoomorphe Gefäße gibt es in derart vielen Variationen, daß schon nach dem Gesetz der Wahrscheinlichkeit gelegentlich formale oder thematische Übereinstimmungen vorkommen müssen.

Dennoch kennt man auch Formen von anthropomorphen oder zoomorphen Gefäßen, die so diffizil, komplex und höchst ungewöhnlich konstruiert und gestaltet sind, daß bei zwei gleichen Gefäßen dieser Art eines mit Sicherheit eine Nachahmung sein muß. Als *pars pro toto* sei hier ein Gefäß in Tiergestalt genannt, das im mediterranen Tharros ebenso gestaltet wurde wie in der peruanischen Moche-Kultur: Der Körper des Tieres dient als eigentliches Gefäß; vom Kopf führt ein Steigbügel mit Spundloch zum Rücken des Tieres, der ein gleichmäßiges Herausfließen des Getränks ermöglicht. Das hätte man natürlich auch einfacher haben können! Aber Vorderasiaten und Südamerikaner hatten eben genau jene Vorstellung von einem idealen Trinkgefäß! (Abb. 173, 174)

Zu denken gibt auch die Internationalität des Designs bei einigen originellen Doppelgefäßen, in denen sich die Flüssigkeit in zwei Behältern verteilt, die untereinander durch zwei Bügel verbunden sind. Als ob damit der Parallelen noch nicht genug wären, sitzt jeweils oben auf den Gefäßen eine Tiergestalt.

Die oft auffällige Vergleichbarkeit zwischen Keramiken der Alten und der Neuen Welt ist häufiger Thema gelehrter Abhandlungen als die vergleichbaren Phänomene auf anderen Gebieten. So wurde beispielsweise viel über die Parallelen zwischen der japanischen Jomon-Keramik und der Valdivia-Keramik Südamerikas geschrieben. Für eine Reihe von Archäologen sind diese Ähnlichkeiten derart auffallend, daß sie die transpazifischen Kontakte inzwischen als ein Faktum anerkennen.[326]

Zu den vielen Terrakotten, die transatlantische Übereinstimmungen zeigen, könnten auch die sehr frühen weiblichen Tonfiguren gerechnet werden, die hier wie dort Fruchtbarkeitsidole waren. Ihr Typus war international, so international vielleicht wie die Vorstellung vom Typus einer idealen, fruchtbaren Frau. Wegen ihrer üppig runden Formen bekamen diese »Göttinnen« von den mittelamerikanischen Archäologen erst kürzlich den gar nicht wissenschaftlichen Namen »schöne Mädchen«[327] verliehen, was die Zeitlosigkeit dieses Idealtypus beweist. Ist die Ähnlichkeit der schönen Mädchen in beiden Welten darauf zurückzuführen, daß die altamerikanischen Künstler ihre Mädchen nach einer Vorlage arbeiteten, die sie aus der Alten Welt bezogen? Sicher nicht! (Abb. 175, 176)

Anders verhält es sich bei den Übereinstimmungen in der Präsentationsweise des menschlichen Körpers. Vergleiche zwischen Darstellungen aus dem Beginn des ersten Jahrtausends zeigen, daß die phönizischen (und ägyptischen!) genau wie die altamerikanischen Künstler eine Sonderform der Profildarstellung wählten, die unnatürlich und daher im Sinne unserer Argumentation unverwechselbar ist: Die Füße und Beine wurden in Seitenansicht, der Oberkörper in Vorderansicht und der Kopf wieder im Profil dargestellt. Seit dem Beginn der ägyptischen Kunst bis in deren Spätzeit war dies die vorherrschende Art der Wiedergabe des menschlichen Körpers. Synchron dazu entschieden sich die Altamerikaner für genau dieselbe, unnatürlich verdrehte Art der Darstellung. (Abb. 177, 178)

Kunst und Baukunst

Auch im Vergleich der Baukunst zwischen Alter und Neuer Welt gilt: je früher das Bauwerk, desto deutlicher die Parallelen. Zu den Zeiten, als noch eine »Nabelschnur« die Alte und die Neue Welt miteinander verband, entstanden in Amerika Bauwerke, die mit altweltlichen Bauten nicht nur größere Ähnlichkeit als alle späteren hatten, sondern die auch eine größere Perfektion als viele spätere offenbarten. So sind aus der formativen Phase Altamerikas nicht etwa nur primitive Hütten, sondern äußerst raffinierte, komplizierte Baukonstruktionen bekannt. Das sogenannte Castillo von Chavin de Huantar (Peru), der Haupttempel des gleichnamigen Fundorts, ist dreigeschossig angelegt, in seinen steinernen Wänden verlaufen horizontale und vertikale Luftschächte![328] Die Bauherren dieses »Castillo« können wohl kaum Autodidakten oder Anfänger gewesen sein. Ihr technisches *Knowhow* müssen sie irgendwo erworben haben, bevor sie es in diesem frühen peruanischen Steinbau in aller Perfektion umsetzten. Die Anfänge in Südamerika stehen an Rätselhaftigkeit in nichts denen in Mesoamerika nach.

Vielleicht sind noch einmal ein paar Worte zu dieser formativen Phase der altamerikanischen Kultur angebracht. Ungefähr zwischen 1200 v. Chr. und der Zeitenwende entwickelte sich laut Thompson und anderen Amerikanisten die Zivilisation in Altamerika *(climb to civilization)*.[329] Auf dieses Statement kann sich die Gruppe der Fachleute noch einigen. Aber dann beginnen auch schon die Probleme. Welchen Wert hat diese Aussage, wenn gleich am Beginn der Zeit, die von den Experten als formative Phase bezeichnet wird, kulturelle Höchstleistungen festzustellen sind? Sie können doch kaum aus dem Nichts entstanden sein!

Die Widersprüche sind so eklatant, daß selbst ausgewiesene Amerikanisten an diese Phase des ersten Jahrtausends mit einer deutlichen Scheu herangehen. *»They handle it with the repugnance with which they would handle a rattle snake«* – »Sie gehen das Thema mit demselben Widerwillen an, mit dem sie eine Klapperschlange anfassen würden« –, schreibt Karl Meyer über seine Kollegen.[330]

Ratlos stehen die Fachleute noch heute vor dem Phänomen, daß die Hochkultur der Olmeken und ihrer Zeitgenossen in Südamerika ohne erkennbare Entwicklungsphase vor Ort entstanden ist. Man empfindet die Olmeken wie Schatten, die durch die Anfänge der amerikanischen Geschichte geistern, ohne daß man sie dingfest machen oder benennen könnte. Man räumt diesem Volk den Platz einer Ur-Mutter aller folgenden altamerikanischen Kulturen ein, man lobt ihre Ingenuität und die explosionsartige Entfaltung ihrer schöpferischen Kräfte, man ist voller Ehrfurcht vor ihren Leistungen – aber ihren Ursprung, ihre Herkunft, ihre Anfänge oder gar den zündenden Funken, der diese plötzliche Kreativität ausgelöst haben könnte, das alles wagt man nicht laut zu erörtern oder gar abschließend zu beantworten.[331]

Die Erklärung für den rätselhaft »perfekten« Beginn vor 3000 Jahren könnte man vielleicht in einen bildhaften Vergleich aus der Märchenwelt fassen: Es war das Erwachen aus dem Dornröschenschlaf, nachdem der phönizische Prinz die olmekische Schöne wachgeküßt hatte. Die mesoamerikanische Kultur erwachte, um das glanzvolle Leben einer Prinzessin zu führen, aber den Kuß ihres »Prinzen«, der sie zum Leben erweckte, hat sie nie vergessen. Künste und Fertigkeiten, die er ihr zeigte, beeindruckten sie so nachhaltig, daß sie jahrhundertelang nicht von ihnen lassen wollte. So geschah es denn, daß altes Kulturgut, nachdem es in der Alten Welt schon längst in Vergessenheit geraten war, in der Neuen Welt die Zeiten überdauerte.[332]

Einen nahezu idealen Beleg für diesen Sachverhalt bietet das Falsche Gewölbe oder Kraggewölbe. In der Alten Welt war es eine Frühform der Gewölbekonstruktion, die den geraden Balken als Deckenabschluß erstmalig überflüssig machte. Verglichen mit den späteren Rundbögen, Spitzbögen, Kreuzrippengewölben und so weiter, ist es eigentlich nur ein halber Schritt in Richtung Gewölbekonstruktion. Entwickelt und verwendet wurde dieses Kraggewölbe einst in Ägypten und in der ägäischen Kultur, genauer gesagt, in der kretisch-mykenischen Kultur,[333] wo es aber bald schon durch formschönere, gewagtere Konstruktionen ersetzt wurde.

Die Altamerikaner aber ließen nie wieder von dieser Konstruktion ab, nachdem ihre Vorväter sie – durch Fremde – kennengelernt hatten. Und dabei ist dieses Kraggewölbe alles andere als eine Ideallösung! Es ist instabil, statisch eher mangelhaft und vor allem nur für kleine Räume zu gebrauchen. Oberhalb der Nutzhöhe der Räume kragen die Steine von Schicht zu Schicht weiter vor und verengen den Raum mit jeder neuen Steinlage. Die Wände neigen sich praktisch einander zu, und die treppenartige Verjüngung bildet einen gezackten Bogen, dessen nach innen gerichteter Druck in der Mitte durch einen Abschlußstein aufgefangen wird. Nach diesem Prinzip baute man jahrhundertelang jeden Maya-Bogen. Hier sei als Beispiel ein Kraggewölbe aus Labna (Yucatán) abgebildet und mit den altweltlichen Gewölben aus Ur und Ras Shamra aus dem dritten beziehungsweise zweiten vorchristlichen Jahrtausend verglichen. (Abb. 179, 180)

Warum die Altamerikaner niemals zu einer modernen Gewölbeform fanden, ist nicht die letzte offene Frage in der altamerikanischen Baukunst. Fragen gibt es auch zu den Pyramiden – und wegen der Größe der Pyramiden stehen diese Fragen häufiger im Blickfeld des Interesses als andere, weniger spektakuläre Überreste der amerikanischen Vergangenheit. So manches Streitgespräch hat sich schon an der Frage entzündet, ob die amerikanischen Pyramiden überhaupt mit den altweltlichen Pyramiden verglichen werden dürfen, wo doch bekanntlich die einen als Königsgräber konzipiert, die anderen aber lediglich als »leerer« Unterbau für den Tempel auf dem Pyramidendach gedacht gewesen seien. Außerdem liege zwischen den Pyramiden der beiden Hemisphären ein großer Altersunterschied – sagt man. Die älteste ägyptische Pyramide – übrigens eine Stufenpyramide – wurde zwar schon um 2700 v. Chr. gebaut. Aber noch im Neuen Reich (1551–1070 v. Chr.) entstanden Pyramidengräber. Die ältesten amerikanischen Pyramiden werden um 1200 v. Chr. datiert und der olmekischen La-Venta-Kultur zugeordnet. Die zeitliche Übereinstimmung ist also gewährleistet. Aber wann wird das letzte Wort über die ältesten altamerikanischen Pyramiden gesprochen sein?

Hat man sie überhaupt schon entdeckt und ausgegraben, oder gehören sie zu den zahllosen Pyramiden, die bisher noch unter einer uralten Vegetationsschicht liegen und lediglich als ein Buckel in der Landschaft erkennbar sind? Erst 1925 entdeckte der dänische Archäologe Frans Blom am Golf von Mexiko die imponierende Olmeken-Anlage von La Venta, in der die damals »älteste« Pyramide Mesoamerikas ausgegraben wurde. Die Radiocarbondatierung ergab eine Entstehungszeit zwischen 800 und 400 v. Chr.

Der Yale-Professor Michael Coe legte 1966 bis 1968 eine weitere Olmeken-Anlage frei und datierte sie zwischen 1200 und 900 v. Chr. Bezeichnenderweise war dieser Archäologe, wie aus seinen wissenschaftlichen Abhandlungen hervorgeht, selbst recht überrascht über die von ihm errechnete frühe Entstehungszeit, durch welche die gesamte bis dahin gültige Olmeken-Chronologie hinfällig wurde.

All diese Entdeckungen ereigneten sich erst »gestern«, und täglich entdeckt man Neues. Die Amerikanistik ist noch im Fluß. Es gehört zum Alltag der Amerikanisten, »fundierte wissenschaftliche Meinungen« zu revidieren – und jeder akzeptiert das. Nur für die ersten Anfänge der Kultur Mittelamerikas fällt das schwer. »Sehr alt« sei die gespenstisch-verlassene Pyramidenstadt Teotihuacán, erzählten die Azteken den Spaniern, und »einst von den Göttern bewohnt, aber schon vor unendlich langer Zeit verlassen«. Wann ihre ersten Pyramiden gebaut wurden, ist nicht mit Sicherheit zu sagen.

Die Anlage wird heute allgemein in die Klassische Periode datiert, was eines Tages vielleicht ebenfalls zu revidieren sein wird. Inzwischen weiß man, daß die Stadt einst etwa 100 000 bis 200 000 Einwohner zählte und während ihrer größten Ausdehnung eine Grundfläche von zwanzig Quadratkilometern einnahm. Der Grundriß zeigt vor allem aus der Vogelperspektive die minutiös-regelmäßige Einteilung in Planquadrate. Die drei großen und berühmten Pyramiden von Teotihuacán sind untereinander durch eine 50 Meter breite Prozessionsstraße (?) verbunden und scheinen eingebunden in ein System, über das sich ein Wort zu verlieren lohnt: Die sogenannte Sonnenpyramide von Teotihuacán ist gewaltiger als die Cheopspyramide bei Kairo; die beiden anderen Pyramiden stehen zur Sonnenpyramide in einem Größenverhältnis von 1 : 2 : 3.[334]

Das ist aber bei weitem noch nicht der einzige Beleg einer perfekten mathematischen Planung. Die amerikanischen Wissenschaftler Peter Tompkins und Hugh Harlston wiesen nach, daß die riesige Anlage von Teotihuacán ein großes steinernes Modell der Planetenordnung ist.[335] Sie entdeckten mathematische Zusammenhänge zwischen Position und Maßen der Kultbauten einerseits sowie Daten und Konstellation der Himmelskörper unseres Sonnensystems andererseits. Wem das zu unwahrscheinlich oder gar ärgerlich klingt, der halte sich an irdischere Daten: Die Grundrißkante der kleinsten dieser drei Pyramiden beträgt ein Hunderttausendstel des Erdradius! Was aber vor allem anderen zählt, ist die einzigartige Perfektion der Gesamtanlage, eine Perfektion, von der sich vorstellen läßt, daß sie nach großen Vorbildern gebaut wurde. Immerhin gibt es einige nicht nur formale Übereinstimmungen der Pyramidenbauten in Ost und West: Ihre Grundbauten waren nach den Himmelsrichtungen orientiert, ihre Wände im Inneren waren mit Schriftzeichen bedeckt – und sie dienten als Gräber! Sie haben auch eine recht ungewöhnliche Form, die den Bauherren der ganzen Welt nur in Ägypten und in Mesoamerika eingefallen ist.

Das Argument, die amerikanischen Pyramiden seien lediglich als Basis für einen Tempel gebaut, während die ägyptischen Pyramiden als Königsgräber konzipiert worden seien, war bis zu dem Tag gültig, an dem der Archäologe Alberto Ruz Lhuillier 1952 in Palenque das erste Herrschergrab einer Pyramide entdeckte.[336] Es ist so prunkvoll und gigantisch, daß es jedem Pharao zur Ehre gereicht hätte. Mit dieser Entdeckung eröffneten sich völlig neue Perspektiven für die Amerikanistik.

Nun gut, werden einige sagen, ein Pyramidengrab macht noch kein Ägypten! Aber so leicht sollte man es sich nicht machen, denn immerhin steckt die archäologische Erforschung Altamerikas noch in ihren Anfängen. Nur wenige Pyramiden sind wirklich gründlich daraufhin untersucht worden, ob sie nicht womöglich doch an einer geheimnisvoll getarnten Stelle in ihrem Inneren ein Grab bergen. Und ganz sicher ist für diese Suche niemals so viel Zeit, Intuition und Enthusiasmus aufgewandt worden wie von Alberto Ruz, der jahrelang systematisch nach diesem Grab gesucht hat und dessen Beharrlichkeit ihm dann schließlich auch den entsprechenden Erfolg brachte.

Von den bisher freigelegten sowie von den zahllosen bisher noch nicht freigelegten Pyramiden ist noch manche Überraschung zu erwarten. Man machte es sich zu leicht, wenn man die Vergleichbarkeit der gigantischen Bauwerke in Ost und West mit einem Handstreich abtäte. Die noch nicht einmal gültig bewiesenen Unterschiede der Konzepte im Pyramidenbau rechtfertigen diese Haltung jedenfalls nicht. Eines (fernen) Tages, wenn alle Pyramiden Amerikas ausgegraben und die Fragen der Datierung von den Altamerikanisten endgültig und stimmig beantwortet sein werden, kann man auch die Frage der Vergleichbarkeit der Pyramiden in Ost und West abschließend erörtern.

Nicht nur die Parallelen in der Konstruktion der Pyramiden und in ihrer Funktion als Herrschergrab sollen hier im Rahmen des kulturgeschichtlichen Indizienprozesses genannt werden, sondern auch die Form des Sarkophags in der Pyramide des »Tempels der Inschriften« (Palenque) ist erwähnenswert. Unter dem rechteckigen, monolithischen Deckel mit reichem Reliefschmuck hat der Sarkophag eine Form, die gar nicht derjenigen eines Deckels entspricht: Die obere Partie in Kopfnähe ist oval geschwungen, im unteren Drittel verengt sie sich und am Fußende schwingt sie weit nach außen. In der Aufsicht wäre diese Form vielleicht mit einem griechischen Omega zu vergleichen.

Auch bei den Phöniziern und deren großen Vorbildern, den Ägyptern, weisen die anthropomorphen Sarkophage oft einen gerundeten oberen Abschluß und ein geschwungenes Fußteil auf. Dieses geschwungene Fußteil hatte eine praktische Funktion: Die Mumienkästen der Ägypter wurden aus Holz gefertigt und meist aufrecht hingestellt. Das breitere Fußteil verlieh dem Mumienkasten dabei die gewünschte Standfestigkeit. Die Phönizier übernahmen diese Form, wie so oft, recht unreflektiert. Auch wenn sie ihre Mumien in Steinsarkophagen bestatteten, die niemals aufrecht gestellt wurden, verwendeten sie das Fußteil. Den Phöniziern schien es zu gefallen, weil es ihnen die Ägypter vormachten. So hatte also auch der phönizische Sarkophag neben dem gerundeten Kopfteil und der Verjüngung im unteren Drittel – worin eine logische Entsprechung zur Form des Bestatteten zu sehen ist – ein geschwungenes Fußteil. Daß die Mayas sich zu genau derselben Form des Sarkophags entschieden, ist schon eine bedenkenswerte Duplizität.

Erstaunliche Langlebigkeit beweist überall die Stele als eine Form des Denkmals und der Ehrung. Der aufrecht gestellte Stein wurde seit alters in Ost und West verwendet, um eine Person oder ein wichtiges historisches Ereignis würdig und dauerhaft zu ehren und der Nachwelt in Erinnerung zu halten. (Abb. 181, 182)

Die Popularität der Stele als einer Idealform des in Stein gehauenen »ewigen« Gedenkens überdauerte bis in die heutige Zeit, in der die Stele als Grabstein fungiert. Die oft imponierend hohen Stelen der mesoamerikanischen Indios sind meist überreichlich mit Reliefs und Hieroglyphen bedeckt. Zwar kann man die Stelen bisher meist nur partiell, oft nur in ihren Datumsangaben und Herrschernamen entziffern, aber so viel ist gewiß: Die Stelen dienten genau wie in der Alten Welt als Gedenksteine.

Sind Säulen in Menschengestalt, die sogenannten Karyatiden oder Atlanten, ein originelles und unverwechselbares Bauelement? Kann die Idee, ein Dach oder ein Gebälk durch Pfeiler in Form einer aufrecht stehenden menschlichen Figur zu stützen, zweimal erdacht werden? Gewiß! Aber bemerkenswert ist schon, daß auch die Verwendung dieser Formen in beiden Hemisphären synchron einsetzt. Im Mittelmeerraum, also just in dem Raum, aus dem die mesoamerikanische Kultur so viele erste Anregungen empfing, sind die Karyatiden und Atlanten genau in dieser Zeit ein beliebtes Bauelement, in der auch die Olmeken die Säulen in Menschengestalt verwenden.

Allerdings scheint es, als hätte man in Altamerika die »männlichen« Säulen (Atlanten) und in der Alten Welt die »weiblichen« Säulen (Karyatiden) bevorzugt.

Als Bildbeispiele seien denn auch die weltbekannten Karyatiden des Erechtheiontempels der Akropolis den ungefähr zeitgleichen Atlanten der Olmeken-Stadt La Venta gegenübergestellt. (Abb. 183, 184)

Die Suche nach »Kopien« geht weiter. Hier eine recht originelle Parallele aus dem Grenzbereich zwischen Architektur und Skulptur: Gemeint ist das sogenannte Naiskos, ein Kultbildschrein in der Form eines Tempelchens. Eine menschliche Gestalt hockt unter einem viel zu niedrigen Dach und lugt darunter hervor. Ins Auge springt, daß bei dieser Form des Nebeneinanders von Tempel und menschlicher Gestalt die Dimensionen beziehungsweise Proportionen nicht stimmig sind, da die Figur im Verhältnis zum Haus viel zu groß ist. Die meisten Objekte dieser doch recht seltsamen Kultschreine der Phönizier sind in der Zeit zwischen dem 6. und dem 2. Jahrhundert v. Chr. entstanden. In Altamerika wurde zur gleichen Zeit eine stilistisch zwar sehr verschiedene, vom Konzept her aber identische Form gewählt. (Abb. 185)

Ein altamerikanisches Gegenstück zum phönizischen »Naiskos« findet sich im olmekischen La Venta: Zur selben Zeit, in der die Phönizier den »Naiskos« für ihren Kult nutzten, hielten es auch die Olmeken für die passende Form, ihren Gott-Herrscher darzustellen, indem sie ihn gebückt unter das viel zu niedrige Dach zwängten! Das Portal des Schreins wird bei den Olmeken übrigens von zwei (altweltlichen) Lotosblüten flankiert! (Abb. 186)

Im olmekischen La Venta wird dieser Typ des niedrigen Schreins mit darunter hockender Figur auch durch das Kordelmotiv geschmückt, das in anderem Zusammenhang bereits ausführlich als ein typisch phönizisches Schmuckelement vorgestellt und an verschiedenen Bildbeispielen auch für Altamerika nachgewiesen wurde. Der olmekische Gott-Herrscher unter dem Tempeldach hält in der Rechten eine schwere Kordel beziehungsweise ein Tau, das sich um den Altar herumwindet und auf der Seitenfront am Hals einer männlichen Gestalt endet. Jede Meinungsäußerung über den Sinngehalt dieser Darstellung kann wohl nur eine Mutmaßung sein. Es geht hier wiederum weniger um den Sinn der Szene als um ihre Gestaltung. Und diese Gestaltung ist so differenziert und komplex, daß es sich verbietet, hierin das Gesellenstück der Künstler einer jungen Kultur zu sehen. Vielmehr stellt sich die Frage nach den Lehrmeistern dieser Gesellen.

Die Fragen nehmen kein Ende. Zu den architektonischen Großtaten der altamerikanischen Baumeister zählen nicht nur die spektakulär aufragenden Pyramiden, sondern auch die unterirdischen Bewässerungs- oder Abwasserkanäle. In Palenque zum Beispiel wurde der Fluß in ein steinernes Flußbett umgeleitet, das mit einem Kraggewölbe überfangen und so breit angelegt wurde, daß vier bis fünf Personen nebeneinander das Flußbett durchwaten konnten.[337]

Warum diese aufwendige Breite der unterirdischen Kanalisation? Diese Frage konnten die Architekten der Neuen Welt möglicherweise selbst nicht beantworten. Vielleicht hätten sie einfach nur darauf verwiesen, daß auch ihre Lehrmeister aus der Alten Welt die Kanalisation in dieser komfortablen Breite konzipiert hatten. Die Ägypter jedenfalls verfügten über vorbildliche Anlagen dieser Art, die denn auch den jüngeren Kulturen des Mittelmeerraumes zum Muster wurden. In Rom begannen bereits die Etrusker mit dem Bau von unterirdischen Abwasserkanälen, die nach und nach bis auf vier Meter Höhe und vier Meter Breite ausgebaut wurden. Natürlich waren auch die Kanalisationsbauten der Römer gepflastert und mit einem Gewölbe überdeckt, gerade so wie bei den Mayas von Palenque.

Auch in der Badekultur fehlt es nicht an Parallelen. Raffinierte Badeanlagen finden wir hüben wie drüben. Die Vorstellungen von einem perfekten Badekomfort schienen in Ost und West übereinzustimmen. Oder waren die Lehrbücher der Architekten dieselben?

So bauten Mayas in Tikal ihre Badeanlagen mit einem Dampfbad und einem Raum für ein kühles Bad. Den Luxus eines römischen Bades mit Tepidarium, Caldarium, Frigidarium und Apodyterium erreichte das Maya-Bad zwar nicht, aber der Badekomfort war dennoch vergleichbar.

Zu einer derartigen Badeanlage gehörten natürlich auch die entsprechenden Wasserreservoirs sowie eine Reihe von Zuleitungen und Abwasserleitungen.[338] Das waren beeindruckende Projekte, vor allem wenn man bedenkt, wie schwierig es war, das Wasser überhaupt heranzuschaffen. Ohne ein gut durchdachtes Kanalisationsnetz waren die Badeanlagen jedenfalls nicht zu betreiben. Sehr viel Aufwand für einen Badeluxus, der in der Alten und der Neuen Welt gleichermaßen unentbehrlich gewesen zu sein scheint!

8 AGRIKULTUR UND ALLTAG

Zu den großen Leistungen im Ackerbau gehört es seit frühester Zeit, die Hänge von Bergen zu terrassieren, damit sich bebau- und bewässerbare, das heißt ebene Felder ergeben. Sowohl die Phönizier (und andere Altweltler) als auch die Mayas (und andere Altamerikaner) kannten und nutzten die Möglichkeiten des Terrassenanbaus.

Worauf die Phönizier aus Not, die bekanntlich erfinderisch macht, verfielen, das wurde den Altamerikanern geschenkt. Nach ihrer eigenen Überlieferung war es der »weiße Gott aus dem Osten«, der ihnen den Terrassenanbau zeigte.[339] Das mag den Konvergenzlern unglaubhaft klingen, und ihr Einwand, jede intelligente Kultur müsse mit einer gewissen Zwangsläufigkeit auf eine solche Lösung der Anbauprobleme verfallen, scheint auch nicht unberechtigt. Aber so selbstverständlich und simpel, wie sie es hinzustellen suchen, ist die Verwendung von terrassierten Berghängen denn doch wieder nicht. Das zeigt die Situation im heutigen Maya-Gebiet. Die *tzeltal*-sprechenden Mayas von heute »betreiben auf dem terrassierten Gelände keinen Feldbau mehr und wissen auch nichts über die einstige Funktion der hangparallelen Steinsetzungen«.[340]

Die hohe Wertschätzung der »heiligen Zeder« dürfte

mit den phönizischen Seefahrern nach Altamerika gelangt sein. Dieser Baum gehörte zu den wichtigsten Handelsgütern der Phönizier und blieb jahrhundertelang die Basis ihrer lukrativen Geschäfte; denn auch ihre erfolgreichen Schiffe waren aus dem Holz der Zeder gebaut.

Aber es waren nicht nur Qualität und Marktwert, die dem Zedernholz bei den Phöniziern eine Sonderstellung unter den Hölzern verlieh. Auch die kultische Verwendung der Zeder spielte eine wichtige Rolle. Spätestens seit dem zweiten vorchristlichen Jahrtausend verwendeten die Ägypter das Zedernholz für so geheiligte Dinge wie Mumienschreine und Weihrauchgefäße sowie zum Einbalsamieren der Toten. Ein Nebenprodukt der Verarbeitung des Zedernholzes waren die wohlriechenden ätherischen Öle, die für Kulthandlungen verwendet wurden. Der Dämon Humbaba, der unter anderem im Gilgamesch-Epos eine wichtige Rolle als Beschützer der heiligen Zedernwälder spielt, bestätigt ebenfalls die Sonderstellung dieses Baums.

Auch den Mayas war die Zeder heilig. Eric Thompson weist darauf hin, daß zum Beispiel der Dresdner Codex im Zusammenhang mit der Neujahrszeremonie das Zeichen für Holz und – auf der Rinde des Baumes – das Zeichen für Gott verbindet: »... *it indicates that the post is of the holy ceder wood (ku-che)*«.[341] Genau wie man den Ceiba-Baum als »Mutterbaum der Menschheit« verehrte, wurde auch die heilige Zeder bei Rodungsarbeiten unter besonderen Schutz gestellt beziehungsweise verschont.[342] Eine ungewöhnliche Parallele diesseits und jenseits des Atlantik!

Von der heiligen Zeder nun zur profanen Süßkartoffel: Dieses Agrarprodukt hat seit Jahren Stoff geboten für hitzige Auseinandersetzungen zwischen Diffusionisten und ihren Gegnern. Sie galt lange als der erste unwiderlegbare Beweis für präkolumbische Kontakte zwischen Amerika und Ozeanien! Die Süßkartoffel war es, die die Tür zwischen dem Lager der Diffusionisten und Anti-Diffusionisten einen Spalt breit öffnete. »Wie war es möglich«, fragte man sich plötzlich interessiert, »daß die Süßkartoffel in *beiden* Hemisphären existierte?« Bei allen anderen Pflanzen hatten die Botaniker festgestellt, daß sie *entweder* auf dem amerikanischen Kontinent *oder* im Rest der Welt zu finden waren. Einzig die Süßkartoffel hatte offenbar den Sprung über das Weltmeer geschafft! Als Vehikel für die Wanderung der Süßkartoffel kommt nur ein Boot in Frage. Und dieses Boot kam wohl über den Pazifik. Dafür spricht jedenfalls die Tatsache, daß die Kartoffel von den peruanischen Quechua-Indianern als *kumar* und von den Polynesiern als *kumara* bezeichnet wird.[343] Eine größere etymologische Übereinstimmung ist wohl kaum vorstellbar. Aber es geht in diesem Text nicht um die *transpazifischen* Kontakte zu Amerika, sondern um die Vorgänger des Kolumbus auf der Atlantikroute.

Als Beispiel transatlantischer Parallelen in der Agrikultur sei die Baumwolle genannt. Sie bot Biologen und Amerikanisten noch mehr Grund zur Verblüffung als die Süßkartoffel, da sie in einer ganz besonderen Weise hybrid ist. Die Baumwolle ist in Indien schon für das dritte Jahrtausend nachzuweisen. Später gelangte sie über Persien in den Vorderen Orient und wurde im 10. bis 8. Jahrhundert v. Chr. von den Arabern nach Nordafrika und Südspanien eingeführt. Ob sie nach Amerika über die ostasiatischen Länder oder über iberisch-punische Handelsplätze kam, ist nicht mit Sicherheit zu sagen. Sicher ist nur, daß die vorkolumbischen Inkas und Azteken die Baumwolle kannten.

Aber das ist nur ein Teil der Überraschung, die noch größer wird durch eine Forschungsarbeit der Wissenschaftler Hutchinson, Silow und Stephens, in der es um eine Baumwollart aus der peruanischen Siedlung Huaca Prieta geht.[344] Diese Siedlung wurde mit Hilfe der C-14-Methode in das zweite vorchristliche Jahrtausend datiert. Zwar hat man vor kurzem peruanische Siedlungen ausgegraben, deren Alter sogar noch um einiges höher angesetzt wird, doch gehört Huaca Prieta jedenfalls mit zu den ältesten Siedlungen Perus. Hier nun lassen sich verschiedene Spuren sehr alter kultureller Hochleistungen finden, und hier fand sich, zum Erstaunen der Forscher, auch eine Baumwollart, bei der es sich um eine *Kreuzung* zwischen der amerikanischen und der altweltlichen Standardform handelt.

Es ist unverständlich, daß diese eigentlich *aufsehenerregende* Tatsache bisher so wenig beachtet wurde. Dabei birgt dieser biologische Tatbestand ausreichend Zündstoff, um die Bastionen der Anti-Diffusionisten zu sprengen. Die Forscher stellten nämlich fest, daß die Baumwolle aus Huaca Prieta 26 Chromosome, und zwar 13 kleine und 13 große, aufweist. Die altweltliche Baumwolle besitzt 13 große und die wildwachsende amerikanische Baumwolle 13 kleine Chromosome.[345] Es kann sich bei der hybriden Baumwollpflanze aus Huaca Prieta also nur um eine biologische Kreuzung der altweltlichen mit der wildwachsenden amerikanischen Pflanze handeln. Wegen der Bedeutung dieser Feststellung haben sich aus dem Lager der Anti-Diffusionisten Stimmen gemeldet, die diese biologische Kreuzung als eine kontinuierliche Eigentwicklung deklarieren. Aber diese Einwände sind wissenschaftlich nicht haltbar.[346]

Als Einzelphänomen wäre der Baumwollmischling aus Huaca Prieta schon interessant genug. Im Verbund mit anderen Merkwürdigkeiten der frühen südamerikanischen Kulturen ist er es um so mehr. Eines dieser sonderbaren Phänomene um die Baumwolle ist ihre Weiterverarbeitung. Sie gibt Rätsel auf, die sich nur lösen lassen, wenn man die Lösung jenseits des Atlantik sucht. Gemeint ist die Perfektion der Webkunst in den frühen und nur in den frühen Kulturen Amerikas. Gerade das spricht für einen fremden *spiritus rector*, der in der formativen Phase nach Amerika kam.

Ein solcher unvermittelter Beginn des Kulturgeschehens ist im übrigen ja nicht nur – »zufällig« – an einem einzigen Ort, sondern gleich in mehreren Regionen der Neuen Welt nachzuweisen. Auch die Olmeken-Kultur Mittelamerikas überrascht, wie bereits gezeigt, mit einem unvermittelten und ausgereiften Anfang. Das augenfälligste gemeinsame Merkmal dieser »frühreifen« Kulturen ist dabei, daß sich der Ehrgeiz in Süd- und Mittelamerika gleich zu Anfang auf anspruchsvolle, hochgesteckte Ziele wie Pyramiden, mehrgeschossige Bauten, Luftschächte, Kanalisationssysteme und ähnliches richtete.

Ob auch Olmeken eine hochentwickelte Webkunst beherrschten, läßt sich nicht sagen. Jedenfalls hat man keine Geweben gefunden, an denen sich dies nachweisen ließe. Denkbar wäre, daß Textilien im feuchtheißen Klima der Golfregion schneller zerfallen sind als im Hochland von Peru. Von den Mayas haben sich aber Stoffreste erhalten, die das Wasser des heiligen Brunnens in Chichen Itza (Yucatán) jahrhundertelang konserviert hat. Einiges über die frühen Textilien wissen wir außerdem durch die zahlreichen Darstellungen, auf denen sich die phantasievollen Stoffmuster erkennen lassen: Sie sind äußerst raffiniert – aber ganz und gar nicht nach altweltlichem Vorbild entworfen!

Über die Textiltechnik wissen wir mehr. In Peru hat man mehr als tausend verschiedene Überreste von präkolumbischen Baumwolltextilien gefunden, die eine gültige Aussage über die frühesten Webtechniken einigermaßen leichtmachen. Die Ergebnisse der Untersuchung belegen, daß es sich bei den frühen Arbeiten um Schlingentechniken zur Herstellung von Maschenstoffen und Flechtereien handelt.[347] Diese textilen Techniken zählen überall in der Welt zu den einfachsten, und Übereinstimmungen sind folglich wenig überraschend. Überraschend ist nur die hohe Perfektion der Gewebe aus Paracas (900–200 v. Chr.), die in späteren Zeiten nicht mehr erreicht wurde.

Erstaunlich ist auch die Übereinstimmung der technischen Details von Webgeräten in Ost und West. So gleichen peruanische Webstühle einem ägyptischen Webstuhl, der in einem thebanischen Grab abgebildet wurde. Einige Webgeräte bestanden in beiden Hemisphären aus elf Elementen, die nach dem gleichen Prinzip angeordnet waren. Obendrein gleichen die Spinnwirteln aus Phönizien Fundstücken aus der Neuen Welt so sehr, daß selbst Fachleute sie nur mit Mühe unterscheiden können.[348]

Es zeigt sich also, daß die Technologie interkontinental war, die handwerklichen Arbeiten dagegen eine sehr deutlich amerikanische Prägung hatten. Wie es aussieht, benutzten die Indios das technische *Knowhow* der Fremden für ihre eigenen, eigenständigen, typisch amerikanischen Kreationen.

Die These, daß die Webkunst ein von den Indios

ehrfürchtig angenommener Kulturimport aus der Alten Welt war, wird von der Tatsache gestützt, daß die Webkunst in Altamerika als etwas Heiliges galt. Die Maya-Frauen richteten vor ihrer Arbeit am Webstuhl ein Gebet an die Schutzherrin der Webkunst,[349] Ixchel, die gleichzeitig auch die Mondgöttin war.[350] Daß die Mondgöttin höchstpersönlich ein wachsames Auge auf die Frauen am Webstuhl warf, stellt die Bedeutung der Webkunst zusätzlich unter Beweis.

Auf dem Gebiet der Handwerkstechniken lassen sich auch in der Metallverarbeitung aufschlußreiche Ost-West-Parallelen finden. Seit wann der Alten Welt das Gold bekannt war, ist nicht mit Bestimmtheit zu sagen. Und woher speziell die Phönizier das Gold bezogen, das sie um 1000 v. Chr. unter anderem an den jüdischen König Salomon lieferten, ist ebenfalls nicht sicher. »Ophir« nennt die Bibel das Land, aus dem das Gold kam.[351] Andere antike Texte nennen es »Punt«. Verläßliche geographische Angaben zur Herkunft des Goldes gibt es jedenfalls nicht.

Was ist nicht alles unternommen worden, um dieses sagenumwobene Goldland auf der Landkarte dingfest zu machen. Aufschluß suchte man in den Zeitangaben der antiken Berichte, in denen von einer »langen, ununterbrochenen Seereise Richtung Süden« die Rede ist. Das hilft auch nicht viel weiter. Aber zu genau sollten die Angaben über das Goldland wohl ohnehin nicht sein; denn schließlich war es Teil der phönizischen Strategie, ihre Routen vor möglichen Konkurrenten geheimzuhalten.

Darf dieses Goldland in Amerika gesucht werden? Diese Frage wird von einigen bejaht,[352] und zwar unter anderem deswegen, weil das Alte Testament und andere antike Texte im Zusammenhang mit der Beschaffung des Goldes auch die antike Stadt Tartessos (Tarschisch) erwähnen, die, genau wie das von den Phöniziern gegründete Cádiz, an der iberischen Atlantikküste lag. Tartessos galt als das Zentrum der Metallverarbeitung und unterhielt mit den Phöniziern enge Handelsbeziehungen. Die Verbindung von Tartessos zum amerikanischen Kontinent, das heißt zum »Goldland«, ist im Licht all dieser Fakten durchaus denkbar.

Wichtiger als die Lokalisierung des legendären Goldlandes sind für unsere Fragestellung die Übereinstimmungen in der Metallverarbeitung. In den Zeiten der ausgedehnten phönizischen Handelsexpeditionen nach Übersee kannten und praktizierten die Peruaner die Verarbeitung der Metalle Gold, Silber und Kupfer.[353] Ihre metallenen Schöpfungen waren Kunstwerke eigener Prägung. Stilistisch lassen sie kaum Anklänge an altweltliche Vorbilder erkennen. Ihre Verfahrenstechniken aber sind in vielen Punkten identisch mit altweltlichen Techniken der Metallverarbeitung. Für das Schmelzen, Versilbern, Sintern, Löten, Schweißen und Schmieden von Metallen wurden in beiden Hemisphären zur gleichen Zeit vergleichbare Methoden angewandt. Auch die komplizierteren Techniken wie Ziselieren und Granulieren sowie die Herstellung von Filigran und Emailmalerei beherrschte man auf beiden Seiten des Atlantik. Sogar die höchst ausgefallene Methode der Wachsschmelztechnik *(cire-perdue)* war in beiden Hemisphären bekannt. Auf sie soll hier etwas genauer eingegangen werden, weil die Übereinstimmung der komplizierten Arbeitsvorgänge doch sehr auffallend ist.

Die Methode der Wachsausschmelztechnik oder der

»verlorenen Form«, die noch in der Bildhauerkunst der europäischen Renaissance als hohe Schule der Gußtechnik galt, war nachweislich auch in der Neuen Welt bekannt. Eine Figur aus Ton wird zunächst mit feinem Kohlenstaub und dann mit einer Wachsschicht überdeckt; diese wiederum wird mit einer Tonschicht belegt, die die Wachsschicht völlig umhüllt. Lediglich ein kleines Spundloch bleibt frei, und Kernstützen verbinden den äußeren Tonmantel mit dem Tonkern. Dann wird das Ganze erhitzt. Dabei löst sich die Wachsschicht im Inneren auf und fließt aus dem Spundloch heraus. Zwischen den beiden Tonformen, die durch die Kernstützen getrennt bleiben, ist auf diese Weise ein Hohlraum entstanden, der mit flüssigem Metall ausgegossen wird.

Ist es eigentlich als selbstverständlich zu betrachten, daß ein derartig komplexes Verfahren völlig übereinstimmend in zwei durch einen Ozean getrennten Regionen entdeckt und angewendet wird?

Erstaunlich sind die Übereinstimmungen bei einem recht ungewöhnlichen Verfahren der Metallveredlung, bei dem eine Legierung aus Gold und Kupfer zu einer Form gegossen oder gehämmert wird. Dann wird die Oberfläche mit einer Säure bestrichen, die das Kupfer chemisch zersetzt. Auf der Oberfläche bildet sich dadurch ein goldener Schimmer. Die Kenntnis dieser raffinierten Verfahrenstechnik ist auf beiden Seiten des Atlantik nachgewiesen.[354]

Im Rahmen der Ausführungen zur Metallverarbeitung müßten eigentlich auch die zahlreichen Berichte über Münzfunde erwähnt werden. Münzen aus Mittelmeerländern wurden in verschiedenen Teilen Altamerikas gefunden. Meist aber sind die Fundumstände nicht gesichert und die Grabungsberichte nicht sehr zuverlässig,[355] so daß auf die »Beweiskraft« der Münzen hier verzichtet werden soll.

Zu den zahlreichen Parallelen in der Grauzone zwischen Medizin, Technik und religiösem Kult gehört das Aufmeißeln der Schädeldecke. Medizinisch ist die Trepanation dann erforderlich, wenn am Gehirn oder an den Blutgefäßen unter der Schädeldecke operiert werden muß. Seit etwa 1500 v. Chr. wurde diese Operation im Vorderen Orient erstaunlich häufig durchgeführt. Zur gleichen Zeit übten sich auch die Indios in der Kunst der Trepanation, und zwar mit einer Leidenschaft und Häufigkeit, die wohl weit über das medizinisch Erforderliche hinausging. Das ist immerhin bemerkenswert für eine Operation, bei der es sich ja keineswegs um einen leichten Eingriff handelte. Die Schädeldecke wurde mit einer Muschelsäge oder einem Steinmesser aufgesägt, was im übrigen längst nicht in jedem Fall tödlich verlief. Wie die Wulstbildung an den verheilten Wundrändern der vielen gefundenen Totenschädel mit Trepanationsöffnung beweist, hatte der Patient oder das Kultopfer trotz der Trepanation eine Chance weiterzuleben![356]

Neben der Trepanation und der Schädelverformung wurde auch schon die Beschneidung genannt. Jede einzelne dieser ungewöhnlichen Praktiken könnte schon auf einen kulturellen Austausch zwischen jenen Völkern hinweisen, die diese Bräuche praktizierten. All diese Praktiken finden sich aber nicht einzeln, sondern im Verbund: Wo der eine Brauch geübt wird, ist auch der andere üblich. Dadurch potenziert sich die Beweiskraft dieser sonderbaren Praktiken – ein weiteres Feld der »kumulativen Evidenz«.

Auf dem Gebiet der Medizin soll noch eine letzte

verblüffende Parallele genannt werden: die Krüppel, Amputierten, Zwerge, Mißgeburten oder durch Krankheit entstellten Menschen, wie Gichtkranke und Pokkennarbige. In Ost und West scheinen diese Menschen im gleichen Maße eine Faszination auf ihre gesunden Mitmenschen ausgeübt zu haben. So sorgten an den Königshöfen der Alten Welt Mißgeburten durch ihr bizarres Aussehen für Zerstreuung; Zwerge traten als Narren und Clowns auf.

Aus Altamerika kennt man nur die Darstellungen dieser unglückseligen Kreaturen, nicht aber den Hintergrund des offenkundigen Interesses an ihnen. Möglicherweise ist es mehr als die überall anzutreffende Lust des Menschen am Grotesken und Monströsen. In diesem Zusammenhang soll noch einmal die Verehrung von häßlichen Zwerggöttern[357] in der Alten und der Neuen Welt genannt werden.

Ob auch die Idee des *Danse Macabre,* des Totentanzes, in unser Gesamtbild gehört, ist schwer zu entscheiden. Das Sinnbild des tanzenden und musizierenden Skeletts, das den Lebenden in ihrer Narrheit zum Tanz aufspielt, ist allerdings derart komplex und originell, daß sein Erscheinen in beiden Hemisphären zumindest eine kurze Erwähnung lohnt. (Abb. 187, 188)

Unser Überblick soll nicht mit diesen dunklen Tönen enden. Ein freundlicherer Ausklang ist das Thema Mode beziehungsweise Kleidungssitten, das offenbar schon immer und überall im Blickpunkt des Interesses stand. Ohne dieses Interesse wäre es wohl nie zu der Vielfalt in Farbe, Material und Design gekommen, wie sie für alle geschichtlichen Phasen der Menschheit dokumentiert ist. So sei auf einige Beispiele der phantasievollen Hutmode hingewiesen, denen ein spezifischer, unverwechselbarer Stil auf beiden Seiten des Atlantik gemeinsam ist.

Daß die Kopfbedeckung, wie fast alles im Leben unserer Vorfahren, meist einen engen Bezug zu Kult, Ritus oder Brauchtum hatte, ist als sicher anzunehmen. Entsprechend korrekt und konstant sind die Darstellungen von diesen »Bestandteilen« des menschlichen Erscheinungsbildes in Ost und West. Der Kopfputz einer steinernen Götterfigur aus Guerrero (Mexiko) wurde bereits mit einem Turban des Vorderen Orients verglichen.[358] Auch der kleine, konisch-spitze Hut der semitischen Priester konnte bereits an den Huckepackträgern aus Panama und verschiedenen anderen altamerikanischen Darstellungen wiederentdeckt werden. (Abb. 189, 190)

Wegen seiner ganz besonderen Originalität sei auch noch einmal an den »orientalischen« Turban eines Mädchens aus Guerrero erinnert. Die gewickelten Bänder, die spitz zulaufende Form des ungewöhnlich hohen Kopfputzes, die Verzierungen in der Mittelpartie und die erkennbar unterschiedlichen Stoffarten, aus denen die komplizierte Kopfbedeckung gefertigt wurde, machen diese zu einem unverwechselbaren Kleidungsstück, das die Kopie einer libyschen Tracht gewesen sein muß.[359] Jedenfalls wird sie in genau derselben Weise von der jüdischen Braut in Marokko getragen (vergleiche Abbildung 32).

Eine für Altamerikaner ganz ungewöhnliche Kappe mit hochgeschlagener Krempe trägt ein Maya mit europiden Gesichtszügen und Kinnbart, offensichtlich ein Fremder unter den Indios. Wollte man die Kappe in irgendeinen Modestil einordnen, so wäre zunächst wohl an die mittelalterliche Mode in Europa, niemals jedoch an eine Indiotracht zu denken.[360]

148 Pilzstein in Phallusform mit figürlichem Schmuck (Mittelmeerraum)

149 Pilzstein in Phallusform mit figürlichem Schmuck (Mesoamerika)

150 Kultisches Rasurmesser (Karthago)

151 Hand und Arm umwickelt mit Riemen (Veracruz)

152 Hand und Arm umwickelt mit jüdischen Gebetsriemen

153 Altweltliches Weihrauchgefäß

151

152

153

154 Altamerikanisches Weihrauchgefäß (Guatemala)

154

155 Totenmaske aus Goldblech (Peru)

156 Totenmaske aus Goldblech (Phönizien)

157 Lotusblume; Fries auf dem Sarkophag des Ahiram (Phönizien)

158 Lotusblume auf einem Wandgemälde (Bonampak/Guatemala)

159 Lotusblume mit Krokodilgott der Maya

160 Goldener Schmuck in T-Form (Karthago)

161 Steinrelief mit Kordelmotiv (Guatemala)

162 »Schmuck der Vornehmen« in T-Form (Teotihuacan/Mexiko)

163 Kupferplättchen (Zypern)

164 Kupferplättchen (Ohio/Nordamerika)

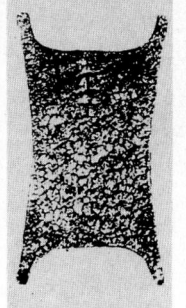

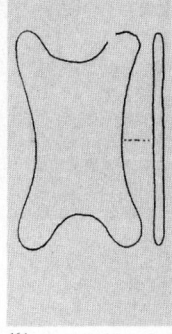

165 Lebensbaum mit Priestern beim Weihrauchopfer (Mexiko)

166 Zeichnung nach Abbildung 165

167 »Huckepack«-Motiv (Westafrika)

168 »Huckepack«-Motiv (Panama)

169 Altamerikanischer Tiegel in Rechteckform mit Griff in Menschengestalt (Chile)

170 Altweltlicher Tiegel in Rechteckform in Menschengestalt (Afrika)

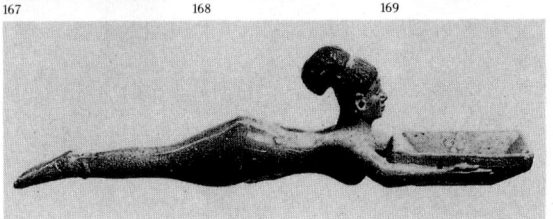

171 Anthropomorpher Lampengriff
    (Zypern)

172 Anthropomorpher Lampengriff
    (Veracruz)

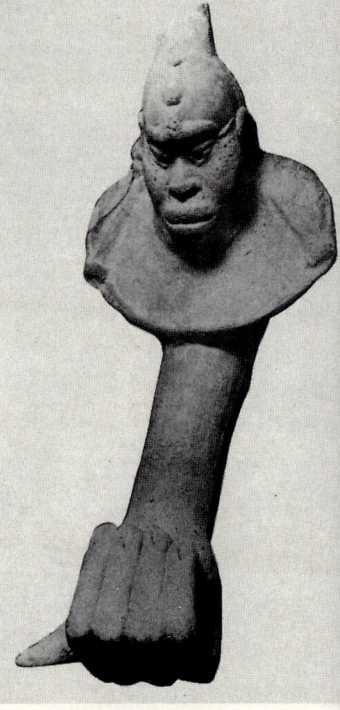

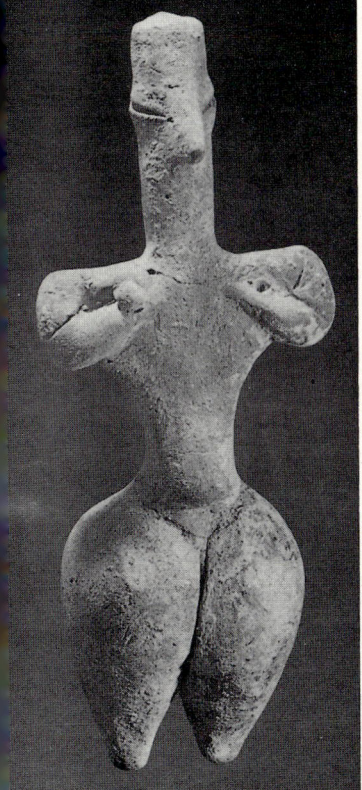

173 Zoomorphes Trinkgefäß (Mittelmeerregion)

174 Zoomorphes Trinkgefäß (Peru)

175 Altweltliches Idol (Mittelmeerregion)

176 Altamerikanisches Idol (Tlatilco/Mexiko)

177 Wechselnde Profil- und Frontalsicht (Ägypten)

178 Wechselnde Profil- und Frontalsicht (Südamerika)

179 Kraggewölbe (»Falsches Gewölbe«) (Ras Shamra/Vorderer Orient)

180 Kraggewölbe (»Falsches Gewölbe«) (Yucatan/Mexiko)

181 Stele als Gedenkstein (Karthago)

182 Stele als Gedenkstein (La Venta/Mexiko)

183 »Menschliche Säulen« (Karyatiden) (Griechenland)

184 »Menschliche Säulen« (Atlanten) (La Venta/Mexiko)

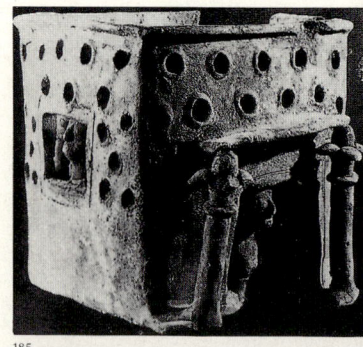

185 Kultfigur unter dem Dach eines Kultschreins (Phönizien)

186 Kultfigur unter dem Dach eines Kultschreins (La Venta/Mexiko)

187 Tanzendes, musizierendes Skelett (Peru)

188 Tanzendes, musizierendes Skelett (Danse Macabre); Hans Holbein

189 Bärtige Kultfigur mit spitz-konischem Hut (Zypern)

190 Bärtige Kultfigur mit spitz-konischem Hut (Mesoamerika)

191 Kopf mit europider Physiognomie und Turban (Mesoamerika)

192 Kopf mit »orientalischem« Turban (Mesoamerika)

193 Hoher Zylinder mit flachem oberen Abschluß (Mittelmeerraum)

194 Hoher Zylinder mit flachem oberen Abschluß (Mesoamerika)

191

192

193

194

195 Minihut
(Guatemala)

196 Minihut
(Vorderer Orient)

196

197 Kopfstütze mit figürlichem Schmuck (Westafrika)

198 Kopfstütze mit figürlichem Schmuck (Südamerika)

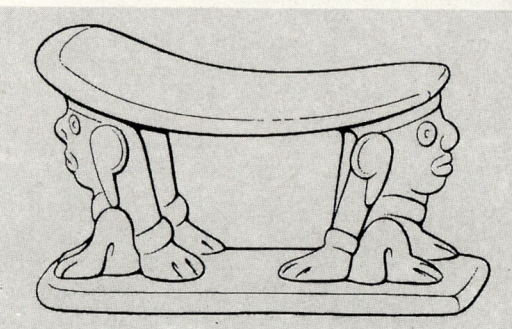

197

198

199 Kornmühle
(Ägypten)

200 Kornmühle
(Mesoamerika)

201 Tierfigur auf Rädern (Mesoamerika)

202 Tierfigur auf Rädern (Mesoamerika)

203 Tierfigur auf Rädern (Mittelmeerraum)

201

202

203

Auffallend große Ähnlichkeit mit einer orientalischen Kopfbedeckung zeigt auch der kugelrunde Turban auf dem Kopf eines Altamerikaners, der – wie zu erwarten – eine europide, schmale Gesichtsform erkennen läßt. (Abb. 191, 192)

Ein semitisch anmutender Altamerikaner trägt einen ganz geraden, ungewöhnlich hohen Zylinder, dessen Abschluß von einem kreisrunden Teller gebildet wird. Das »Gegenstück« findet sich auf dem Haupt einer altweltlichen Gestalt, die vor einem Salbgefäß hockt. Erwähnenswert ist nicht nur die völlige Übereinstimmung der Form des gigantischen Zylinders, sondern auch die Tatsache, daß dieser Zylinder offenbar zur gleichen Zeit auf beiden Seiten des Atlantik Mode war. (Abb. 193)

Zum Schluß sei noch ein winziger Hut erwähnt, der gerade wegen seiner Winzigkeit als unverwechselbar betrachtet werden muß. Krempe und Kopfteil wirken zu eng und sind, wie die Abbildungen 195 und 196 zeigen, nicht der Kopfform angepaßt. (Abb. 195, 196)

Hutmodelle waren für die Menschen jener Epochen nicht von einer so flüchtigen Bedeutung, wie es unsere heutigen, rasch wechselnden Hutmoden sind. Eine Kopfbedeckung war etwas Bleibendes, das über lange Zeit hinweg unverändert das Erkennungszeichen für ethnische Gruppen oder Völker, für einen Berufsstand oder für eine religiöse Vereinigung war – vergleichbar den Kardinalshüten, Kochmützen oder Narrenkappen.

In jedem Fall war die Kopfbedeckung in gewissem Sinn Teil ihres Trägers. Es ist daher anzunehmen, daß sie ihn auch auf einer großen Reise über das Meer begleitete. So konnten die Hüte zu einem exotischen Bestandteil der altamerikanischen Bildwelt werden und Zeugnis ablegen von den Atlantiküberquerungen ihrer Besitzer.

Zum Ausklang des kulturgeschichtlichen Vergleichs soll die Laterne des Spurensuchers auch die Szene der frühgeschichtlichen Mußestunden ausleuchten. Wiederum lassen sich bemerkenswerte Gleichklänge entdecken. Die Panflöte zum Beispiel war sowohl bei den Mittelmeeranrainern als auch bei den Altamerikanern beliebt. Bekanntlich besteht dieses Instrument aus verschieden langen Schilfrohren, die ähnlich wie die Orgelpfeifen angeordnet sind. Ist es denkbar, daß die frühen Musikliebhaber dieses Instrument unabhängig voneinander erdachten und in der gleichen Weise zusammensetzten? Vielleicht war es so. Aber überzeugender scheint sich die Übereinstimmung vielleicht doch durch einen Kulturimport erklären zu lassen. Wenn die griechische Mythologie nicht ausdrücklich davon berichten würde, daß der Hirtengott Pan höchstpersönlich die erste Flöte seines Namens geschnitten habe, dann kämen sicher auch die Indios als Erfinder dieses Instruments in Frage. Die West-Ost-Richtung ist im übrigen nicht nur hier, sondern auch bei einer Reihe anderer kultureller Parallelen denkbar.

Irwin erwähnt, daß das Brettspiel *patolli* von den Indios schon in vorkolumbischer Zeit gespielt wurde. Das gleiche Spiel (mit denselben Spielregeln!) findet sich unter dem Namen *parchesi* seit jeher auch bei den Indern.[361]

Waren die Altamerikaner müde von so viel Spiel und Spaß, legten sie ihr Haupt für eine kurze Siesta auf eine Kopfstütze aus Holz oder Stein, die meist sehr einfallsreich und aufwendig gearbeitet war.[362] So wurde die halbrunde Kopfstütze gelegentlich von einer knienden Gestalt oder einem ähnlich dekorativen Gegenstand gehalten. Auf den Einfall, den Kopf auf diese Weise zu stützen, waren einst auch die Afrikaner der

Westküste und die Ägypter gekommen, bei denen die Kopfstützen auch den Toten unter den Kopf gelegt wurden. Warum sollen sie dieses handliche Utensil nicht mit an Bord genommen haben, um in der Fremde nicht auf die ihnen vertraute Bequemlichkeit verzichten zu müssen. (Abb. 197, 198)

All diese Requisiten der Freizeit und Muße zeigen zum Leben der Frauen wenig Bezug. Diese werden statt dessen über ihre Kornmühle gebeugt dargestellt, auf der sie die Maiskörner für den nächsten Tag zu mahlen hatten. Diese Kornmühle bestand aus einem Mahlstein mit einer Steinmulde, auf der eine längliche Steinwalze über den Körnern hin- und hergerollt wurde. Ein Vergleich von Darstellungen arbeitender Frauen zeigt, wie zeitlos und international einst die Arbeitsutensilien unserer Ahnfrauen in Ost und West gewesen sind. (Abb. 199, 200)

Später erdachten die Altweltler zur Arbeitserleichterung allerlei Werkzeuge und Techniken, zum Beispiel mechanische Mühlen. Erfanden auch die Altamerikaner solche Mühlen, um das Korn effizienter zu mahlen als mit einer manuell betriebenen *metate*? Nein, denn dazu hätte es des Rades bedurft – und das Rad wurde von den Altamerikanern nicht verwendet. Über diese an sich unbegreifliche Tatsache sind ganze Bände geschrieben worden, meist in der Absicht zu beweisen, daß zwischen der Alten und der Neuen Welt kein Kontakt bestanden haben kann, weil Altamerika sonst mit Sicherheit das Rad übernommen hätte. Aber waren die Indios wirklich so einfältig, daß sie das Rad nicht auch selbst hätten erfinden können? Das will ihnen doch wohl niemand unterstellen – am wenigsten die Konvergenztheorieanhänger oder die Independenten, die ja ausdrücklich davon ausgehen, daß die Hochkultur in Altamerika autochthon ist und ihren Lauf ganz ohne jegliche Einwirkung von außen genommen hat. Gerade sie dürften doch nicht die Meinung propagieren, daß der Indio in all den Jahrhunderten vor dem Jahr 1492 die Erfindung eines Rades nicht zuwege bringen konnte!

Auch die Diffusionisten tun sich schwer mit einer Erklärung für das Fehlen des Rades in Altamerika. Schon allein die Tatsache, daß die Altamerikaner eine hochentwickelte Kultur auch ohne Rad zu schaffen vermochten, zeigt ja, daß es ihnen keinesfalls an Genialität fehlte. Dennoch: Warum verschmähten sie das Rad? Haben sie vielleicht keine Fuhrwerke mit Rädern gebraucht, weil die Flüsse und Flöße ein vollwertiger Ersatz waren? Hat man sich in Sänften tragen lassen, statt in Räderfuhrwerken chauffiert zu werden? Hatte der Verzicht auf das Rad vielleicht kultische Gründe? Hatte man vielleicht nicht die geeigneten Zugtiere? Tauchen schon in der nächsten archäologischen Ausgrabung möglicherweise ganze Fuhrparks auf, die nur zufällig bisher noch nicht gefunden wurden? Oder sind die hölzernen Räder in dem feuchten Tropenklima Mittelamerikas längst zerfallen?[363]

Bis heute ist man angesichts der Radlosigkeit ratlos. Eines aber steht fest: Ein Wagen oder Fuhrwerk mag von den Altamerikanern zwar nicht benutzt worden sein, aber unbekannt war ihnen die Idee des Wagens trotzdem nicht. Der Beweis für diese Behauptung fand sich auf mexikanischem Boden in Gestalt von Tierfiguren auf Rädern in Spielzeugformat.[364] (Abb. 201–203)

Vorder- und Hinterbeine dieser Tiere verbindet jeweils eine Radachse, an der zwei Räder montiert sind, so daß das tönerne Tier rollen kann. Das einzige Fahrzeug der Altamerikaner: in Spielzeugformat! Da klingen einem wahrhaftig die Worte des alten Homer im Ohr, dem die Praktiken der Phönizier auch im Detail vertraut zu sein schienen: »Die Phönizier waren berühmt in der Seefahrt und Erzschinder, und führten auf ihren Schiffen unzähliges Spielzeug.«[365]

Auf den Rädern dieses tönernen Spielzeugs beenden wir unsere Entdeckungsfahrt auf den Spuren altweltlicher Besucher Amerikas ...

* * *

Sorry, Kolumbus, auch das Rad rettet Deinen Ruf als Entdecker Amerikas nicht. Seit die Archäologen das tönerne Wägelchen aus altamerikanischen Zeiten entdeckt haben, lassen sich die Diffusionisten von Deinen Verehrern nicht mehr aufs – fehlende – Rad flechten. Die Spuren Deiner Vorgänger sind aus dem Nebel der altamerikanischen Geschichte aufgetaucht und können – dank des phönizischen Wägelchens – nunmehr lückenlos nachgezeichnet werden.

Daß allerdings ausgerechnet ein Kinderspielzeug die letzte Bastion der Anti-Diffusionisten zum Einsturz bringt, entbehrt nicht der Ironie. Fast scheint es unfair, ihnen die letzte Waffe im Kampf gegen die Diffusionisten auf diese Weise aus der Hand zu schlagen.

Aber Du selbst verläßt den Schauplatz der Geschichte ja nicht mit leeren Händen! Im Gegenteil: Als einen Mann mit Händen voller Gold und Silber wird Dich die Nachwelt in Erinnerung behalten. Die Schätze aus der Neuen Welt reichten aus, ein ganzes Königreich zu sanieren, zu finanzieren und als Weltmacht zu etablieren. Deine Auftraggeber nutzten das Gold der Indios für ihre kostspieligen Kriege im Namen des Kreuzes. Amerika wurde den spanischen Königen zur unerschöpflichen Schatztruhe. Und je reicher der Segen an Edelmetallen, desto unersättlicher wurde die Gier danach. Wenn die Indios als Zulieferer gelegentlich eine gewisse Säumigkeit an den Tag legten, dann mußtet Ihr eben hart durchgreifen. Und da paßte es gut, daß die Indios ohnehin keine Milde verdienten, denn schließlich waren sie ja Heiden und, was noch verwerflicher war, sie wollten es auch bleiben. Aber in Glaubensfragen wußtet Ihr eben für die gute katholische Ordnung zu sorgen! Und so erlagen die Indios schon bald Eurer Überzeugungsarbeit – oder Eurem Schwert.

Auch in Fragen von Kunst und Kultur mangelte es Euch nicht an Konsequenz und Strenge. Manche Menschen müssen eben zu ihrem Glück gezwungen werden. Und so zwangt Ihr die Indios, Eure Kultur als die einzig gültige anzuerkennen und anzunehmen.

Ja, die Indios lernten schnell und viel von Euch. Ihr offenbartet ihnen die Segnungen Eurer christlichen Welt. In der Bekehrung der Indios zeigtet Ihr Effizienz, Ernst und Sendungsbewußtsein – nur eines nicht: Toleranz! Las Casas, eine der wenigen rühmlichen Ausnahmen, hat davon berichtet.

Welch ein Unterschied zu den wahren Entdeckern Amerikas! Welch ein Unterschied zu den frühen Seefahrern vorchristlicher Jahrtausende! Sie betraten Amerikas Boden als Besucher, als Lehrer und Ratgeber. Ihre Ideen wurden zum zündenden Funken, zur Inspiration, zum Katalysator für die Entwicklung der altamerikanischen Hochkulturen, die uns heute, da wir sie allmählich zu überschauen gelernt haben, mit tiefem Respekt erfüllen. Den altamerikanischen Indios gegenüber praktizierten jene Fremden Toleranz. So konnte die Begegnung zweier Welten zu einem Miteinander werden. Fremdes und Indianisches verband sich zu einem Akkord, der über Jahrhunderte nachklang und unseren Ohren auch heute noch vernehmbar ist.

Die Ankunft der »Fremden« wurde den Altamerikanern zu einem Erlebnis, das sie nie aus ihrer Erinnerung löschten. Dem »weißen Gott« bewahrten sie ein ehrendes Gedenken. Er wurde zum Kernstück ihrer Legenden und zum Maßstab ihres Denkens und Handelns. Auf seine Rückkehr warteten sie noch, als Du kamst. Welche Ironie des Schicksals: Gerade weil diese Erinnerung an den »weißen Gott« so lebendig war und in so hohen Ehren gehalten wurde, gelang Dir und Deinen Nachfolgern die grausame Eroberung der Indiowelt um so schneller und risikoloser.

Montezuma und sein Aztekenvolk hielten in einem tödlichen Irrtum den weißen Eroberer Cortéz für den »weißen Gott«, der den Indios einst seine Rückkehr aus dem Osten versprochen hatte und den sie nun endlich wieder in ihrer Mitte willkommen heißen wollten.

Sorry, Kolumbus, spätestens, als Ihr von den Indios mit offenen Armen empfangen wurdet, mußtet Ihr wissen, daß Ihr nicht die Ersten wart, daß Du, verehrter Kolumbus, nicht der »Entdecker Amerikas« bist, als der Du seit 500 Jahren gefeiert wirst.

Anhang

ANMERKUNGEN

1 Maurice David, *Who was Columbus?* New York 1933.
2 Rozpide Beltran, *Cristóbal Colón Genovés?* Madrid 1925.
3 Ramón Pida Menéndez, *La Lengua de Cristóbal Colón,* Buenos Aires 1942.
4 Zu den Lehrbüchern, die Kolumbus gründlich studierte, zählen u. a. die 37 Bände der *Naturalis Historia* des Plinius und die *Historia Rerum Ubique Gestarum* des gelehrten Aeneas Sylvius de Piccolomini, des späteren Papstes Pius II.
5 Als Beispiel: Kolumbus übersetzt *hay* (span.) mit *habet* (lat.). Caesare Lollis, *Qui a découvert l'Amérique?* In: *Revue des Revues,* Paris 1898.
6 Fritz Baer, *Die Juden im Christlichen Spanien,* Berlin 1936.
7 Kolumbus wählte bei seiner Ernennung in den Adelsstand den Namen *de Terra Rubra,* eine kastilianische Entsprechung des katalanischen Namens *Monros,* zu deutsch Rote Erde; vgl. de Madariaga, *Christopher Columbus,* London 1949, S. 60 ff.
8 Madariaga, a. a. O., S. 62 ff.
9 Bartolomé de las Casas, *Historia de las Indias,* aus: *Colleción de Documentos Inéditos para la Historia de España,* Madrid 1875; zit. nach Madariaga, a. a. O., S. 57.
10 Zu den prominenten konvertierten »Neu-Christen« in Spanien und Portugal zählten damals: der damalige Bischof von Burgos, Lehrer des Prinzen Johann II. von Kastilien und Kanzler des Königreichs; Fray Alonso de Espina, Beichtvater des Königs und Rektor der Universität Salamanca; Diego Arias Davila, Vertrauter des Königs; Mosen Pedro de Caballeria, Finanzier und Vermittler der Hochzeit zwischen Isabella von Kastilien und Ferdinand von Aragon im Jahr 1469; Hernando de Talavera, Beichtvater der Königin; Gabriel Sanchez, Schatzmeister des Königshauses; Juan Pacheco, Vertrauter

des Königs; Juan Cabrero, Kammerherr des Königs; Luis de Santangel, Schatzmeister Ferdinands von Aragon, der sich am Königshof nachweislich für Kolumbus einsetzte. Vgl. hierzu: M. Keyserling, *Christopher Columbus and the Participation of the Jews in the Spanish and Portuguese Discoveries,* New York 1984, S. 30–59.

11 Das Interesse an der Seefahrt und an der Entdeckung neuer Inseln und Territorien war im 15. Jahrhundert sehr verbreitet und wurde von höchster Stelle durch in Aussicht gestellte Gewinnbeteiligung geschürt. Der Infant von Portugal erhielt wegen seines Engagements für die Seefahrt den Beinamen »Heinrich der Seefahrer«.

12 Seit dem 13. Jahrhundert waren Mallorca und das portugiesische Sagres Zentren für »Wissenschaftliche Erforschung von Land und Meer«. Der Begriff Kosmographie umfaßte bis ins 17. Jahrhundert neben der Geographie und Astronomie auch ganz speziell die Navigation. Zur Zeit des Kolumbus wurden Meßgeräte entwickelt, mit denen Messungen der Höhe des Pols an Bord von Schiffen durchgeführt werden konnten.

13 Berühmtestes geistiges Haupt der Akademie für Kosmographie in Sagres war im 15. Jahrhundert Jehuda Cresques, der sich nach dem Judenpogrom von 1391 in Jaime Ribes umbenannte. Ende des 15. Jahrhunderts war es Mestro Joseph Vizinho, ein Jude und Leibarzt des portugiesischen Königs. Auch andere »Vordenker« in der Kosmographie waren damals Juden. Vgl. Madariaga, a. a. O., S. 73 und S. 83.

14 Apokryphen, 4. Esra, Kap. 4 (6), 42 und 47.

15 1434 kam der Portugiese Gil Eanes bis zum Wendekreis des Krebses, dessen »Gefährlichkeit« bis dahin als unumstößliche Wahrheit gegolten hatte. Auf Betreiben von König Johann I. von Portugal und seinem Sohn »Heinrich dem Seefahrer« wurden systematisch Entdeckungsfahrten unternommen. Als Anreiz für die Seefahrer wurde den Entdeckern von unbekannten Gebieten Konzessionen und hohe Beteiligungen am Gewinn zugesagt. Vgl. Madariaga, a. a. O., S. 80ff.

16 M. F. Navarrete, *Collección de los Viajes y Descubrimientos que hicieron por mar los Españoles,* Madrid 1825,

Vol. 1, S. 2, zit. nach Madariaga, a.a.O., S. 183 ff.

17 Paolo del Pozzo Toscanelli, Mathematiker und Arzt aus Florenz, hat 1474 für den König von Portugal eine Seekarte für das Meer zwischen Portugal und »Indien« gefertigt, die in den Besitz von Kolumbus gelangt sein soll, bevor dieser seine Entdeckungsfahrt nach »Indien« antrat.

18 Papst Alexander Rodrigo Borgia (1492–1503) hatte an den Menschen der Neuen Welt noch kein Interesse gezeigt. Sein Nachfolger aber, Papst Julius II. (1503–1513), legte im 5. Laterankonzil fest, daß die Indios von Adam und Eva abstammen und deshalb »menschliche Wesen« seien. Da sie aber von dem »sündigen Stamm der Babylonier« abstammen, seien sie aus der Alten Welt ausgestoßen worden. Vgl. B. Fell, *America BC*, New York 1976, S. 16.

19 S. Schindler, *Das Problem des Nachweises der vorkolumbianischen Entdeckung Amerikas*, Freiburg 1983, S. 2.

20 Kolumbus landete auf den Mittelamerika vorgelagerten Antillen.

21 Der jüdische Kalender beginnt seine Zeitrechnung im Jahr 3761 v. Chr. Die Maya-Zeitrechnung ließ sich bisher nicht auf ein bestimmtes Jahr festlegen; alle Forscher, die sich mit diesem mathematisch-astronomischen Problem auseinandersetzten, stimmen aber in dem Punkt überein, daß das Jahr »Null« zwischen den Jahren 3113 und 3600 v. Chr. liegt. Am gründlichsten befaßte sich der Maya-Forscher Heribert Spinden mit dieser Frage. Das Ergebnis seiner Forschungsarbeit: »3375 v. Chr.« Als Zeit, in der die Maya erstmalig nach dieser Kalenderrechnung zu zählen begannen, gibt Spinden die Jahre zwischen 613 und 580 v. Chr. an! Vgl. Heribert Spinden, *The Reduction of Mayan Dates*, in: *Papers of the Peabody Museum of American Archaeology and Ethnology*, Vol. 6, Nr. 4 (1924), S. 157. Constance Irwin setzt den Beginn der Maya-Zeitrechnung noch früher an, allerdings ohne ein genaues Jahr anzugeben. Vgl. Constance Irwin, *Fair Gods and Stone Faces*, New York 1963, S. 114 ff.; vgl. auch das Kapitel »Kult und Kosmologie«.

22 Herodot berichtet im 5. Jh. v. Chr. über die Umseglung Afrikas, die von den Phöniziern im Auftrag des ägyptischen Pharao Necho (610–595 v. Chr.) durchgeführt wurde.

In: George Rawlinson, *History of Herodot*, London 1875, Kap. IV, S. 42 und Diodorus Siculus, *Bibliotheca Historica*, Buch V, S. 19–20, in: *Loeb Classical Library*, Cambridge 1939, Vol. III, S. 145–151.
23 Kurt Schildmann, *Die Wiedererhellung des Anthropozentrischen Planeten-Systems des Alten Orients*, Bonn 1985, S. 2 ff.
24 Schildmann, a.a.O., S. 5.
25 Martin Knapp, *Pentagramma Veneris. Historisch-Astronomische Studie zum Verständnis alter astronomischer Symbole und ihrer Anwendung*, Basel 1934.
26 Heinrich Quiring, *Die Heilige Sieben-Zahl und die Entdeckung des Merkur*, in: *Das Altertum. Deutsche Akademie der Wissenschaften*, Bd. 4, Heft 4, Berlin 1958, S. 208–214.
27 Auf das Symbol der hochgestreckten Hand, an deren Übel abwehrende (apotropäische) Kraft im Vorderen Orient (heute noch) geglaubt wird, wird im Kapitel »Kult und Kosmologie« näher eingegangen.
28 Vor ca. 10000 Jahren ging die letzte Eiszeit zu Ende, die in Europa »Würm-Eiszeit« und in Amerika »Wisconsin-Eiszeit« genannt wird. Seitdem schmilzt das Eis, und die Schmelzwasser haben den Meeresspiegel um bis zu 20 m steigen lassen. Entsprechend sind vor allem die küstennahen Landstriche von Wasser überspült worden. Das gilt auch für die Bering-Straße, die seit ca. 10000 Jahren auf dem Landweg nicht mehr passierbar ist.
29 Pedro Martir, der Erzieher der spanischen Königskinder, schrieb im 16. Jahrhundert an die Kurie in Rom einen Bericht über die »Äthiopier«, die in Amerika als »Sklaven« eingesetzt würden. Auch der Dominikanermönch Gregorio García schrieb in seinem Buch *Origen de los Indios en el Nuevo Mundo* (Madrid 1607) von »Schwarzen« im präkolumbischen Amerika. Zum Thema »Schwarze in Amerika« vgl. Kap. 4.
30 J.W. von Goethe, *Faust*, 1. Teil.
31 Ludwig Barring, *Die Entdeckung der Völker*, Bayreuth 1969, S. 80.
32 Strabon, III 5,1.
33 Die griechische Mythologie erwähnt die »Phäaken« als große Seefahrer.
34 Homer, *Odyssee*, 15, 415.
35 Irwin, a.a.O., S. 220.
36 Auf das »Goldland Ophir« oder »Punt« wird ausführli-

cher eingegangen in Kap. 5 und 8.

37 Die Phönizier sind die Erfinder der Herstellung von Purpurfarbstoff aus dem Saft der Murex-Schnecke. Der blau-rote Farbstoff galt in der Antike als besondere Kostbarkeit.

38 Hesekiel 27, 1–25.

39 Die Phönizier werden gemeinhin als »Eklektiker« bezeichnet, weil sie fast ausschließlich bei anderen Kulturen Anleihen nahmen, anstatt eigene Kreativität zu entfalten. Dabei ist zu berücksichtigen, daß die Phönizier durch ihr Händlerdasein dazu gezwungen waren, sich mit den fremdländischen Handelspartnern so gut wie möglich zu arrangieren. Das wurde sicherlich dadurch leichter, daß sie sich fremden Kulturen anpaßten. Die Kreativität der Phönizier dokumentierte sich im übrigen deutlich in den recht genialen Handelspraktiken u.a.

40 1. Kön. 9, 10–14.

41 Die Bezeichnungen »Ophir«, »Punt« und »Goldland« kommen in der antiken Literatur häufig vor, werden aber geographisch nicht genau bestimmt. Anhand der Schätze, die aus diesen Ländern bezogen wurden, werden allgemein Somalia oder Südafrika, gelegentlich aber auch Amerika als Herkunftsland angenommen. Das Alte Testament erwähnt »Ophir« im Buch Hiob, im Buch der Königl. Chronik, im Buch Jesaja und in den Psalmen.

42 Herodot (Buch III, 116) schreibt über das ferne »Nordmeer« in Europa: »Daß von dem äußersten Land ... Zinn und Bernstein kommen, unterliegt keinem Zweifel.«

43 Georges Contenau, *La Civilisation Phénicienne*, Paris 1949, S. 240.

44 Donald Harden, *The Phenicians*, London 1962, S. 57.

45 Irwin, a.a.O., S. 224.

46 Werner Keller, *Da aber staunte Herodot*, Zürich 1972, S. 284.

47 Siegfried Schindler, a.a.O., S. 70ff.

48 Keller, a.a.O., S. 274.

49 Herodot IV 42.

50 Plinius, *Historia Naturalis* II, 169.

51 Contenau, a.a.O., S. 232.

52 Strabon, I:3:2.

53 Aristoteles, *De Mirabilis*, Kap. XIX: *Terrae Incognitae*.

54 Theopompos schreibt ebenfalls von »immens großen Inseln im Westen«. Vgl. Irwin, a.a.O., S. 220/22.

55 Diodorus Siculus, *Bibliotheca Historica*, Buch V, 19–

20, Loeb Classical Library, a.a.O., Vol. III, S. 145–151.
56 Strabon, III 2:13–14.
57 Homer XIV, Verse 288 ff. u. XV, Verse 403 ff.; vgl. Harden, a.a.O., S. 160.
58 Harden, a.a.O., S. 160.
59 Irwin, a.a.O., S. 224.
60 Irwin, a.a.O., S. 219.
61 Die »Sorlinga-Inseln« werden meist mit den »Zinn-Inseln« gleichgesetzt.
62 Paul Hermann, *Zeigt mir Adams Testament,* Hamburg 1957, S. 53.
63 Die Sargasso-See bildet einen Teil des nördlichen Atlantik südlich der Bermuda-Inseln.
64 Armando Cortesão, *The Nautical Chart of 1424,* S. 35 u. 95.
65 Ludwig Barring, *Die Entdeckung der Völker,* Bayreuth, a.a.O., S. 113.
66 Herkules war nach Meinung der Forscher ein kleiner König des 14. Jh. v. Chr., dessen 12 »Heldentaten« wohl zunächst einen Bezug zu seiner *vita* gehabt haben, die aber in ihrer jetzigen Form als Taten mit eher symbolischem Bezug gewertet werden müssen.
67 Gilgamesch, der Held aus Babylon, reiste in »das Land im Westen, in dem die Bäume aus Lapislazuli und die Früchte aus Karneol sind«.
68 Aristoteles, *Terrae Incognitae,* zit. nach Irwin, a.a.O., S. 224.
69 Jes. 60, 9 ff.
70 Jes. 66, 19–20.
71 Salvador de Madariaga, a.a.O., S. 73 ff.
72 Auf den Gelehrten Paolo del Pozzo Toscanelli, der 1474 eine Seekarte über den Seeweg nach Indien fertigte, wird im Kap. 2 näher eingegangen.
73 H. Noelle, *Die Kelten,* Pfaffenhofen 1985, S. 9.
74 Vgl. u.a. das Kap. »Schrift und Sprache«.
75 Jürgen Hansen, *Schiffbau in der Antike,* Herford 1979.
76 Polybius I., 20, 9–10.
77 Plinius, *Naturalis Historia,* 16/92.
78 Der Sextant wurde 1699 von Newton erfunden. Er wird bei der Navigation zur Messung des Winkelabstandes zweier Sterne bzw. zur Bestimmung der Höhe eines Sternes benutzt.
79 Ein *Gnomon* (griech. Richtschnur) ist ein sehr altes Meßgerät in der Astronomie, bestehend aus einem senkrecht stehenden Stab, aus dessen Schattenlänge die Höhenwinkel der Sonne abgelesen und somit die Himmelsrichtung bestimmt werden kann.
80 *The Geography of Strabo,* III:5:11, in: *The Loeb Classical*

Library, London 1923, Vol. II, S. 157.
81 E. G. R. Taylor, *The Haven-Finding Art,* London 1956, S. 135.
82 Alcina Franch, José, *Los Origines de America,* Madrid 1985, S. 207.
83 Plinius d. Ä. berichtet von einer Expedition zu den Kanarischen Inseln (im Jahr 42 v. Chr.). Wiederentdeckt wurden die Kanarischen Inseln 1334 durch die Franzosen. Spuren der Phönizier bzw. Karthager haben sich auf den Kanarischen Inseln und an der Westküste Afrikas gefunden. Vgl. R. Bosworth, *Carthage et les Carthagians,* London 1977, Kap. I.
84 Die Passatwinde wehen ab Oktober eines jeden Jahres vor der Westafrikanischen Küste in südwestlicher Richtung. Diodorus Siculus (1. Jh. n. Chr.) und vor ihm Timäus (3. Jh. v. Chr.) berichten, daß Madeira entdeckt worden sei, weil ein Schiff vom Kurs abgekommen war. Vgl. Harden, a. a. O., S. 178.
85 Sylvanus Griswold Morley, *The Ancient Maya,* Stanford University Press 1947, S. 100.
86 Ingstad, a. a. O., S. 31 und S. 87–90.
87 Cyrus Gordon, *Riddles in History,* New York 1974, S. 96 bis 99. Gordon, der selbst Professor für alte Sprachen an der Brandeis University (USA) ist, hält die Vinland-Karte aus etymologischen Gründen für echt.
88 Abraham Ortelius (Oertel oder Ortels), geb. 1527 in Antwerpen, gest. ebd. Der Geograph Ortelius wurde von Philipp II. zum »Königl. Geographen« ernannt. Das Hauptwerk bestand aus 70 Karten und wurde 1570 veröffentlicht.
89 Seneca, *Medea,* Akt II. Die Passage über Thule wird vom Chor vorgetragen und lautet: *venient annis saeculae seris quibus oceanus vincula rerum laxat: et ingens pateat tellus Tiphysque novos detegat orbes: nec sit terris Ultima Thyle.* Diese Worte kopierte Kolumbus 1476 in seinen Tagebüchern. Vgl. Madariaga, a. a. O., S. 80.
90 Kolumbus schreibt in einem Brief an seinen Sohn: »Im Februar 1477 segelte ich nach Thule ... es liegt 73° und nicht 63° nördlich der Equinoxien ... die Gezeiten veränderten den Meeresspiegel um 25 Brassen«. Vgl. Madariaga, a. a. O., S. 81.
91 Gerhard Prause, *Niemand hat Kolumbus ausgelacht,* München 1988, S. 63–66.

92 Madariaga, a.a.O., S. 77.
93 Carnac, a.a.O., S. 22ff.
94 Irwin, a.a.O., S. 15.
95 Ferdinand Columbus, *History of the Discovery of America by Christopher Columbus*, in: *A General History and Collection of Voyages and Travel*, ed. by Robert Kerr, Edinburgh 1811, Bd. III, S. 30.
96 Bischof Diego de Landa ließ 1560 die Maya-Manuskripte und ihre heiligen Bücher verbrennen. Wenig später begann er, die Geschichte der Mayas nach mündlichen Berichten aufzuzeichnen. Erhalten blieben nur wenige Maya-Codices, die sich heute u.a. in Paris, Madrid und Dresden befinden.
97 Paul Herrmann, *Zeigt mir Adams Testament*, Hamburg 1957, S. 76.
98 Paul Rivet, *Les Origines de l'Homme Américain*, Paris 1957, S. 25ff.
99 Man unterscheidet drei Großrassen: Zur »mongoliden« Rasse gehören außer den Indios auch die Asiaten; die anderen beiden Großrassen werden als »europid« und »negrid« bezeichnet. Die »Pygmiden« und die »Australiden« gehören keiner der drei Großrassen an.
100 J. Eric S. Thompson, *The Rise and Fall of Maya Civilization*, 7. Aufl., London 1986, S. 29.
101 Rivet, a.a.O., S. 25ff.
102 Die Vererbungstypen sind OO, OA, AA, OB, BB und AB. Da A und B dominant sind, führt z.B. nicht nur das Erbbild AA, sondern auch OA zur Bildung des Agglutinogens A, Angehörige der Blutgruppe O haben Merkmal O von *beiden* Elternteilen geerbt.
103 Die Radiocarbon-Datierung (C-14-Methode) basiert auf der Erkenntnis, daß in 5730 Jahren jeweils die Hälfte des Kohlenstoffs zerfällt. An allen lebenden Organismen lassen sich diese Messungen durchführen, die dessen Alter bestimmen.
104 1989 wurde im Pariser Grand Palais eine große Ausstellung mexikanischer Kunst gezeigt. Kein Exponat war früher als 1200 v. Chr. datiert. Wie vorsichtig man immer noch mit der Datierung ist, zeigt, daß bei dieser Ausstellung meist eine sehr große Zeitspanne bei der zeitlichen Einordnung angegeben wurde: z.B. 1200–600 v. Chr.
105 Homer, *Odyssee* XV, 415–416.
106 Sowohl im mesoamerikanischen *Popol Vuh* als auch in den Mythen und Bildern der südamerikanischen Moche-In-

dios existiert die Geschichte vom »Aufstand der Dinge gegen die Menschen«. Vgl. Jeffrey Quilter, *The Moche Revolt of the Objects*, in: Latin American Antiquity, 1 (1), 1990, S. 42–65.
107 Sherwood Washburn, *Social Life of Early Man*, Chicago 1962, S. 23.
108 Hanns Prem/U. Dyckerhoff, *Das Alte Mexiko*, München 1986, S. 122, und: H. Stierlin, *The Art of the Maya*, Freiburg 1981, S. 12.
109 Unter einer »kontinuierlichen Darstellung« versteht man eine Szenenfolge, in der die einzelnen Bilder fortlaufend eine Handlung erzählen, wobei die handelnden Personen in allen Szenen dieselben sind.
110 Vgl. Irwin, a. a. O., S. 62.
111 In den mittel- und südamerikanischen Kulturen gab es zwar eine Vielzahl von Lokalgottheiten und letztlich Götter für jeden Lebens- und Kultbereich, der »weiße Gott« aber hatte in diesem Pantheon deutlich eine Sonderstellung.
112 AMAI Bd. 14 u. 15. *Guide to Ethnohistorical Sources*, Austin/Texas, 1975.
Handbook of Middle American Indians, Hg. R. Wauchope.
113 Wolfgang Gockel, *Die Geschichte einer Maya-Dynastie*, Mainz 1988.
114 Contenau, a. a. O., S. 166.
115 Alexander von Wuthenau wurde 1900 in Deutschland geboren und lebt heute in Mexiko, wo er als Professor für Archäologie tätig war. In Kiel hatte er Jura studiert und promoviert und war dann in den diplomatischen Dienst eingetreten, den er 1934 aus Protest gegen Hitler verließ.
116 Auf dem Internationalen Amerikanisten-Kongreß in Mexiko, 1962, wurde von Helen Busch eine Datierung der frühesten Olmeken-Köpfe um 2300 v. Chr. vorgeschlagen, die von E. Easby und J. Scott zitiert wird, in: *Before Cortes*, New York 1970, S. 16.
117 Walter Lehmann, der das erwähnte Terrakottaköpfchen für die Staatl. Museen Berlin-Dahlem kaufte, vergleicht die Methode der Einfügung von Echthaar in Löcher, die in den Schädel hineingebohrt wurden, mit der Methode, die in Benin praktiziert wurde. Vgl. Wuthenau, a. a. O., S. 188.
118 Durch das Brennen oder wiederholte Einschneiden in die Epidermis wird die Haut »verletzt« und dann durch Einreiben eines Farbstoffes in die Wunde permanent markiert. Die Tätowierung wurde nicht nur als Schmuck betrachtet, sondern auch als ein

symbolischer Schutz gegen Unglück, als Rangabzeichen oder als Kennzeichnung der Stammeszugehörigkeit. Das Wort »Tätowierung« ist abgeleitet von dem tahitischen Wort für Zeichen: *tat(a)u, Tatauierung.*

119 Zwischen ca. 500 v. Chr. und dem 4. Jh. v. Chr. drangen semitische Einwanderer aus Südarabien in das kuschitische Gebiet (Äthiopien) ein. Das äthiopische Herrscherhaus leitet seinen Stammbaum von Salomo und der Königin von Saba ab. Auch das Äthiopische gehört zur Gruppe der semitischen Sprachen. Die Äthiopier sind heute noch als eine Mischrasse aus »negriden« und »semitischen« Elementen zu erkennen.

120 Vgl. die Kapitel »Kunst und Baukunst« und »Agrikultur und Alltag«.

121 P. Martyr, *Dekade,* Kap. II, schreibt über die Entdeckungen des Vasco Nuñez de Balbão in Panama und die dort lebenden »Äthiopischen Stämme«; vgl. Wuthenau, a.a.O., S. 170.

122 Wuthenau, a.a.O., S. 170.

123 Homer, *Odyssee,* XIV, 262. Odysseus erzählt von den Phöniziern, daß sie ihn überredeten, auf ihr Schiff zu kommen, unter dem Vorwand, ihn in die Heimat zu bringen, in Wahrheit aber, um ihn als Sklaven zu verkaufen.

124 Der Chronist Ibn Fadlallah al Omari schrieb im 14. Jh. n. Chr. über den Sultan von Mali mit Namen Musa: »Geleitet von jenem Wunsch ..., die Größe unserer Vernunft zu beweisen, befahl unser großer Meister und Vorfahr, rund 100 Schiffe auszurüsten ..., um lange Zeit die Bedürfnisse der Mannschaften zu decken. Er befahl allen Anführern nicht zurückzukehren, ehe sie nicht an die Grenzen des großen Ozeans gestoßen seien. Sie sind alle fortgefahren und keiner kam zurück, außer einem.« Zitiert nach P. Carnac, *Die Geschichte beginnt in Bimini,* Paris o. J., S. 298–303.

125 A. Schimmel/F. Endres, *Das Mysterium der Zahl,* Köln 1985, S. 261.

126 Die Expedition »Atlantis« wurde 1984 von Alfredo Barragán und seiner Crew durchgeführt. Die Überfahrt von den Kanarischen Inseln bis zu den Antillen dauerte 52 Tage.

127 L. Frobenius, *Die Atlantische Götterlehre,* Jena 1924, S. 56.

128 Vgl. das Kap. »Kunst und Baukunst«
129 Pilos (griech.) oder Pilleus (lat.) wird eine Kopfbedeckung genannt, die bei den alten Griechen und Römern vom Volk getragen wurde. Sie galt bei den Freigelassenen als Zeichen der Freiheit. Die Mütze war kegelförmig und meist aus Filz gearbeitet.
130 Die Prof. Erich Boehringer, Wolfgang Haberland, Hedwig Kenner und José Alcina Franch haben sich zu dem »Köpfchen von Calixtlahuaca« wissenschaftlich geäußert. Der Vortrag von Prof. Heine-Geldern wurde im »Anzeiger der Österreichischen Akademie der Wissenschaften« abgedruckt; Heine-Geldern, 1961, S. 117–119.
131 Schindler, a. a. O., S. 120.
132 Aristoteles, *De Mirabilis*, Kap. XIX; *Terrae Incognitae*.
133 Obgleich die Radiocarbon-Methode (C-14-Methode) nur an ehemals lebenden Organismen durchgeführt werden kann, gelang es, die Olmekischen Steinköpfe mit Hilfe der organischen Stoffe aus dem Fundzusammenhang zu datieren.
134 Wuthenau, a. a. O., S. 59ff.
135 Die Feinde des Ramses I-II., die in Tanis in der Monumentalform dargestellt wurden, sind ein Nubier, ein Araber, ein Neger, ein Jude und ein Phönizier. Vgl. P. Montet, *Les Enigmes de Tanis*, Paris 1952, S. 16.
136 Die kleine Olmeken-Figur aus La Venta trägt auf der Brust einen Hämatit-Spiegel aus metallisch glänzendem Eisenerz, das in Amerika und Nordafrika gefunden wird. Solche Spiegel werden häufig von olmekischen Prominenten getragen.
137 In Amerika fanden Forscher Hunderte von deformierten Totenschädeln, bei denen sich sogar verschiedene Arten der Deformierung ausmachen ließen. Mit dem Thema der Schädeldeformation befaßten sich am Ausgang des letzten Jahrhunderts eine Reihe von Anthropologen und Medizinern, u. a. Grosse (1867), Broca (1875), Tropinard (1879) und Virchow (1892). Vgl. Falkenburger, *Recherches Anthropologiques sur la Déformation Artificielle du Crâne*, Paris 1938, S. 6ff.
138 Hippokrates (460–377 v. Chr.), in: Über Luft, Wasser und Boden; »Dès que l'enfant vient de naître et la tête conserve encore la mollesse, on la façonne avec les mains et on la force à s'allonger à l'aide

des bandages et machines convenables.« Zit. nach Falkenburger, a.a.O., S. 5.
139 Irwin, a.a.O., S. 103.
140 Rivet, a.a.O., S. 179. »Un ornement que portaient ces grands personnages et dont la tombe souterraine de Palenque a fourni des specimens.«
141 Die Mumien wurden auf der Paracas-Halbinsel in Peru gefunden und werden auf die ersten nachchristlichen Jahrhunderte datiert.
142 Der Habsburger Philipp IV. heiratete 1649 seine 15jährige Nichte, die zunächst den spanischen Thronfolger heiraten sollte, der aber vor der Eheschließung mit seiner Cousine verstarb. Mit Karl II. starb die Linie der spanischen Habsburger aus, und es folgte der Spanische Erbfolgekrieg (1701–1713).
143 Die altamerikanische Mythologie weiß auch von einem »schielenden Gott«, der mit dem »weißen Gott aus dem Osten« identisch zu sein scheint. Es ist denkbar, daß die Bemühungen der Maya-Mütter, die Augen ihrer Neugeborenen in eine permanente Schielstellung zu bringen, etwas mit der Verehrung für diesen »schielenden Gott« zu tun hat. Auch in Peru werden Augen von Kult-Gestalten häufig mit nichtzentrischen Pupillen dargestellt, woraus zu schließen wäre, daß dem Schielen wohl eine magische oder mystische Bedeutung zugemessen wurde.
144 F. Ballod, *Prolegomena zur Geschichte des zwergenhaften Gottes Bes in Ägypten*, Paris 1912, S. 5 ff.
145 G. Vaillant, *A Bearded Mystery*, in: *Natural History*, Vol. XXXI, New York 1931, S. 243, und: H. Bonnet, Stichwort *Bes* in: *Reallexikon der Ägyptischen Religionsgeschichte*, Berlin 1952.
146 J. Boardman, *Kolonien und Handel der Griechen*, München 1981, S. 88.
147 Wuthenau, a.a.O., S. 33.
148 Vaillant, a.a.O., S. 33 ff.
149 Das Gilgamesch-Epos gilt als das bedeutendste Werk der babylonischen Literatur. Es entstand im 2. Jahrtausend v. Chr. und hat den sumerischen Sagenstoff um den König Gilgamesch zum Inhalt. Im 5. Buch kämpfen der tyrannische Gilgamesch und sein Gefährte Enkidu gegen Humbaba (Chuwawa) und den Himmelsstier. Vgl. G. Furlani, *Miti Babilonesi e Assiri*, Firenze 1958.
150 1. Kön. 9, 10–14
151 Die Humbaba-Maske aus Sippar befindet sich in Lon-

don, British Museum, No. 116.624. Vgl. S. Smith, *The Face of Humbaba*, in: *Annals of Pre-Historic Archaeology and Anthropology*, Vol. XI, Liverpool 1900, S. 107–114.

152 A. Giuliano, *L'Origino di un Tipo di Gorgone,* in: *Annuario della Scuola Archeologica di Atene,* Vol. 17–18, Roma 1960, S. 231–237.

153 Das Stirnmal ist in fast allen altweltlichen Kulturen bekannt. Im Alten Testament wird es dem Brudermörder Kain von Gott auf die Stirn gegeben (Gen. 4, 1–16). Kain wurde wegen des Mordes an seinem Bruder Abel des Landes verwiesen und mußte fürchten, daß er nun seinerseits in der Fremde Mördern in die Hände fallen könnte. Daraufhin schützt ihn Gott mit dem Stirnmal.

154 J. Boardman, a. a. O., S. 85.

155 Auch von einigen Tierarten gibt es Maskendarstellungen, und auch diese Masken gibt es mit und ohne Stirnmal. Als Beispiel für eine solche Maske mit Stirnmal sei eine Stiermaske aus Amathus (6. Jh. v. Chr.) erwähnt.

156 Bei Claude-François Baudez und Pierre Becquelin wird ausdrücklich von der »Gottheit in der Seerose« gesprochen, ohne daß jedoch eine (verblüffende) ikonographische Übereinstimmung zum altweltlichen Horus-Motiv erwähnt würde. Terrakottafiguren des »Gottes in der Blume« finden sich ausgestellt im American Museum of Natural History, New York, und im Dumbarton Museum (Bliss Collection), Washington D. C.

157 Auf die Literatur zum Thema »Lotos-Blume in der Maya-Kunst« wird im Kapitel »Kunst und Baukunst« näher eingegangen. Vgl. A. Maudsley, *Biologia Centrali-Americana,* London 1889–1902, S. 37; R. Roys, *The Ethno-Botany of the Maya,* New Orleans 1931; H. S. Spinden, *A Study of the Maya Art,* Cambridge 1913, S. 18.

158 Die sogenannte Horus-Stele (4. Jh. v. Chr.) befindet sich in Berlin-Dahlem, No. 4434. Seth, der Widersacher des Horus, erscheint in der Gestalt eines Krokodils und wird von Horus, dem Bezwinger wilder Tiere, besiegt. Das Haupt des Bes erscheint über der Figur des Horus, mit dem er in »Personalunion« steht.

159 Herodot II, 69.
160 Strabon XVII, 811.
161 Annales du Musée d'Hi-

stoire Naturelle, Paris IX, 386.
162 Ptah war der Schutzgott von Memphis und wurde in Ägypten zunächst als jugendlich-schöner Gott verehrt. In der Spätphase des Kults wurde Ptah dann aber als alter, häßlicher und verwachsener Gott dargestellt. Dieser späte Typus des Gottes Ptah läßt sich mit dem altamerikanischen »Gott« vergleichen.
163 W. Schönfeld, *Glanz und Untergang des alten Mexiko,* Mainz 1986, Nr. 11.
164 H. Plischke, *Christoph Kolumbus und die Entdeckung Amerikas,* Leipzig 1923.
165 Alfred Wegener (1880 bis 1930), Geophysiker und Meteorologe, stellte 1912 die Theorie der »Kontinental-Verschiebung« auf, für die er paläontologische, klimatologische und geologische Beweise vorlegte. Danach bewegen sich die Kontinentblöcke Amerikas einerseits und Europa/Afrikas andererseits jährlich um ca. 2 cm auseinander.
166 Die Frage der Sphinx lautete: »Was hat am Morgen vier, am Mittag zwei und am Abend drei Beine?« Nur Ödipus beantwortete die Frage richtig: »Der Mensch.« Er kriecht als Kleinkind, er geht aufrecht als Erwachsener und er geht am Stock als Alter.
167 Die beste und größte Sammlung der christlichen Indio-Kunst aus den Jahren unmittelbar nach der Eroberung Mexikos durch die Spanier ist im Besitz von Hanna Behrens, Mexiko.
168 Diccionario etnolinguístico del idioma Maya-Yucateco colonial, Cristina Alvarez, Mexiko 1984, S. 306.
169 Etymologisch ist zwischen den Worten *Ba'ul* und *Ba'al* kein Unterschied zu machen.
170 Das Datum *Ce Acatl* wiederholte sich im altamerikanischen Kalender alle 52 Jahre, die höchste Einheit der Zeitrechnung, die als eine Art Entsprechung zu unserem »Jahrhundert« zu sehen ist.
171 Tula (70 km nordwestlich von Mexiko-Stadt) wurde wahrscheinlich um die Mitte des 10. Jh. n. Chr. gegründet; eng verbunden mit dem Gründungsmythos und den religiösen Riten der Tolteken ist »Quetzalcoatl«, ihr »weißer Gott«. Die Tolteken wanderten wahrscheinlich um dieselbe Zeit in das Maya-Gebiet von Yucatan ein, wo zu dieser Zeit eine neue Kulturphase entstand.
172 C. G. Jung, *Einführung in das Wesen der Mythologie,* Zürich 1951.

173 Im Jahr 57 n. Chr. kam der Apostel Paulus auf der Durchreise von Griechenland nach Palästina durch Tyros und fand dort bereits eine christliche Kirche vor. Vgl. *Actes XXI,* 3–6; zit. nach Contenau, a.a.O., S. 69.
174 Harden, a.a.O., S. 85.
175 Vgl. Anmerkung 170.
176 Als Prototyp des »Kultur-Heros« gilt Prometheus. Dieser große Sohn eines Titanen und einer Okeaniden, Bruder des Atlas und kenntnisreicher Held, brachte der Menschheit das Feuer. Er versuchte Gott zu betrügen, indem er ihm das Feuer entwendete, und wurde zur Strafe an einen Felsen geschmiedet, wo ihm ein Adler täglich ein Stück seiner Leber heraushackte – bis Herakles ihn erlöste. Der Name Prometheus bedeutet »Der Vorausdenkende«. Sein Geschenk an die Menschheit war entsprechend gut geplant und sichert ihm den ersten Platz unter den »Kultur-Heroen«.
177 Mahieu sieht diese auffällig häufig auf kultischen Objekten erscheinenden Kreuze in einem Zusammenhang mit dem Templerorden, von dem er vermutet, daß er regelmäßig von Europa aus nach Südamerika segelte, u.a. um dort Silber einzukaufen, über das der Orden im Mittelalter überraschend reichlich verfügte. Vgl. J. de Mahieu, *Das Wikingerreich von Tiahuanaco,* Tübingen 1981, S. 143–153.
178 Die Mayas begannen im 6. Jh. v. Chr. damit, ihre Zeitrechnung zu verwenden, die ihr Jahr »0« in der Mitte des 4. Jahrtausends hat (genau wie bei den Juden!). Vgl. hierzu das Kapitel »Kult und Kosmologie«.
179 Kelley, David, *A History of the Decipherment of Maya,* Indiana 1962, in: *Anthropological Linguistics,* 1962, Vol. 4, Nr. 8, S. 32, Tf. X.
180 J.W. v. Goethe, *Faust,* Erster Teil.
181 Die phönizische Schrift entstand um 1200 v. Chr. Das Alphabet bestand aus 29 Lautzeichen; Vokale wurden, wie im Hebräischen, nicht mitgeschrieben. Die Griechen übernahmen das Alphabet und veränderten es u.a. dadurch, daß sie Vokale einfügten.
182 Diccionario Etnolinguístico del Idioma Maya Yucateco Colonial, Cristina Alvarez, Mexiko 1984, S. 306.
183 Der hebräische Buchstabe *shin* oder *sin* wird mal als »s« und mal als »sch« gesprochen; vgl. Mose und Mosche (Dayan).

184 Im allgemeinen wird das Jahr 814 v. Chr. als Gründungsjahr der Stadt Karthago angenommen. Der Name der Stadt leitet sich her aus dem semitischen Wort für »Stadt« *(Quart)* und dem semitischen Wort für »neu« *(chadash).*
185 Morley, a.a.O., S. 195.
186 Irwin, a.a.O., S. 101.
187 2. Mos. 3, 15–17.
188 Die Sprache *Col* oder *Chol* umfaßt mehrere Dialekte, die im Maya-Gebiet gesprochen werden; so z.B. Tzeltal, Mopan oder Maya (Sprache der Lakandonen, die als Nachkommen der Maya heute noch in Chiapas leben).
189 Die hebräischen Schriftzeichen für »Ch« und für »K« *(Kaf* und *Chaf)* sind identisch; auch im Maya-Sprachraum wechselt die Aussprache zwischen »K« (im Yukatekisch) und »Ch« (im Chol).
190 A.C.M. Leesberg, *Comparative Philology. A Comparison Between Semitic and American Languages,* Leyden 1903.
191 Kurt Schildmann, Präsident der Studiengemeinschaft Deutscher Linguisten; Historical Grammar of Sumerian, Bonn 1981.
192 Julius Fürst, *Hebräisches und Chaldäisches Handwörterbuch über das Alte Testament,* Leipzig 1876.
193 Brasseur de Bourbourg, *La Langue Maya,* o.O. 1872.
194 C. Gordon, *The Authenticity of the Phoenician Text from Parahyba,* New York 1968, Orientalia 1975–80.
195 1) Cyrus Gordon, Professor an der New York University (Sprachwissenschaftler); 2) Alf Mongé, (Sprachwissenschaftler und Spezialist für *Kryptographie*); 3) Professor Lienhard Delekat (AT-Exeget) Universität Bonn, *Phönizier in Amerika,* Bonn 1969.
196 Zit. n. C. Gordon, *Riddles in History,* a.a.O., vgl. auch L. Delekat, *Phönizier in Amerika,* Bonn 1969.
197 B. Fell, *America BC*, New York 1976, S. 109.
198 Herodot, *Historiae* 4:42.
199 1. Kön. 9, 27–28.
200 1. Kön. 10, 22.
201 Jonas 1, 15ff.; vgl. Gordon, a.a.O., S. 88.
202 Vgl. unten. Vgl. auch C. Gordon, *Riddles in History*, S. 82–85.
203 Die Achämeniden waren ein altpersisches Königsgeschlecht, das von ca. 700 bis 330 v. Chr. regierte; vgl. Herodot 7, 89, zit. nach Gordon, a.a.O., S. 89.
204 Zit. nach Contenau, a.a.O., S. 58.
205 Sprüche Salomonis 1, 6.

206 Richter 14 ff.
207 Das alttestamentliche Denkrätsel basiert auf dem Doppelsinn von *Ari,* was sowohl ein gebräuchliches Wort für Löwe als auch ein seltenes Wort für Honig ist; vgl. Gordon, a. a. O., S. 54 ff.
208 J. Pritchard, *Ancient Near East Texts,* Princeton 1955, S. 93.
209 Gordon, a. a. O., S. 58.
210 Gordon, a. a. O., S. 54.
211 Das »a« in der geschlossenen Silbe »A-T-Ba-SCH« wurde hier als Aussprachehilfe eingefügt, Vokale werden im Phönizischen nicht geschrieben.
212 Die Kabbala (dt. »Tradition«) war eine theosophische Bewegung im Judentum zwischen dem 12. und 17. Jh. n. Chr. Vereinzelte esoterische und kosmogonische Spekulationen finden sich bereits in der hellenistisch-jüdischen Literatur. Heute ist die Zahl der Kabbalisten klein.
213 Gordon, a. a. O., S. 67.
214 Gordon, a. a. O., S. 36.
215 Cyrus Gordon lehrt an der New York University. Außer semitischen Sprachen beherrscht er verschiedene indogermanische Sprachen. Seine *Grammatik des Ugarit* (1942) wurde zum Standardwerk für diese erst vor wenigen Jahrzehnten erforschte Sprache.
216 Ernest René, Paris, Konstantin Schlottmann, Universität Halle, Mark Lidzbarski, Wilberforce Eanes und sogar der König von Brasilien, Dom Pedro II., gaben in den Jahren des ausgehenden 19. Jh. ihr Urteil über die *Paraíba*-Inschrift ab.
217 Pedro Alvarez Cabral (1468–1520) entdeckte 1500 die Ostküste Brasiliens, die er für die portugiesische Krone in Besitz nahm.
218 Der »Bat Creek«-Stein mit der Inschrift wurde 1888 in Loudon County in Ost-Tennessee gefunden und vom Smithsonian Institute, Washington, ausgegraben. Heute befinden sich die Objekte aus diesem Fundzusammenhang mit dem Grabungsbericht von 1889 zusammen mit dem *»Bat Creek«*-Stein im Smithsonian Institute, Washington D. C.
219 Gordon, a. a. O., S. 146.
220 Vgl. B. Fell, *America B.C.,* a. a. O.
221 Erik Reinert beherrscht außer zehn europäischen Sprachen auch die Sprachen der Guarani und Quechua in Südamerika. Seine linguistischen Studien sind von hohem wissenschaftlichen Wert; vgl. Fell, a. a. O., S. 64.

222 Fell, a.a.O., S. 98.

223 Die Iberer sind vermutlich mit den Berbern verwandt und wohl während des Neolithikums in Spanien eingewandert.

224 Die Schrift der Kelten bezeichnet man als *Ogham*. Die ältesten (in Europa) erhaltenen Denkmäler (Grabsteine und Grenzsteine) mit *Ogham*-Schrift stammen aus dem 4.–7. Jh. n. Chr., die meisten von ihnen (300) wurden in Irland gefunden, nur 60 außerhalb Irlands. Jedes Zeichen besteht aus einer bis fünf parallelen Kerben oder Strichen und einer (meist) senkrecht dazu verlaufenden Mittellinie.

225 H. Noelle, *Die Kelten*, Pfaffenhofen 1985, S. 235.

226 Caesar, *De Bello Gallico*, Buch III.

227 Den Beginn der »Kelten-Zeit« setzt man um das 6.–7. Jh. v. Chr. an. Zu dieser Zeit zwang ein erheblicher Klimasturz in Europa die Völkerscharen zur Wanderung und Eroberung neuen Lebensraumes. Die Kelten konnten sich gegen Nachbarvölker meist als die Stärkeren behaupten und siedelten in ganz Europa.

228 Cotton Mather (1663–1728) gilt als einer der gelehrtesten Kirchenmänner Neu-Englands.

229 Fell, a.a.O., S. 11.

230 Fell, a.a.O., S. 289.

231 Auf die Entzifferung der Inschrift »der Seeleute aus Gadeth« wird eingegangen von D. Diringer in *Occasional Publications of the Epigraphic Society*, Bd. 2, 1968.

232 Paraguay hat mit dem »Parana« und dem »Paraguay« zwei große schiffbare Flüsse, die beide in den Atlantik münden.

233 J. de Mahieu, a.a.O., S. 48.

234 Das hebräische Wort für »Gott« *(schadai)* wird meist mit den beiden Konsonanten »s« und »d« geschrieben, aber auch der Buchstabe »s« *(»schin«)* allein kann u. U. für das Wort »Gott« stehen.

235 B. Fell, a.a.O., S. 49.

236 Gloria Farley entdeckte die Inschrift des *Gwynn* in den 70er Jahren in Oklahoma, Turkey Mountain, nahe Tulsa. Das Wort *pa-ya-a* entspricht dem modernen arabischen Wort für »weiß«: *byaa*; vgl. Fell, a.a.O., S. 49.

237 Jean François Champollion (1790–1832) gelang es erstmalig, die ägyptischen Hieroglyphen auf einer Tafel zu entziffern, die zwei inhaltlich gleiche Texte (griechisch

und ägyptisch) enthielt. Der sog. Rosetta-Stein war 1799 während des Ägyptenfeldzugs von den Soldaten Napoleons entdeckt worden.
238 Fell, a.a.O., S. 161. *Aga* ist ein semitischer Titel; er läßt sich herleiten aus dem iranischen *haga;* vgl. urgriech. *hagamon* (Führer); heute »Hegemonie«. H. Frick, *Gr. Etymolog. Wörterbuch,* Bd. 1, 1960, S. 621.
239 Die »Kalender-Stele« von Davenport wurde 1874 gefunden und befindet sich seitdem im Putnam Museum von Davenport/Iowa.
240 Libysch gehört zur hamitosemitischen Sprachfamilie und ist heute ausgestorben. Barry Fell gelang 1973 die Entzifferung der Libyschen Schrift.
241 Fell, a.a.O., S. 264.
242 Fell, a.a.O., S. 267.
243 In Ägypten wurde das Neujahrsfest, bei dem die Menschen ein hohes Schilfbündel umtanzten, zu Ehren des Osiris veranstaltet.
244 Die Ausrichtung der Megalith-Bauten, z.B. in Neu-England, orientiert sich u.a. nach der Sommer- oder Wintersonnwende, nach Tagundnachtgleiche. So scheint z.B. die Sonne in »Mystery Hill« nur einmal im Jahr genau durch die schmale Öffnung der Tür auf den Altar, an dem die Sommersonnwende zelebriert wird (beachte aber die Präzession des Frühlingspunktes!).
245 Fell, a.a.O., S. 279.
246 Fell, a.a.O., S. 91.
247 Die unterirdische Steinkammer von South-Royalton, Vermont, hatte, wie viele andere Megalith-Bauten, bis 1975 als einer der vielen sog. *root cellars* gegolten, die in der Meinung vieler von den europäischen Siedlern des 17. und 18. Jahrhunderts erbaut worden sind. 1975 entdeckten Rene Fell und Majorie Chandler die antike Inschrift in einer Steinplatte dieses Baus.
248 »Wär nicht das Auge sonnenhaft, Die Sonne könnt' es nie erblicken; Läg' nicht in uns des Gottes eigne Kraft, Wie könnt' uns Göttliches entzücken?« J. W. v. Goethe, *Zahme Xenien* III, in: Goethes Werke (Hamburger Ausgaben), Bd. 1, München 1978, S. 367 (ähnlich in der *Farbenlehre).*
249 Fell, a.a.O., S. 143; Abb. S. 143−145.
250 Schildmann äußerte dies gegenüber der Verfasserin.
251 Fell, a.a.O., S. 122.
252 Das griechische Wort *Phoinikoi* wurde zu *Feniki* (Phönizier) und ist zu überset-

zen mit »Männer des Purpurs«.
253 Tartessos an der Südwestküste Spaniens beherrschte im Altertum ein großes Gebiet. Um 800–700 v. Chr. stand es unter dem Einfluß des phönizischen Tyros, dem es vor allem für den Handel mit Metallen von großer Bedeutung war. Die Bibel erwähnt *Tarschisch* an mehreren Stellen, z. B. Ez. 27.
254 Fell, a. a. O., S. 99.
255 Vgl. Anm. 240.
256 Die zweisprachige Inschriftentafel wurde 1888 auf Long Island (Eagle) gefunden und befindet sich heute im Museum of the American Indian, New York. Abbildung 133: Fell, a. a. O., S. 180.
257 Fell, a. a. O., S. 255 f.
258 Das gaelische Wort für Fisch ist *iasg* und das Suffix »-ag« ist das Diminutiv. *Ammo* ist das keltische Wort für Fluß.
259 M. Stevenson, *The Zuni Indians,* in: *Annual Report of American Ethnology,* Nr. 23, Washington 1904.
260 Fell, a. a. O., S. 184.
261 Fell, a. a. O., S. 184. Etymon ist *a-bhu* (Großwesen, i. e. Elefant). Schildmann führt zur »Weihinschrift mit Elefant« folgendes aus: Die Elitären unterlegten dem oberflächlichen Sinn oft einen mythischen Sinn. In arabischen Sprachen heißt die Mutter *a-bhu,* das »weibliche Riesenwesen«. Der Himmel korrespondiert etymologisch mit »Elefant«. Die kryptographische Verklausulierung auf der Steintafel aus Altamerika liest sich danach wie folgt: Der Himmel schwängert die Erde mit Gewittergüssen, die »die Erbe beben lassen«. Diese Aussage ist der Kernsatz einer neolithischen Religion vom Himmelsvater und der Mutter Erde.
262 Der römische Geschichtsschreiber Diodorus Siculus berichtet von »2000 Streitwagen mit je zwei Pferden«, die bis zum Einsatz der Elefanten die schlagkräftigste Waffe der Antike waren. Diodorus Siculus, XVI, 67, 2.
263 Harden, a. a. O., S. 128.
264 Der Elefant war auch wegen des begehrten Elfenbeins wichtig, das die Phönizier bis nach Indien lieferten. Als die Elefanten in Syrien ausstarben, wurde Nachschub aus Karthago geholt. Vgl. Harden, a. a. O., S. 156.
265 Fell, a. a. O., S. 171–173.
266 Fell, a. a. O., S. 173.
266a Das Sonnenrad wurde, wie in Wyoming/USA, gelegentlich auch aus großen Steinen zusammengelegt. Carnac

deutet die 28 Speichen des Rades als einen Hinweis auf die 28 Häuser des Mondtierkreises. Vgl. Carnac, a. a. O., S. 127. Zu dem Vergleich der international gebräuchlichen Sonnensymbole vgl. Fell, a. a. O., S. 68 ff.

267 Herbert Spinden legt das Jahr »0« der Maya in das Jahr 3373 v. Chr.; J. T. Goodman errechnete das Jahr 3113 v. Chr. Die Radiocarbon-Datierung weist aber darauf hin, daß diese errechneten Daten wahrscheinlich nicht weit genug zurückgehen und somit der Beginn der Maya-Zeitrechnung ganz in die Nähe des jüdischen Datums der »Erschaffung der Erde« rückt (3761 v. Chr.); vgl. Thompson, a. a. O., S. 114. Die Juden begannen ungefähr gleichzeitig mit der Verwendung dieser Zeitrechnung, die sie aus der Generationenfolge, wie sie die Bibel angibt, errechneten.

268 H. Spinden, *The Reduction of Mayan Dates;* in: *Papers of the Peabody Museum of American Archaeology and Ethnology*, Harvard University, Vol. 6, Nr. 4 (1924), S. 157.

269 S. G. Morley, *The Ancient Maya*, Stanford 1956, S. 163.

270 Morley, a. a. O., S. 55.

271 Thompson, a. a. O., S. 176.

272 Vgl. Vorwort, Sorry Kolumbus, S. 17.

273 G. Willey, *An Introduction to American Archaeology*, Vol. I, S. 299.

274 K. Schildmann (vgl. *Wiedererhellung des anthropozentrischen Planetensystems des Alten Orients*), erläuterte dem Verfasser persönlich den Ursprung des Symbols »Hand mit Auge« als eine frühgeschichtliche Kalenderbotschaft.

276 Der älteste gesicherte »Davidsstern«, der als jüdisches Symbol verwendet wurde, stammt aus Sidon und war das Siegel eines Joshua b.-Asayahu (7. Jh. v. Chr.).

277 Vgl. dazu Kapitel »Kunst und Baukunst«.

278 Der Gott Quetzalcoatl wird als der »Morgenstern« bezeichnet, gelegentlich auch als Personifikation des Planeten Venus (als Morgenstern). Vgl. Irwin, a. a. O., S. 33, S. 39 und S. 44.

279 Stele aus Santa Lucia Cotzumalhuapa (Guatemala) Esceintla Monument Nr. 3, im Völkerkundemuseum, Berlin; und Tempelfries aus Monte Alban, im City Art Museum, St. Louis, Missouri.

280 Thompson, a. a. O., S. 179.

281 E. Böklen, *Die Unglücks-*

zahl Dreizehn und ihre mythische Bedeutung, Leipzig 1913.
282 F.C. Endres/A. Schimmel, *Das Mysterium der Zahl*, Köln 1984, S. 225 f.
283 Rivet, a.a.O., S. 62. Die mythologischen Erzählungen differieren in diesem Punkt sehr stark. Zwischen einmal und fünfmal hat die Sintflut die Menschheit vernichtet. Vgl. Thompson, a.a.O., S. 277 und Irwin, a.a.O., S. 62.
284 Thompson, a.a.O., S. 277.
285 Bischof Nuñez de la Vega, *Constituciones diocesianos de Chiapas*. Im 17. Jahrhundert war er einer von den katholischen Geistlichen, die die Erzählungen der Indios zwar auswerteten, aber erst, nachdem sie die schriftlichen Überlieferungen verbrannt hatten. Vgl. Irwin, a.a.O., S. 97–100.
286 Die Götternamen sind jeweils mit »Feder-Schlange« zu übersetzen.
287 Thompson, a.a.O., S. 96.
288 Thompson, a.a.O., S. 286.
289 Stephan Borhegyi, *Aqualung Archaeology*, in: *Nat. Hist.*, Vol. LXVII, Nr. 3, New York 1958, sieht die Pilzsteine in Verbindung mit dem Kult der Halluzinogene.
Zur Frage der Definition der Pilzsteine als Phallussymbole gehen die Meinungen der Wissenschaftler weit auseinander, wobei die Ähnlichkeit vorwiegend als »zufällig« bezeichnet wird. Vgl. Karl Herbert Mayer, *Die Pilzsteine Mesoamerikas*, in: *Archiv für Völkerkunde*, 29, Wien 1975, S. 37–73.
290 John Allegro, *The Sacred Mushroom and the Cross*, London 1973.
291 Irwin, a.a.O., S. 271.
292 Fell, a.a.O., S. 17.
293 2. Kön. 17, 6; vgl. Fell, a.a.O., S. 17.
294 Heute betreiben die Mormonen eine intensive Forschung auf diesem Gebiet. Eine der Thesen, die sie durch ihre Forschung zu belegen suchen, besagt, daß ein Stamm der Semiten durch Afrika gezogen und von der Westküste Afrikas nach Amerika »ausgewandert« ist.
295 D. Harden, *The Phoenecians*, London 1962, S. 193 und S. 201.
296 H. Prem/U. Dyckerhoff, *Das Alte Mexiko*, München 1986, S. 132.
297 Die Gebetsriemen, hebräisch *Tefillin*, oft (fälschlich) auch *Phylaktera* bezeichnet, werden verschiedentlich in der Bibel erwähnt: Ex. 13, 1–10; 11–16; Deut. 6, 4–9. Der fromme Jude wird von Gott

aufgefordert, das Wort Gottes »auf seinem Arm (und auf seiner Stirn)« festzubinden. An den Gebetsriemen sind Kästchen befestigt, die biblische Texte enthalten.
298 M. Löhr, *Das Räucheropfer im Alten Testament,* Leipzig 1927. 2. Mos. 30, 7 f.
299 Irwin, a.a.O., S. 18.
300 Helge Ingstad erbrachte 1969 den Nachweis, daß die Wikinger um 1000 n. Chr. die nordamerikanische Küste erreichten. Vgl. Ingstad, *Westward to Vinland,* London 1969.
301 Die Renaissance der Maya-Kultur wirkte sich auf künstlerischem Gebiet im Puuc-Stil aus, in dem u.a. die Tempelanlage von Chichen Itza gebaut wurde. Daß die Tolteken an dieser Renaissance der Maya-Kultur beteiligt waren, wird heute oft angezweifelt.
302 Irwin, a.a.O., S. 40.
303 Herodot, II, 85–89.
304 Auf der Paracas-Halbinsel in Peru wurde in den Jahren 1923–1929 eine intakte Nekropole mit Hunderten von Mumien entdeckt und ausgegraben, die zwischen 900 v. Chr. und 200 v. Chr. datiert wurde. Vgl. Irwin, a.a.O., S. 290ff.
305 Diodorus Siculus, zit. n. W. Keller, *Da aber staunte Herodot,* Zürich 1972, S. 322.
306 Der Inhalt des intakten Herrschergrabes in Sipán (Peru) ist zur Zeit den Wissenschaftlern des Forschungsinstitutes für Vor- und Frühgeschichte im Römisch-Germanischen Zentralmuseum Mainz zur Bearbeitung anvertraut.
307 Vgl. Thompson, a.a.O. (dt.), S. 21, S. 106 und S. 253.
308 Die Sammlung Hanna Behrens (Mexiko Stadt) enthält eine Vielzahl von christlichen Darstellungen, die in den ersten Jahrzehnten nach der Eroberung im 16. Jahrhundert von Indios nach spanischen Vorlagen und mündlichen Anweisungen gemalt wurden. Das Phänomen der Verfremdung wird in dieser Sammlung sehr deutlich, denn bei aller Korrektheit der ikonographischen Details haben die »christlichen Szenen« ihren ganz eigenen Charakter.
309 G. Contenau, *La Civilisation Phénicienne,* Paris 1949, S. 119.
310 Bei den Ägyptern galt die Lotosblume auch als Sinnbild des Nils, bei den Indern auch als Sinnbild des Ganges. Auch heute noch gilt die Blume in der theosophischen Weltanschauung als Religionssymbol.

311 R. Rands, *The Water Lily in Maya Art*, in: *Anthropological Papers*, Nos. 33–42, Smithsonian Institute, Bureau of American Ethnology, Bulletin 151, S. 79–153.
312 Rands, a.a.O., S. 80.
313 A.P. Maudsley, *Biología Central-Américana*, Bd. 4, London 1889–1902, S. 37.
314 R. Roys, *The Ethno-Botany of the Maya*, New Orleans 1931; und: H.S. Conrad, *The Water Lilies*, Washington 1905.
315 R. Heine-Geldern/ G.F. Ekholm, *Significant Parallels in the Symbolic Art of Southern Asia and Middle America*, Protokoll des 29. Internationalen Amerikanisten-Kongresses, Chicago 1951.
316 E. Thompson, *Maya Hieroglyphic Writing*, Carnegie Institution, Washington 1950, Publ. No. 598.
317 Die Hethiter waren neben den Babyloniern und den Ägyptern die bedeutendste Großmacht des 2. vorchristlichen Jahrtausends. Parallel zum Niedergang der hethitischen Macht entwickelten sich die phönizischen Städte in unmittelbarer Nachbarschaft zu den Hethithern. Kanaanäische Keramik wird in den vorchristlichen Jahrhunderten häufig mit einem Kordelband um den Gefäßhals verziert. Vgl. Contenau, a.a.O., S. 169.
318 Vgl. Kapitel »Kult und Kosmologie«.
319 Prem, a.a.O., S. 150.
320 Fell, a.a.O., S. 165.
321 Irwin, a.a.O., S. 166.
322 Die konische Kopfbedeckkung trugen bereits Priester der Hethiter, z.B. auf der Statuette aus Mischrife bei Homs, 2. Jahrtausend v. Chr., Musée de Louvre, Paris.
323 J. Laude, *Les Arts de l'Afrique Noire*, Paris 1966, S. 187.
324 José Alcina Franch, *Los Origines de America*, Madrid 1985, S. 224 ff.
325 Janus ist der römische Gott des örtlichen und zeitlichen Eingangs und Ausgangs, versinnbildlicht durch seine beiden Gesichter, die in verschiedene Richtung sehen.
326 G. Willey, *An Introduction to American Archaeology*, Bd. II, Südamerika, Peabody Museum, Harvard University, 1971, S. 1.
327 Prem, a.a.O., S. 65.
328 Irwin, a.a.O., S. 283.
329 Thompson, a.a.O., S. 50.
330 K.E. Meyer, *Teotihuacan*, New York 1973, S. 41.
331 Miguel Covarrubias, führender Archäologe Mexikos, war einer der ersten, der eine Fremdbeeinflussung der mexi-

kanischen Kultur für möglich hielt. Er sieht die Wiege der mexikanischen Kultur nicht am Golf von Mexiko (am Atlantik), sondern an der Pazifikküste, und vermutet daher auch die Fremdbeeinflussung durch Asiaten. Vgl. M. Covarrubias, *Indian Art of Mexico and Central America,* New York 1957.

332 Das Phänomen der Langlebigkeit von Kulturgut oder Bräuchen im Ausland läßt sich oft bei Emigranten nachweisen, die in der Fremde länger an ihrer Tradition festhalten, als sie es in ihrem eigenen Land getan hätten. Auch sprachlich lassen sich dafür Belege finden. So ist in Tansania (ehemals deutsch!) heute noch die alte deutsche Münze »Heller« ein Begriff, während sie bei uns fast in Vergessenheit geraten ist.

333 Die ägäische (kretisch-mykenische) Kultur entsteht im 3. vorchristlichen Jahrtausend auf Kreta und endet um ca. 1150 v. Chr.

334 Die drei großen Pyramiden von Teotihuacán haben die Höhe von 65 m, 42 m und 20,5 m.

335 P. Tompkins, *Die Wiege der Sonne,* Bern/München 1977; H. Harlston, *A Mathematical Analysis of Teotihuacan,* in: *XLI International Congress of Americanists,* Mexiko 1974; R. Girard, *Die ewigen Mayas,* Zürich 1969.

336 Das Grab befindet sich im Tempel der Inschriften in Palenque. Auch an anderen Orten wurden inzwischen Gräber in Pyramiden gefunden.

337 Irwin, a.a.O., S. 269–270.

338 Thompson, a.a.O., S. 74.

339 Francisco de Avila, *A Narrative of the Errors, False Gods, and Other Superstitions and Diabolic Rites,* in: *Narratives of the Rites and Laws of the Yncas,* Vol. XLVIII, S. 124, London 1873. Vgl. Irwin, a.a.O., S. 262.

340 Herbert Wilhelm, *Welt und Umwelt der Maya,* München 1981, S. 200.

341 Thompson, a.a.O., S. 255. Die Zeder ist im amerikanischen Raum nicht heimisch, wurde in Mexiko aber aufgeforstet. In dem *Codex Dresdensis* ist nicht auf den Baum, sondern auf das Holz Bezug genommen, das auch importiert worden sein kann.

342 Wilhelm, a.a.O., S. 116.

343 H. Buck, *Vikings of the Sunrise,* New York 1938, S. 134.

344 J. B. Hutchinson/R. A. Silow/S. G. Stephens, *The Evolu-*

tion of Gossypium and the Differentiation of the Cultivated Cotton, London 1947.
345 Vgl. Hutchinson, Silow u. Stephens, a.a.O., S. 75 ff.
346 G. F. Carter, *Plant Evidence for Early Contacts with America*, in: *Southwestern Journal of Anthropology*, Bd. 6, Nr. 2, Sommer 1950, S. 179.
347 Thompson, a.a.O., S. 211.
348 Irwin, a.a.O., S. 298.
349 Thompson, a.a.O., S. 211.
350 Morley, a.a.O., S. 202.
351 1. Kön. 9, 26–28.
352 Carnac, a.a.O., S. 214.
353 Irwin, a.a.O., S. 256.
354 Die Ausführungen zur Metallurgie werden zitiert nach Irwin, a.a.O., S. 251.
355 Neue Erkenntnisse in der Erforschung altamerikanischer Legierungen erwartet man aus den Ergebnissen, die die wissenschaftliche Aufarbeitung des Herrschergrabes von Sipan/Peru erbringt, die 1992 abgeschlossen sein sollen. Vgl. *Das Fürstengrab von Sipan, Entdeckung und Restaurierung*, Mainz 1988, S. 30.
356 Hermann, a.a.O., S. 209.
357 Vgl. die Ausführungen zu den altweltlichen Zwergen-Göttern Bes und Ptah-Pateco in Kap. 4: »Götter und Heroen«.
358 Vgl. Abb. 191 u. 192.
359 Vgl. Kap. 3: »Physiologie und Physiognomie«, S. 31.
360 Hieronymus Bosch malte solche und ähnliche Kappen mit hochgeschlagenem Rand, z. B. in der »Verspottung Christi«, Madrid; vgl. Kap. 3, S. 34.
361 H. St. Gladwin, *Men out of Asia*, New York 1947 und Irwin, a.a.O., S. 250.
362 Vor allem in Ägypten sind Kopfstützen auch wichtiger Bestandteil einer Grabausstattung gewesen. Tutanchamun z. B. hatte eine Kopfstütze innerhalb seiner Mumienwicklung.
363 Die Kelten hatten nachweislich große, hölzerne Fuhrwerke, von denen allerdings heute nur noch die metallenen Radreifen existieren; das Holz ist größtenteils zerfallen.
364 Votiv-Wägelchen in Tiergestalten gab es in verschiedenen Mittelmeerländern, z. B. bei den Etruskern, bei denen die Tiere oft auch als Gefäß ausgebildet waren. Vgl. R. Bianchi Randinelli/A. Giuliano, *Etrusker und Italiker vor der Römischen Herrschaft*, S. 32.
365 Homer, *Odyssee*, XV, Verse 415–416.

BIBLIOGRAPHIE

Akurgal, E.: Die Hethiter. München 1961

Albright, W.F.: The Archaeology of Palestine. Harmondsworth 1949

Alcina Franch, José: Beziehungen zwischen den Kanarischen Inseln und Amerika in prähistorischer Zeit. Hallein 1971

Alcina Franch, José: Die Kunst des Alten Amerika. (Große Epochen der Weltkunst). Freiburg 1978

Alcina Franch, José: Los Origenes de America, Madrid 1985

Allegro, John M.: The Sacred Mushroom and the Cross. London 1973

Alvarez, Cristina: Idioma Maya Yucateco Colonial. Mexiko 1984

Avila, Francisco de: A Narrative of the Errors. False Gods and other Superstitions and Diabolical Rites in which the Indians lived in Ancient Times. In: Narratives of the Rites and Laws of the Yncas. Übersetzt und herausgegeben durch Clemens R. Markham. London 1873

Baer, Fritz: Die Juden im christlichen Spanien. Berlin 1936

Ballod, F.: Prolegomena zur Geschichte des zwergenhaften Gottes Bes in Ägypten. Paris 1912

Barring, Ludwig: Die Entdeckung der Völker. Bayreuth 1969

Baudez, Claude-François/Becquelin, Pierre: Die Maya. München 1985

Beltran, R. y Rospide: Cristóbal Colón y Cristofero Colombo. Madrid 1924

Beltran, R. y Rospide: Cristóbal Colón Genoves? Madrid 1925

Benedict, Ruth: Patterns of Culture. Boston 1934

Berard, V.: Les Phéniciens et les Poèmes homériques. Lerroux 1902

Berthelo, A.: L'Afrique Saharienne et Soudanienne ce

qu'ont connu les anciens. Paris 1927

Berthelot, S.: La Pensée de l'Asie et l'Astronomie. Paris 1938

Bianci Randinelli, R.A. Giuliano: Etrusker und Italiker vor der Römischen Herrschaft. o.O. o.J.

Blom, Frans: The Conquest of Yucatan. Boston 1936

Boardman, John: Kolonien und Handel der Griechen. München 1981

Böklen, Ernst: Die Unglückszahl Dreizehn und ihre mythische Bedeutung. Leipzig 1913

Boland, C.M.: They all discovered America. New York 1961

Boll, Franz: Sternkunde des Altertums. Leipzig 1950

Bosch-Gimpera, P.: Fragen der Chronologie der Phönizischen Kolonisation in Spanien. Leipzig 1928

Bossert, H.T.: Altsyrien. Tübingen 1951

Bosworth, R.: Carthage et les Charthagians. London 1977

Boyd, W.C.: Blood Groups. In: Tabul. Biol. Bd. XVIII. New York 1939

Buck, Peter H.: Vikings of the Sunrise. New York 1938

Bunbury, E.H.: A History of Ancient Geography among the Greeks and Romans. London 1879

Bürger, Klaus: Christoph Kolumbus. Leipzig 1981

Cabello, Miguel de Balboa: Miscellanea Antarctica. Teil III, Kap. XVII, S. 510–516.

Carnac, Pierre: Geschichte beginnt in Bimini. Paris 1973

Carter, George F.: Plant Evidence for Early Contacts with America. In: Southwestern Journal of Anthropology, Vol. VI, Nr. 2, 1950

Casas, Bartolomé de las: Historia de las Indias. Aus: Colección de Documentos Ineditos para la Historia de España. Madrid 1875

Caseneuve, Jean: La Mythologie à travers le Monde. Paris 1966

Caso, Alfonso: The Religion of the Aztecs. Mexiko 1937

Chantre, G.: Observations anthropologiques sur les crânes de la nécropole de Sidon. Lyon 1894

Cintas, P.: Céramique Punique. Paris 1950

Collinder, Per: A History of Marine Navigation. New York 1955

Columbus, Ferdinand: History of the Discovery of America by Christopher Columbus. In: A General History and Collection of

Voyages and Travel. Hrsg. v. Robert Kerr. Edinburgh 1811

Conrad, Henry S.: The Waterlilies of the Maya. Washington 1905

Contenau, George: La Civilisation Phénicienne. Paris 1949

Cortesão, Armando: The Nautical Chart of 1424. Coimbra/Portugal 1954

Covarrubias, Miguel: Indian Art of Mexico and Central America. New York 1957

Cowley, A.E.: The Hittites. London 1926

Curdy, A. Grant Mac: Human Skeletal Remains from the Highlands of Peru. In: American Journal of Physical Anthropology; VI, 3, Washington 1923

David, Maurice: Who was Columbus? The New York Research Publishing Company 1933

Delekat, Lienhard: Phönizier in Amerika. Bonn 1969

Diodorus Siculus: Bibliotheca Historica. Übersetzt in C.H. Oldfather's Diodorus of Sicily. The Loeb classical Library. Cambridge 1939

Disselhoff, Hans Dietrich: Geschichte der altamerikanischen Kulturen, München 1953

Dixon, Roland B.: The Racial History of Man. New York 1923

Dussaud, R.: Le Sacrifice en Israël et chez les Phéniciens. Lerroux 1914

Dussaud, R.: L'Origine de l'Alphabet et son Evolution Première d'après les découvertes de Byblos. Syria, XXV 1948

Easby, E./Scott, J.: Before Columbus. In: Metropolitan Museum of Art. New York 1970

Eggebrecht, Arne: Glanz und Untergang des Alten Mexiko. Mainz 1986

Eissfeldt, O.: Das Chaos in der biblischen und in der phönizischen Kosmogonie. In: Forschungen und Fortschritte, XVI, Leipzig 1930

Ekholm, Gordon F.: Wheeled Toys in Mexico. In: American Antiquity, Vol. XI, Nr. 4, New York 1946

Endres, Franz Carl/Schimmel, Annemarie: Das Mysterium der Zahl. Köln 1985

Erman, Adolf: Literature of the Ancient Egyptians. London 1927

Estrada, Emilio: Archeologia de Manabi Central. Guayaouil 1962

Falb, Rudolf: Das Land der Inca. Wiesbaden 1989

Falkenburger, Frédéric: Recherches Anthropologiques sur la Déformation Artificielle du Crâne. Paris 1938

Fell, Barry: America B.C. New York/Toronto 1976

Frobenius, Leo: The Voice of Africa. London 1913

Frobenius, Leo: Die Atlantische Götterlehre. Jena 1924

Fuhrmann, Ernst: Reich der Inka. Hagen 1922

Gates, William E.: Commentary upon the Maya-Tzental Perez Codex. In: Papers of the Peabody Museum of American Archaeology and Ethnology. Cambridge 1910

Girard, Rafael: Die Ewigen Mayas. Zürich 1969

Giuliano, Antonio: L'Origino di un tipo di Gorgone. In: Annuario della Scuola Archeologica di Atene. Vol. 17–18. Rom 1960. S. 231–237

Gockel, Wolfgang: Die Geschichte einer Maya-Dynastie. Mainz 1988

Goette, Alexander: Holbeins Totentanz. Straßburg 1898

Gordon, Cyrus: The Authenticity of the Phoenician Text from Parahyba. In: Orientalia 1968, S. 75–80.

Gordon, Cyrus: Before Columbus. New York 1971

Gordon, Cyrus: Riddles in History. New York 1974

Hagen, Viktor von: Realm of the Incas. New York 1957

Hapgod, Charles: Maps of Ancient Sea Kings. Philadelphia 1966

Hansen, Jürgen: Schiffbau in der Antike. Herford 1979

Harden, Donald: The Phoenicians on the Westcoast of Africa. In: Antiquity XXII, 1948

Harden, Donald: The Phoenicians. London 1962

Harlston, Hugh: A Mathematical Analysis of Teotihuacan. In: XLI International Congress of Americanists. Mexiko 1974

Heine-Geldern, Robert: Transozeanische Kultureinflüsse im Alten Amerika. In: Zeitschrift für Ethnologie 93, S. 2–22

Heine-Geldern, Robert/Ekholm, Gordon F.: Significant Parallels in the Symbolic Arts of Southern Asia and Middle America. In: XXIX International Congress of Americanists. Chicago 1951

Hennig, Richard: Kolumbus und seine Tat. Eine kritische Studie über die Vorgeschichte der Fahrt von 1492. Bremen 1940

Hennig, Richard: Terrae Incognitae. Bd. IV. Leiden 1944

(Herodot): History of Herodotus. Edited by George Rawlinson, London 1889

Herrmann, Paul: Zeigt mir Adams Testament. Hamburg 1957

Heyerdahl, Thor: American Indians in the Pacific. London 1952

Heyerdahl, Thor: Kon-tiki. Across the Pacific by Raft. Chicago 1958

Honoré, Pierre: Ich fand den Weißen Gott. Frankfurt 1961

Hooke, S.H.: The Origin of Early Semitic Ritual. London 1938

Hooton, Earnest: Up from the Ape. New York 1946

Hummel, Konrad: Wir leben weiter. Freiburg 1986

Hutchinson, J.B./Silow, R.A./Stephens, S.G.: The Evolution of Gossypium and the Differentiations of the Cultivated Cottons. London/New York 1947

Ingstad, Helge: Westward to Vinland. London 1969

Irwin, Constance: Fair Gods and Stone Faces. New York 1963

Ivanoff, Pierre/Asturias, Miguel Angel: Maya. Monumente Großer Kulturen. Mailand 1970

Jung, C.G.: Einführung in das Wesen der Mythologie. Zürich 1951

Kauffmann Doig, Federico: Manual Arqueología de Peruana. Lima 1969

Kaufmann, C.M.: Amerika und das Urchristentum. München 1924

Keller, Werner: Da aber staunte Herodot. Zürich 1972

Kelley, Humiston: Deciphering the Maya Script. Leipzig 1977

Knapp, Martin: *Pentagramma Veneris*. Historisch-Astronomische Studie zum Verständnis alter astronomischer Symbole und ihrer Anwendung. Basel 1934

Köster, A.: Schiffahrt und Handelsverkehr des östlichen Mittelmeers im 3. und 2. Jahrtausend v. Chr. Leipzig 1924

Kubler, G.: The Art and Architecture of Ancient America. London/Baltimore 1962

Laude, Jean: Les Arts de l'Afrique Noire. Paris 1966

Leesberg, Arnold C.M.: Comparative Philology. A Comparison between Semitic and American Languages. Leyden 1903

Little, G.A.: Brendan, the Navigator. Dublin 1947

Löhr, M.: Das Räucheropfer im Alten Testament. Leipzig 1927

Lollis, Caesare: Early Man in the New World. New York 1950

Macgowan, Kenneth: Early Man in the New World. New York 1950

Madariaga, Salvador de: Christopher Columbus. London 1949

Mahieu, Jacques de: Das Wikinger-Reich in Tiahuanaco. Tübingen 1981

Marti, Samuel: Manos Simbólicas. Mexiko 1971

Mason, J. Alden: The Ancient Civilizations of Peru. Harmondsworth 1957

Maudsley, Alfred: Biología Central-Américana. London 1889-1901

Mauny, R.: La Navigation sur les Côtes du Sahara pendant l'Antiquité. In: Revue des études anciennes 67, S. 92–101

Means, Philip A.: Ancient Civilization of the Andes. New York 1931

Menéndez, Ramón Pidal: La Lengua de Cristóbal Colón. Buenos Aires 1942

Meyer, Karl E.: Teotihuacan. New York 1973

Mittler, Max: Mexiko. Zürich 1979

Montet, Pierre: Les Enigmes de Tanis. Paris 1952

Morley, Sylvanus Griswold: The Ancient Maya. Stanford 1946

Morrison, Samuel Elliot: The European Discovery of America. Northern Voyages 500–1600 A.D. Cambridge 1971

Moscati, Sabatino/I Fenici (Ausstellungskatalog). Venedig 1988

Navarrete, Martín Fernández: Colección de los Viajes y Descubrimientos que hicieron por mar los Españoles. Madrid 1825

Nigg, C.: A Study of the Blood Group distribution emong Polynesians. In: Journ. Immunology, Bd. XIX, 2, Washington 1930

Noelle, Hermann: Die Kelten. Pfaffenhofen 1985

Nunn, George E.: Geographical Conceptions of Columbus. In: American Geographical Society. New York 1924

Picard, G.: Le Monde de Charthago. Paris 1956

Plinius: Historia Naturalis. Bd. II

Plischke, Hans: Christoph Kolumbus und die Entdeckung Amerikas. Leipzig 1923

Prem, Hanns: Geschichte Altamerikas. München 1989

Prem, Hanns/Ursula Dyckerhoff: Das Alte Mexiko. München 1986

Pritchard, James: Ancient Near East Texts. Princeton 1955

Proskouriakoff, A.: A Study of Classical Maya Sculpture. Washington 1950

Quilter, Jeffrey: The Moche-Revolt of the Objects. In: Latin American Antiquity, 1 (1), 1990. Journal of the Society for American Archeology, S. 42–65

Quiring, Heinrich: Die Heilige Siebenzahl und die Entdeckung des Merkur. In: Das Altertum. Deutsche Akademie der Wissenschaften, Bd. 4, Heft 4, Berlin 1958

Rands, Robert L.: The Water Lily in Maya-Art. In: Antropological Papers, Nos. 34–42. Smithsonian Institute, Bureau of American Ethnology, Bulletin 151 (1955), S. 79–153

Rawlinson, George: The Story of Phoenecia. New York 1890

Recinos, Adrian (Übers. und Hrsg.): Popol Vuh. The Sacred Book of the Ancient Quiche Maya. Norman 1950

Rivet, Paul: Cites Maya. Paris 1954

Rivet, Paul: Les Origines de l'Homme Américain. Paris 1957

Roys, Ralph (Übers. und Hrsg.): The Book of Chilam Balam of Chumayal. Washington 1965

Roys, Ralph: The Ethno-Botany of the Maya. New Orleans 1931

Sabloff, Jeremy A: The New Archeology and the Ancient Maya. New York 1990

Sahagun, Bernardino de: Historia General de las Cosas de Nueva España. Mexiko 1829

Schildmann, Kurt: Historical Grammar of Sumerian. Bonn 1981

Schildmann, Kurt: Die Wiedererhellung des Anthropozentrischen Planeten-Systems des Alten Orients. Bonn 1985

Schindler, Siegfried: Das Problem des Nachweises der vorkolumbianischen Entdeckungen Amerikas an Hand von vier angeblichen Belegstücken. Freiburg 1983

Schönfeld, Wendy: Glanz und Untergang des Alten Mexiko. Mainz 1986

Schwidetzky, Ilse: Grundlagen zur Rassensystematik. Mannheim 1974

Siret, L.: Les Cassitérides et l'Empire Colonial des Phéniciens. o. O. 1910

Soustelle, Jacques: Die Olmeken. Paris 1979

Spencer, Lewis: The Gods of Mexico. New York 1923

Spinden, Heribert: A Study of Maya Art. Cambridge 1913

Spinden, Heribert: The Reduction of Mayan Dates. In: Papers of the Peabody Museum of American Archaeology and Ethnology. Cambridge 1924

Stefansson, Vilhalmur: Ultima Thule. London 1942

Stephans, J.L.: Incidents of Travel in Yucatan. New York 1843

Sterling, Mathew: Great Stone Faces of the Mexican Jungle. In: National Geographic Magazine, Vol. 78, Sept. 1940

Steward, Julian: The Theory of Culture. Chicago 1941

Stierlin, Henri: Art of the Maya. Freiburg 1981

Strabo: The Geography of Strabo. Transl.: Horace Leonard Jones. New York 1923

Termer, Franz (Hrsg.): Durch Urwälder und Sümpfe Mittelamerikas. Der 5. Bericht Hernan Cortes an Kaiser Karl V. o.O. o.J.

Thompson, John Eric Sidney: Maya Hieroglyphic Writing. Washington 1950

Thompson, John Eric Sidney: Rise and Fall of Maya Civilization. Oklahoma 1954

Tompkins, Peter: Die Wiege der Sonne. Bern/München 1977

Torquemeda, Juan de: Segunda Parte de los viente i un Libros rituales di monarchía indiana. Madrid 1723

Torrey, Ch.: A Phoenician Necropolis at Sidon. In: Annual of the American School of oriental research in Jerusalem. New Haven 1920

Tozzer, A.M.: Landa's Relación de las Cosas de Yucatàn. Cambridge 1941

Tozzer, A. M.: A Maya Grammar. New York 1977

Ulloa, Luis de: Christophe Colomb Catalan? Paris 1927

Ungnad, A.: Ursprung und Wanderung der Sternennamen. Breslau 1923

Vaillant, George C.: A Bearded Mystery. In: Natural History, Vol. 31, 1931

Vandenberg, Philipp: Ramses der Große. Bern/München o.J.

Vierya, Maurice: Hittite Art. London 1955

Wagner, Hermann: Die Reproduktion der Toscanelli-

Karte vom Jahr 1474. In: Göttingische Gelehrte Nachrichten, Nr. 3, Göttingen 1894

Washburn, Sherwood: Social Life of Early Man. Chicago 1962

Waters, Frank: Book of the Hopi. New York 1963

Westheim, Paul: Arte Antiguo de Méjico. Mexico 1950

Westheim, Paul: La Escultura de Mexico Antiguo. Mexico 1956

Willey, Gordon R.: An Introduction to American Archaeology. Peabody Museum, Cambridge 1971

Witaker, J.: Motya, a Phoenician Colony in Sicily. London 1921

Wormington, H. Marie: Ancient Man in North America. Denver 1949

Yantok, M.: Das Geheimnis des Sargasso-Meeres. In: Exponente, São Paulo 1953

Wilhelmy, Herbert: Welt und Umwelt der Maya. München 1981

Wuthenau, Alexander von: Altamerikanische Tonplastik. Baden-Baden 1965

Wuthenau, Alexander von: Unexpected Faces in Ancient America. New York 1974

QUELLENNACHWEIS DER ABBILDUNGEN

1. Sargassosee im Atlantik; aus: Paul Herrmann, S. 54
2. Phönizisches Kriegsschiff; Relief aus dem Palast des Sancherib; Ninive, 7. Jh. v. Chr.; British Museum, London
3. Phönizisches Handelsschiff; aus: Katalog der Phönizierausstellung 1988, Venedig, S. 73; Beirut, Nationalmuseum
4. Meeresströmungen und Winde im Atlantik; aus: Paul Herrmann, S. 41; Tf. IV
5. »Vinland-Karte« mit Inselkette im Atlantik; 1440; aus: Cyrus Gordon, S. 99
6. »Toscanelli-Karte« mit »Antilia-Inseln« zwischen Zipango (Japan) und der Alten Welt; 1474; aus: Paul Herrmann, S. 37; Tf. III
7. Tabellarische Übersicht über die Verteilung der Blutgruppen bei der Erdbevölkerung; aus: Frédéric Falkenburger, S. 15
8. Farbig bemaltes Tongefäß der klassischen Maya-Kultur (Campeche); Darstellungen von braunen (mongoliden), schwarzen (negriden) und weißen (europiden) Menschen; Privatsammlung/Mexiko
9. Terrakottakopf aus Veracruz; klassisch; 11 cm; Typus: negrid; aus: Wuthenau, S. 186, Abb. 105; Slg. Stavenhagen/Mexiko
10. Olmekische Terrakottafigurine; Typus: mongolid; aus: Wuthenau, S. 200, Abb. 118c; Slg. Wuthenau
11. Terrakottakopf aus Tabasco; präklassisch; 8 cm; Typus: negrid; Museum Villahermosa/Mexiko
12. Terrakottakopf; präklassisch; Veracruz; Typus: »nichtmongolid«; Slg. Wuthenau
13. Terrakottakopf; klassisch, Huasteca/Mexiko; 4 cm; Typus: negrid; aus: Wuthenau, S. 53, Abb. 9b; Slg. Wuthenau
14. Terrakottakopf; klassisch, Veracruz; 4 cm; Typus: negrid; aus: Wuthenau, S. 55, Abb. 12b; Slg. Wuthenau
15. Terrakottakopf; präklassisch, 5 cm; Guerrero; Typus:

negrid; aus: Wuthenau, S. 66, Abb. 12c; Privatsammlung, Mexiko

16. Terrakottakopf aus Mesoamerika; Typus: negrid; aus: Bradley Smith's History of Art, Mexico 1966

17. Terrakottakopf; klassisch; Veracruz; Typus: negrid; in: Staatl. Museen Preußischer Kulturbesitz; Museum für Völkerkunde, Berlin-Dahlem

18. Steinkopf aus Veracruz; 17 cm; klassisch; Typus: negrid; American Museum of Natural History, New York

19. Kleiner Terrakottakopf aus Mesoamerika; Typus: negrid; Slg. Wuthenau

20. Kleiner Terrakottakopf aus Mesoamerika; 4 cm; Typus: negrid; Slg. Wuthenau

21. Terrakottakopf; klassisch; Veracruz; 11 cm; Typus: negrid; Slg. Wuthenau

22. Terrakottakopf; klassisch; Mesoamerika; 12 cm; Typus: negrid; Nationalmuseum Mexiko Stadt

23. Kopf mit »Tellerlippen«; Terrakotta; frühklassisch; Veracruz; Typus: negrid; Slg. Wuthenau

24. Kopf mit »Nasenring«; Terrakotta; 6 cm; Morelos; Typus: negrid; Slg. Wuthenau

25. Terrakottakopf; klassisch; 7 cm; Chiapas; Typus: negrid; Slg. Wuthenau

26. Terrakottakopf; klassisch, 7 cm; Chiapas; Typus: negrid; Slg. Wuthenau

27. Terrakottafigur (Gefäß); 51 cm; Costa Rica; Typus: negrid; Museo Nacional San Jose, Costa Rica

28. Steinfigur aus Panama; Typus: negrid; Nationalmuseum, Panama

29. Olmekische Steinfigur; Tres Zapotes, Monument F; San Andres Tuxtla, Veracruz

30. Terrakottakopf; klassisch; 16 cm; Veracruz; Typus: europid; Slg. Wuthenau

31. Terrakottakopf mit hohem, gewickeltem Turban; frühklass.; 7 cm; Guerrero; Typus: europid; Slg. Wuthenau

32. Kopfputz einer jüdischen Braut aus Marokko; Zeichnung von Eugène Delacroix; 1832

33. Terrakottafigur; Mesoamerika; Typus: europid; aus: Wuthenau, S. 62, Abb. 10b; Privatsammlung/Mexiko

34. Terrakottakopf; präklassisch; 3,2 cm; Tlapacoya/Mexiko; Typus: europid; Slg. Wuthenau

35. Terrakottakopf mit Turban; präklassisch; 4 cm; Tlatilco/Mexiko; Typus: europid; Slg. Wuthenau

36. Terrakottakopf mit Bart und Kappe; klassisch; 20 cm; Veracruz; Typus: europid; aus:

Wuthenau, S. 110, Abb. 42; Slg. Wuthenau
37. Terrakottakopf mit Käppchen; 3 cm; Huasteca/Mexiko; Typus: europid; Slg. Wuthenau
38. Terrakottakopf mit Bart (Teil eines Weihrauchgefäßes); klassisch; Guatemala; Typus: europid; Musée de l'Homme, Paris
39. Terrakottakopf mit Bart; Guerrero; aus: Slg. Leof, Mexiko
40. Anthropomorphes Tongefäß; Typus: europid; Mitla Museum, Oaxaca/Mexiko
41. Terrakottakopf aus Mesoamerika; 4 cm; Typus: europid; Slg. Wuthenau
42. 2 Terrakottafiguren (im Gespräch); klassisch; 15 cm; Jalisco/Mexiko; Typus: europid; Slg. Wuthenau
43. Terrakottakopf; klassisch; 4 cm; Mesoamerika; Typus: europid; Slg. Wuthenau
44. Steinkopf mit großer Nase (Karikatur); klassisch; 9,5 cm; Guerrero; Slg. Wuthenau
45. Karikatur eines Bärtigen mit großer Nase; 7 cm; Tlatilco/Mexiko; Typus: europid; Slg. Wuthenau
46. Steinkopf; klassisch; 30 cm; Tajin/Mexiko; Slg. Stavenhagen/Mexiko
47. Terrakottakopf (Weihrauchgefäß); Colima/Mexiko; Typus: europid; Slg. Wuthenau
48. Terrakottakopf mit Bart und spitz-konischem Hut (Protomen eines Weihrauchgefäßes); klassisch; Kaminaljuyu/Guatemala); Typus: europid; Slg. Wuthenau
49. Bärtige Köpfe vom oberen Rand eines Gefäßes; Typus: europid; Nationalmuseum Guatemala
50. Terrakottafigur eines Hockenden mit großer Nase (Karikatur); 40 cm; frühklassisch; Veracruz; Slg. Wuthenau
51. Terrakottafigur eines kauernden Mannes (Karikatur); klassisch; Veracruz; Typus: europid; Slg. Wuthenau
52. Terrakottakopf in Phallusgestalt; präklassisch; Veracruz; Typus: europid; aus: Wuthenau, S. 198, Abb. 116; Museum of the Nat. University, Mexico
53. Altweltlicher Terrakottakopf in Phallusform; aus: Katalog der Phönizierausstellung in Venedig 1988, S. 664, Nr. 475; in: La Valletta, Nat. Museum f. Archäologie
54. Karikatur aus Kopalharz und Gold; 3 cm; Panama, Typus; negrid; aus: Wuthenau, S. 42, Abb. 18a
55. Terrakottakopf aus Colima; 12 cm; Privatsammlung/Mexiko

56. Kopf eines Bärtigen; Veracruz; Slg. Wuthenau
57. Terrakottakopf aus Veracruz; 15 cm; aus: Hummel, S. 24; Slg. Stavenhagen, Mexiko
58. Terrakottafigur eines Bärtigen; Nayarit/Mexiko; 15,5 cm; Privatsammlung, Mexiko
59. Steinscheibe m. Relief eines Bärtigen; Veracruz; American Museum of Natural History, New York
60. Terrakottakopf aus Veracruz; 16 cm; aus: Hummel, S. 11; Slg. Stavenhagen, Mexiko
61. Terrakottakopf aus Peru, Moche-Kultur; Typus: europid; aus: Wuthenau, S. 132, Abb. 59; Privatsammlung, Mexiko
62. Terrakottakopf aus Jalisco/Mexiko; 9 cm; Typus: europid; aus: Wuthenau, S. 104, Abb. 38; Privatsammlung, Mexiko
63. Kopf mit spitzem Hut und Kinnband aus Mesoamerika; Typus: nichtmongolid; Slg. Wuthenau
64. Alter Mann mit Kappe und Kordel; klassisch, Veracruz; Typus: europid; Slg. Wuthenau
65. Kopf eines Mannes mit »Stirnband«; Typus: nichtmongolid; Slg. Wuthenau
66. Kopf eines bärtigen Mannes mit Kappe; Veracruz; klassisch; Privatsammlung, Mexiko
67. Terrakottafigur mit großem Kopfputz; klassisch; Veracruz; Privatsammlung, Mexiko
68. Kopf eines Bärtigen; Veracruz; 12 cm; Typus: europid; aus: Wuthenau, S. 114, Abb. 46b
69/70. Olmekischer Steinkopf mit 2 Gesichtern von unterschiedlichem Typus; aus: Wuthenau, S. 80, Abb. 20; Staatl. Museen, Berlin-Dahlem
71. Kopf mit drei Gesichtern aus La Venta; Olmeken-Kultur; Slg. Wuthenau
72. Kopf mit zwei Gesichtern aus Westafrika; aus: Jean Laude, S. 233, Abb. 133; British Museum, London
73. Terrakottafigur mit Maske; 12 cm; klassisch; Veracruz; aus: Wuthenau, S. 115, Abb. 47a; Privatsammlung, Mexiko
74. Kolossalkopf aus Stein (25 t: 2,85 m hoch); San Lorenzo; Olmeken-Kultur (1200–800 v. Chr.); aus: Stierlin, S. 23, Abb. 19; Jalapa Museum, Veracruz
75. Olmekischer Kolossalkopf; San Lorenzo; aus: Stierlin, S. 23, Abb. 20; Jalapa Museum, Veracruz
76. Statuette mit Hämatitspiegel; Olmeken-Kultur, La

Venta; Typus: mongolid; aus: Stierlin, S. 30, Abb. 29; Nationalmuseum für Anthropologie, Mexiko

77. Olmekischer Kultplatz; 16 Jadefigurinen mit deformierten Schädeln, umgeben von Stelen; 900–500 v. Chr.; aus: Stierlin, S. 20; Abb. 12; Nationalmuseum für Anthropologie, Mexiko

78. Kultplatz mit Priester und Stelen; Vorderer Orient, Hazor; 13. Jh. v. Chr.; in: Israel-Museum, Jerusalem

79. Jademaske aus dem Grab in der Pyramide des Tempels der Inschriften, Palenque/Mexiko; Nationalmuseum für Anthropologie, Mexiko

80. Totenmaske aus Goldblech; Chimu/Peru; The University Museum Pennsylvania

81. Totenmaske aus Goldblech; Phönizien; Paris, Louvre

82. Tonfigur eines Schreibers der Maya-Kultur; Nationalmuseum für Anthropologie, Mexiko

83. Phönizische Münze aus Biblos; 340 v. Chr.; aus: Moscati, S. 72; in: Nationalmuseum, Beirut

84. Kopf des bärtigen Zwerggottes Bes; Amulett, 5,5 cm; 6. Jh. v. Chr.; Nationalmuseum, Zypern

85. Sandsteinstatuette des Zwerggottes Bes; 85 cm, 2. Jh. v. Chr.; aus: Moscati, S. 288; Nat. Museum, Cagliari

86. Terrakottafigur des Zwerggottes Bes mit Tierfell (Mähne) und Tierkopf auf der Brust; 21 cm; Phönizien; 6.–4. Jh. v. Chr.; Paris, Louvre

87. Bärtiger Gnom mit Tierfell auf der Schulter; 20 cm; Guatemala; Nationalmuseum, Guatemala

88. Kopf eines bärtigen Dämons; 7 cm; Guerrero/Mexiko; American Museum of Natural History, N.Y.

89. Maske des Dämons Humbaba mit Falten und Stirnmal (Zeichnung); Babylon; British Museum, London (No. 116.624)

90. Maske des Dämons Humbaba mit Gedärme-Falten; aus Ur; aus: Antonio Giuliano, Abb. 232; British Museum, London

91. Maske mit Falten und Stirnmal; Mittelmeerraum; 6. Jh. v. Chr.; aus: Moscati, S. 360; Nationalmuseum Cagliari

92. Faltiges Gesicht ohne Stirnmal; Mittelmeerraum; 6. Jh. v. Chr. (vgl. Nr. 92); aus: Moscati, S. 360; Museum Whitaker, Mozia

93. Faltiges Dämonengesicht mit Stirnmal; Tlapacoya/Mexiko; aus: Wuthenau, S. 37, Abb. 13; Slg. Wuthenau

94. Maske mit vielen Falten; Chiapas/Mexiko; aus: Wuthenau, S. 36, Abb. 8; Privatsammlung, Mexiko
95. Maske mit vielen Falten; Kolumbien; Tumaco-Kultur; 500 v. Chr.–500 n. Chr.; aus: Alcina Franch (3), Abb. 577; Nationalmuseum Bogota/Kolumbien
96. Maske mit vielen Falten und Stirnmal; Zapoteken-Kultur, Mesoamerika; Mitla Museum; Oaxaca/Mexiko
97. Altamerikanischer Gott in der Pflanze (Seerose); 15 cm; klassisch; Jaina; American Museum of Nat. Hist., New York
98. Gott Horus in der Lotosblüte; 8. Jh. v. Chr.; Nimrud; aus: Moscati, S. 413; Musée Royaux d'Art et d'Histoire
99. Horus mit Krokodilen und Bes; Horusstele, 4. Jh. v. Chr.; Staatl. Museen, Berlin-Dahlem
100. Altweltlicher Gott Ptah-Pateco mit Reptil auf seinem Rücken, 6.–4. Jh. v. Chr.; 5 cm; Amulett; Archäologisches Museum von Karthago
101. Bärtiger Gott (?) mit Reptil auf seinem Rücken; klassisch; 10 cm; Veracruz; aus: Wuthenau, S. 113, Abb. 45; Slg. Wuthenau
102. Aztekische Steinfigur mit Reptil; Tenango de Arista Museum
103. Altweltlicher verwachsener Gott (Ptah-Pateco); 6.– 4. Jh. v. Chr.; 5,3 cm; Archäolog. Museum von Karthago
104. Verwachsener (Gott); Olmekische Basaltfigur; ca. 6. Jh. v. Chr.; The Brooklyn Museum, New York
105. Hochgestreckte Hand mit Armreif und Rosette; Assyrischer König Assurnasirpal II; 9. Jh. v. Chr.; Babylon; aus: Wuthenau, S. 224
106. Hochgestreckte Hand mit Armreif auf einer Votivstele aus Karthago; 2. Jh. v. Chr.; Paris, Bibliothèque Nationale
107. Hochgestreckte Hand mit Armreif auf Felsrelief in Chalcatzingo/Mexiko (Foto G. Griffin, Princeton, N.J.); aus: Wuthenau, Abb. A 14c
108. Sphinx aus Kalkstein; 16 cm; 4. Jh. v. Chr.; Zypern; Louvre, Paris
109. Geflügeltes Mischwesen (Sphinx?) mit Löwenkörper und Mädchenkopf; 14 cm; 1. Jh. n. Chr.; Ecuador; aus: Wuthenau, S. 168, Abb. 88c
110. Falkengott Horus mit doppeltem Flügelpaar; Relief aus Karatepe; spät-hethitisch; 1. Jahrtausend v. Chr.; aus: Akurgal, Die Kunst der Hethiter, Nr. 149
111. Vogelmensch mit doppeltem Flügelpaar; olmekisch,

1. Jahrtausend v. Chr.; aus: Lorenzo de Ochoa, Villahermosa, 1987; in: Museo Jonuta/ Mexiko

112. Bronzestatuette eines Gottes mit hohem Kopfputz; Cadiz; 7. Jh. v. Chr.; aus: Moscati, S. 431; Museum von Cadiz

113. Vorderorientalische Bronzestatuette eines Gottes mit hohem Kopfputz; 9. Jh. v. Chr.; 26 cm; aus: Moscati, S. 433; Arch. Mus. de American University of Beirut

114. Altamerikanische Steinfigur mit hohem, durch Streifen symmetrisch gegliederten Kopfputz; Guerrero/Mexiko; frühklassisch; 9 cm; aus: Wuthenau, S. 149, Abb. 71c–d; in: Privatsammlung

115. St. Martin und der Bettler, mexikanisches Ölgemälde des 16. Jh. Slg. H. Behrens, Mexiko

116. Steinkopf von El Ba'ul; 1,50 m; klassisch; Guatemala; aus: Wuthenau, S. 87

117. Altamerikanischer Gott mit Bart und Stirnmal; American Museum of Nat. History, New York

118. Steinkopf eines Maya-Gottes mit Stirnmal; Copan/ Guatemala; aus: Asturias, S. 31

119. Bärtiger »weißer Gott« mit dem Emblem der »Gefiederten Schlange« am Hut; Terrakottakopf; 16 cm; Veracruz; Slg. Wuthenau

120. Europider »Weißer Gott« mit Kreuzsymbol am Hut; klassisch; 7 cm; Veracruz; aus: Wuthenau, S. 114, Abb. 46c; Privatsammlung, Mexiko

121. Europider »Weißer Gott« mit Kreuzsymbol auf der Stirn; klassisch; 15 cm; Veracruz; Privatsammlung, Mexiko

122. »Alter, weißer Gott«; Steinskulptur aus Copan/Guatemala; 52 cm; aus: Wuthenau, S. 90/91

123. »Alter, weißer Gott« mit Bart; Nationalmuseum f. Anthropologie, Mexiko

124. »Alter, weißer Gott«, Jadefigur aus dem Grab im Tempel der Inschriften; Palenque/ Mexiko; Nat. Mus. f. Anthropologie, Mexiko

125. Olmekische Stele (Nr. 67), Darstellung eines »Seefahrers« mit Kreuzbandglyphe; aus: Wuthenau, S. 244

126. »Schwimmer« mit Kreuzbandglyphe; olmekische Jadeplatte aus La Venta; aus: Wuthenau, S. 235

127. Bärtiger »Schwimmer« auf einem Steinfries aus Lambityeco/Oaxaca (Mexiko); aus: Wuthenau, S. 127

128. »Schwimmer« auf einem Steinrelief; Monte Alban/ Mexiko

129. »Bat-Creek-Inschrift«, bestehend aus fünf hebräischen Konsonanten; Tennessee/Nordamerika; aus: Cyrus Gordon, S. 146

130. Iberisch-punische Inschrift aus Paraguay; aus: Barry Fell, S. 98

131. Zweisprachige keltisch-punische Inschrift aus Oklahoma/Nordamerika; aus: Fell, S. 49

132. Dreisprachige Kalenderstele aus Davenport/Iowa, Nordamerika (Ägyptisch, Iberisch-Punisch und Libysch); aus: Fell, S. 267; Putnam Museum, Davenport/USA

133. Keltische Inschrift in Ogham-Schrift aus Vermont/Nordamerika; aus: Fell, S. 143

134. Iberische Felsinschrift aus Mount Hope, Rhode Island/Nordamerika; aus: Fell, S. 99

135. Übersichtstabelle für Schriftzeichen aus Nordamerika und Libyen aus: Fell, S. 180

136. Pektorale (Brustschmuck) von den Osterinseln; aus: Ausstellungskatalog 1500 Jahre Osterinseln; Frankfurt 1989; S. 208

137. Brustschmuck(?) aus Nordamerika; aus: Fell, S. 187

138. Pektorale (Brustschmuck) aus Ägypten mit Kopf des Ra; aus: Fell, S. 187

139. Vergleich der ägyptischen Hieroglyphen mit den Micmac-Hieroglyphen aus Nordamerika; aus: Fell, S. 255/256

140. Steintafel mit libyscher Inschrift und Elefant; 3. Jh. v. Chr.; Ecuador; aus: Fell, S. 184

141. Stele mit Inschrift und Elefant; aus Karthago; 2. Jh. v. Chr.; Museum von Karthago

142. Altamerikanisches Symbol »Hand mit Auge« auf einer Vase aus Nordamerika; aus: Willey, Bd. I; S. 299; American Mus. of Nat. History, New York

143. »Hand mit eingeschriebenem Auge«; Vorderorientalisches (altbabylonisches) Symbol

144. Tragbarer Altar aus dem Vorderen Orient; Amulett, 3 cm; Villaricos; aus: Moscati, S. 397; Museo Archeologico Nacional, Madrid

145. »Seefahrer« mit tragbarem Altar; Stele aus Campeche/Mexiko; Nat. Mus. f. Anthropologie, Mexiko

146. Kultbild einer Katze; 8.–3. Jh. v. Chr.; Chavin/Peru; aus: Irwin, S. 284, Abb. 88

147. Kultbild einer Katze; 6.–4. Jh. v. Chr.; Byblos/Syrien; Paris, Louvre

148. Pilzstein in Phallusform mit figürlichem Schmuck; 40 cm; Sandstein; Tharros;

5. Jh. v. Chr.; Museo Archeologico Nacionale, Cagliari
149. Mesoamerikanischer Pilzstein in Phallusform mit figürlichem Schmuck; Sandstein, 40 cm; American Museum of Nat. History, New York
150. Kultisches Rasurmesser; 3. Jh. v. Chr.; Karthago; Museo Archeologico Nacional, Madrid
151. Hand und Arm eines Maya siebenmal von Riemen umwickelt; Stele aus Veracruz; Nat. Mus. f. Anthropologie, Mexiko
152. Schematische Darstellung der jüdischen Gebetsriemen (»Tefillin«); (Hand und Arm siebenmal mit Riemen umwickelt); aus: Encyclopedia Judaica, Jerusalem 1961, Vol. 15, S. 902
153. Vorderorientalisches Weihrauchgefäß; 1100–800 v. Chr.; aus: Handbuch der Archäologie, Tf. 1, Nr. 9
154. Altamerikanisches Weihrauchgefäß aus der Maya-Region Kaminaljuyu/Guatemala; 30 cm; Nationalmuseum Guatemala
155. Goldene Totenmaske aus Peru (Chimu); 9.–3. Jh. v. Chr.; Museum of the University of Pennsylvania/USA
156. Goldene Totenmaske aus Phönizien; 5.–4. Jh. v. Chr.; Louvre, Paris
157. Lotosblüten (mit dem Schmuckmotiv »Kordel«) auf dem Sarkophag des Ahiram; Phönizien; 13. Jh. v. Chr.; aus: Moscati, S. 127; Nationalmuseum, Beirut
158. Lotosblüte auf einem Wandgemälde in Bonampak/Guatemala; aus: Asturias, S. 86
159. Altamerikanischer Krokodilgott mit Lotosblume; aus: Thompson, S. 33
160. Goldener Schmuck in »T-Form«; 6.–7. Jh. v. Chr.; Karthago; Paris, Louvre
161. »Kordel« als Attribut eines Helden (?); Steinrelief aus Guatemala
162. »Schmuck der Vornehmen« in »T-Form«; Teotihuacan/Mexiko; Nationalmuseum für Anthropologie, Mexiko
163. Kupferobjekt in Form einer Tierhaut; Zypern (Hagia Triada); 1300 v. Chr.; aus: Fell, S. 165
164. Kupferobjekt in Form einer Tierhaut; Ohio Valley/Nordamerika; aus: Fell, S. 165; Peabody Museum, Cambridge/Mass.
165. Kultszene mit Weihrauchopfer unter »Lebensbaum«; 4. Jh. v. Chr.; Stele Nr. 5, Izapa, Chiapas/Mexiko; aus: Wuthenau, S. 243
167. »Huckepack«-Motiv (Arou auf den Schultern sei-

nes Bruders Dogon bei der Suche nach einem neuen Land); Mali/Afrika; aus: Laude, S. 187, Abb. 101

168. Altamerikanisches »Huckepack«-Motiv; Steinmonument; 2,50 m; Barriles-Kultur; 300 v. Chr. – 300 n. Chr.; aus: Alcina Franch (1), Abb. 505; Nationalmuseum, Panama

169. Schmaler, rechteckiger Tiegel mit Griff in Menschengestalt; San Pedro/Chile; 13 cm; aus: Willey, Bd. II, S. 228

170. Schmaler, rechteckiger Tiegel mit Griff in Menschengestalt; 11 cm; Nubien, 7. Jh. n. Chr.; Oxford, Ashmolean Museum (1921.735)

171. Altweltlicher Lampengriff in Menschengestalt; 7.–5. Jh. v. Chr.; 35 cm; Amathus; Limassol/Zypern, District Museum

172. Altamerikanischer Lampengriff in Menschengestalt; Veracruz; 14 cm; aus: Wuthenau, S. 193

173. Altweltliches zoomorphes Trinkgefäß; 3. Jh. v. Chr.; Tharros; aus: Moscati, S. 714, Abb. 774; Cagliari, Nationalmuseum

174. Altamerikanisches zoomorphes Trinkgefäß; Moche-Kultur/Peru; aus: Willey, Bd. II, S. 135a

175. Altweltliches Idol in weiblicher Gestalt; Mazedonien (Nea Nikomedeia); Archäologisches Museum Beroia

176. Altamerikanisches Idol; präklassisch; Tlatilco/Mexiko; Brüssel, Musées Royaux d'Art et d'Histoire (A.AM.49.24.3)

177. Ansicht des menschlichen Körpers in wechselnder Profil- und Frontalsicht; 1300 v. Chr.; Grabrelief aus Sakkara; aus: Nofret, die Schöne; S. 175

178. Ansicht des menschlichen Körpers in wechselnder Profil- und Frontalsicht; Relief aus Cerro Sechin, Chavin-Periode; 800 v. Chr.; aus: Willey, Bd. II, S. 113

179. »Falsches Gewölbe« (Kraggewölbe) in Ur (3. Jahrtausend v. Chr.) und Ras Shamra (2. Jahrtausend v. Chr.); aus: Aurenche, S. 79

180. »Falsches Gewölbe« (Kraggewölbe); Tempel in Kabah, Yucatan/Mexiko; aus: Asturias, S. 149

181. Stele aus Karthago; 2. Jh. v. Chr.; Paris, Bibliothèque Nationale

182. Stele (Nr. 3) aus der Olmeken-Kultur; La Venta/Mexiko; aus: Asturias, S. 48

183. »Menschliche Säulen« (Karyatiden); Erechtheion-Tempel, Athen; 5. Jh. v. Chr.

184. »Menschliche Säulen« (Atlanten) der Olmeken-Kultur; La Venta; 5. Jh. v. Chr.; aus: Prem, S. 129
185. Götterfigur unter dem Dach eines Kultbildschreines (»Naiskos«); 6. Jh. v. Chr.; Sidon/Phönizien; Paris, Louvre
186. Götterfigur unter dem Dach eines Altars; La Venta; 6. Jh. v. Chr.; aus: Stierlin, S. 10; La Venta, Park Museum Villahermosa/Mexiko
187. Tanzendes und musizierendes Skelett; 13. Jh. n. Chr.; Peruanisches Gefäß; aus: Willey, Bd. II, S. 141
188. Musizierendes Skelett spielt zum Tanz auf (»Danse Macabre«); Hans Holbein; Baseler Totentanz; 1440
189. Bärtiger mit konisch-spitzem Hut; Zypern; 6. Jh. v. Chr.; District Museum Limassol/Zypern (LM 101/5)
190. Mesoamerikanischer Bartträger mit konisch-spitzem Hut; aus: Willey, Bd. I, S. 157; Nat. Mus. f. Anthropologie, Mexiko
191. »Orientalischer« Turban aus Mesoamerika; Privatsammlung, Mexiko
192. »Orientalischer« Turban aus Mesoamerika; präklassisches Terrakottaköpfchen; 4 cm; Slg. Wuthenau
193. Altweltlicher »Zylinder« mit tellerförmigem, oberem Abschluß; 7. Jh. v. Chr.; Salbgefäß aus Etrurien; Brüssel, Musée des Beaux Arts
194. Mesoamerikanischer »Zylinder« mit tellerförmigem, oberem Abschluß; Privatsammlung, Mexiko
195. »Minihut« aus Chichicastenango/Guatemala
196. »Minihut« aus dem Vorderen Orient; Petrie Collection, London University
197. »Kopfstütze« aus Westafrika (Kongo); aus: Laude, S. 132; Slg. Studer, Zürich (Photo Museum Rietberg)
198. Altamerikanische »Kopfstütze«; Zeichnung Estrada, 1962; aus: Willey, S. 293
199. Kornmühle aus Ägypten; Kalkstein; 6. Dynastie; H: 27 cm; Gisa; aus: Nofret, die Schöne, Abb. 39
200. Kornmühle (»Metate«) aus Mesoamerika; Berlin, Völkerkundemuseum
201. Tierfigur auf Rädern; Terrakotta; klassisch; 21 cm; Veracruz; American Museum of Natural History, New York (Negativ-No. 326744)
202. Tierfigur auf Rädern; Terrakotta; klassisch; Huasteca/Mexiko; Museo de Anthropologia, Jalapa/Mexiko
203. Tierfigur auf Rädern; Votivwägelchen; 8. Jh. v. Chr.; Etrurien/Italien; aus: R. Bianchi Randinelli, S. 32, Abb. 31

REGISTER

Abibal 134
Achab 134
Alexander der Große 171
Allegro, John 192 f.
Aratos 51
Aristoteles 27, 36
Assurnasirpal II. 118

Blom, Frans 222
Boehringer, Erich 91
Brendan, St. 198

Cabral, Pedro Alvares 52, 152 f.
Caesar, Gaius Iulius 156
Champollion, Jean-François 159, 168
Claudius Aelianus 27, 38
Coe, Michael 223
Colóm (Familie) 10
Contenau, George 207
Cortesão, Armando 39, 57
Cortez, Hernando 249
Costa, Joaquim Alves da 152

David (König) 184
Delacroix, Eugène 83
de la Vega, Nuñez 189
Delekat, Lienhard 142

Diodorus Siculus 27, 33 f., 36 f., 203

Ekholm, Gordon F. 210
Elibal 134
Erman, Adolf 161
Esra (alttest. Priester) 12
Ethbal 134

Fell, Barry 154 f., 160 f., 163, 166 f., 170, 173, 212
Ferdinand II. von Aragonien 80
Franch, José Alcina 91, 215
Freud, Sigmund 126
Frobenius, Leo 81
Fürst, Julius 137

García, Gregorio 80
Gilgamesch 40
Gockel, Wolfgang 74, 103
Goethe, Johann Wolfgang von 164
Gordon, Cyrus 142 f., 144 f., 150, 152
Gwynn 158 f.

Hamilco 38
Hannibal 171
Hanno 35

Harlston, Hugh 224
Heine-Geldern, Robert 91, 209f.
Herodot 27, 34f., 113, 145, 203
Hesekiel 27, 30
Heyerdahl, Thor 45f.
Hiram I. 31, 142
Hiram III. 143
Homer 23, 27, 41, 50f., 195, 247
Hippokrates 95
Hutchinson, J.B. 234

Irwin, Constance 135f., 244
Isabel (Ehefrau v. Achab) 134
Isabella I. von Kastilien 7, 9, 14, 80

Jesaja 41f.
Johann II. von Portugal 56
Jonas (Prophet) 144f.
Josephus Flavius 146
Julius II. 15
Jung, Carl Gustav 126

Kallimachos 51
Karl II. von England 102
Karl V. 102
Kolumbus, Christoph 7–16, 25f., 39f., 43, 56–59, 247ff.
Kolumbus, Ferdinand 57f.

Landa, Diego de 73
Las Casas, Bartolomé de 10f., 248
Leesberg, Arnold 137
Lhuillier, Alberto Ruz 224f.

Mahieu, Jacques de 158
Maillard, Abbé 168f.
Martins, Fernán 56
Martyr, Peter 61, 80
Mather, Cotton 156, 194
Melgar, José 92
Melissa 135
Meyer, Karl 220
Miller, William J. 167
Mongé, Alf 142, 152
Montezuma 249
Morley, Sylvanus Griswold 179
Musa (Sultan) 81

Nebukadnezar II. 33
Necho II. 34, 144

Ortelius 55

Payón, García 90f.
Philipp IV. 102
Philipps, Sir Thomas 57
Platon 36
Plinius der Ältere 47
Polybios 47
Porphyrios von Tyros 27, 29
Prem, Hanns 211

Rands, Robert 208f.
Reinert, Erik 154
Russel, Frank 172
Russel, J. Almus 169
Ramses II. 30
Ramses III. 94, 113
Reis, Piri 57
Rufus Festus Avienus 27, 38

Salomo 31
Salomon der Weise 143, 146
Schildmann, Kurt 137, 164, 183
Selim (Sultan) 57
Seneca 55f.
Sforza (Kardinal) 61
Silow, R.A. 234
Spinden, Heribert 179
Stephens, S.G. 234
Strabon 27f., 35f., 51

Theopompos 27, 38
Thompson, John Eric Sidney 219, 232

Tompkins, Peter 224
Toscanelli, Paolo del Pozzo 43, 56f.

Vallencey, Charles 156

Wegener, Alfred 117
Whittall, James 163
Willey, Gordon R. 183
Wuthenau, Alexander v. 75f., 79, 94, 108

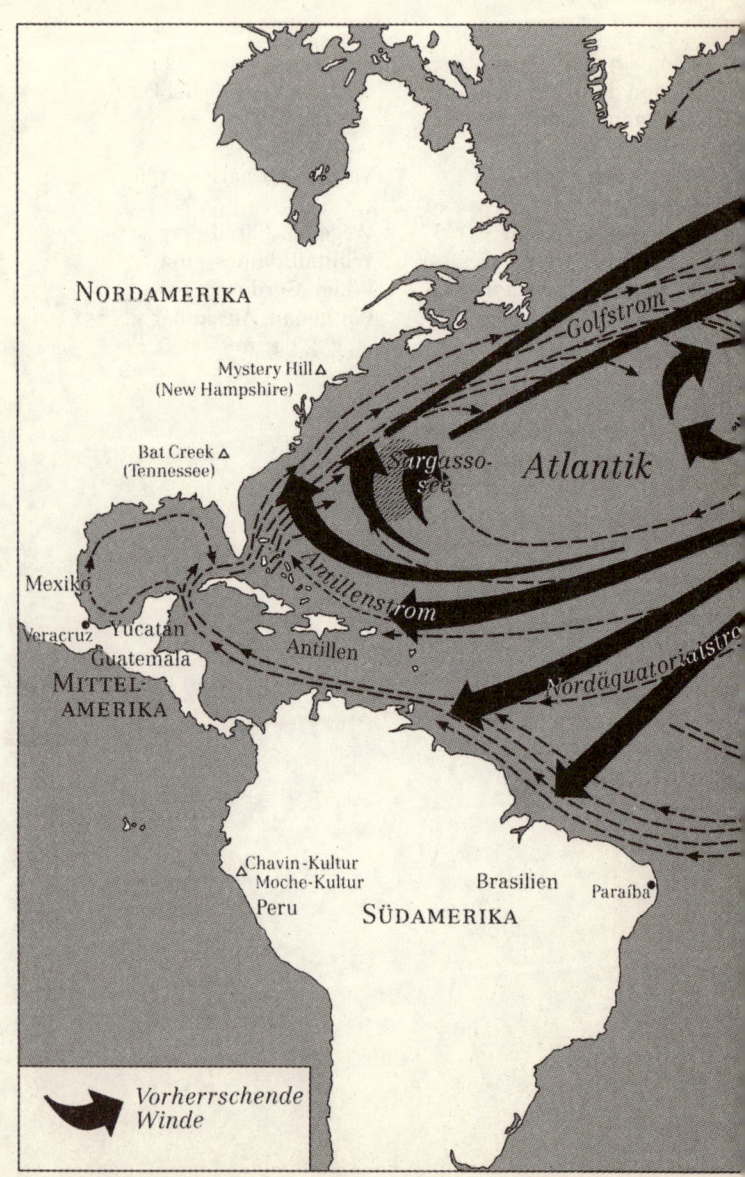

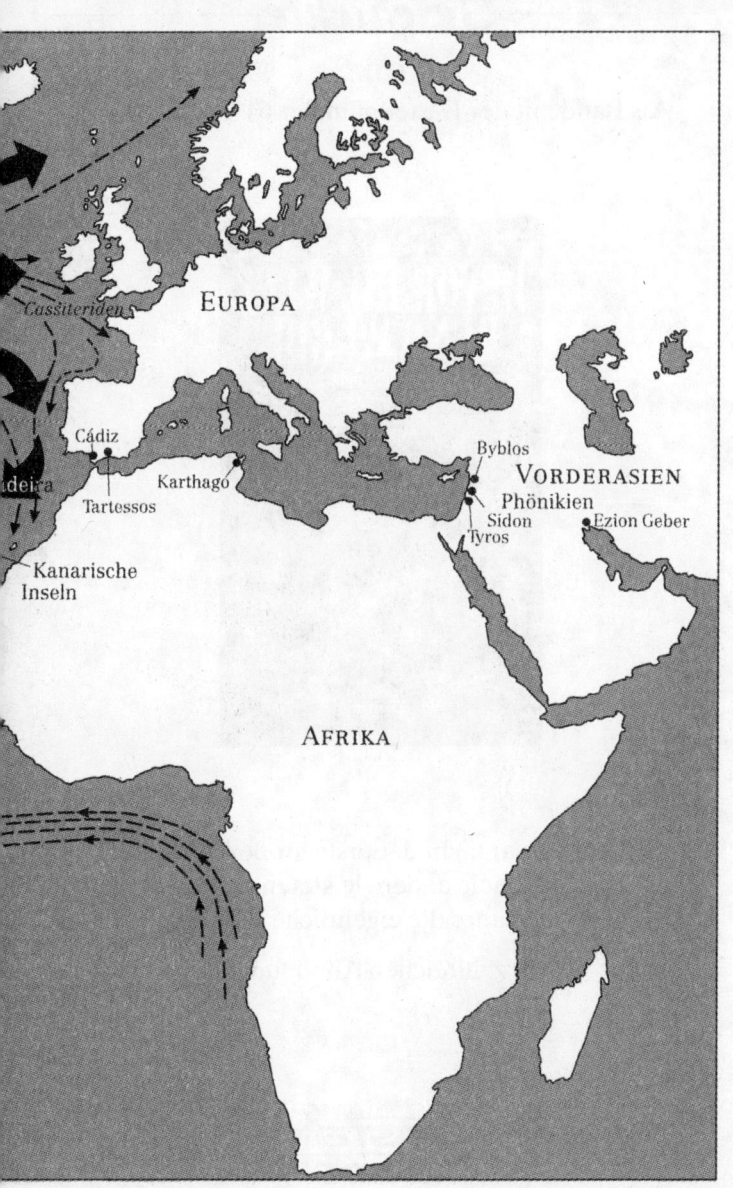

Geschichte

Als Band mit der Bestellnummer 64108 erschien:

Kolumbus war nicht der erste große Entdecker:
Marco Polo und viele andere leisteten auf wagemutigen
Reisen viel früher die eigentliche Pionierarbeit.

Mit zahlreichen Abbildungen